Manoel Benedito Rodrigues
Álvaro Zimmermann Aranha

Trigonometria
Caderno de Atividades
Volume 1

Editora
Policarpo

Impressão e Acabamento
Bartira
Gráfica
(011) 4393-2911

oleção Vestibulares

atemática nos Vestibulares – vol. 4 e 5
istória nos Vestibulares – vol. 3 e 4
eografia nos Vestibulares – vol. 1

oleção Exercícios de Matemática

olume 1: Revisão de 1º Grau
olume 2: Funções e Logaritmos
olume 3: Progressões Aritméticas e Geométricas
olume 4: Análise Combinatória e Probabilidades
olume 5: Matrizes, Determinantes e Sistemas Lineares
olume 6: Geometria Plana

Caderno de Atividades

Números Complexos
Polinômios e Equações Algébricas
Trigonometria – vol. 1 e 2
Geometria Espacial – vol. 1, 2 e 3
Geometria Analítica – vol. 1 e 2
Matemática – 6º ano – vol. 1 e 2
Matemática – 7º ano – vol. 1 e 2
Álgebra – 8º ano – vol. 1 e 2
Álgebra – 9º ano – vol. 1 e 2
Geometria Plana – 8º ano
Geometria Plana – 9º ano
Desenho Geométrico – 8º ano
Desenho Geométrico – 9º ano

---

iagramação e Desenhos: Sueli Cardoso dos Santos - email:suly.santos@gmail.com
apa: **PREPRESS** - Fone: (13) 3251 – 3289 - *e-mail*: prepress@bignet.com.br

Dados Internacionais de Catalogação, na Publicação (CIP)
(Câmara Brasileira do Livro, SP, Brasil)

Rodrigues, Manoel Benedito ,
Aranha, Álvaro Zimmermann.
Trigonometria: caderno de atividades: volume 1
São Paulo: Editora Policarpo, 4. ed. - 2016
ISBN: 978-85-87592-23-1

1. Matemática - Estudo e ensino 2. Trigonometria -
Problemas, exercícios etc.
I. Aranha, Álvaro Zimmermann. II. Rodrigues, Manoel Benedito.
III. Título.

1- 12217 CDD-510.7

Índices para catálogo sistemático:
1. Matemática: Estudo e ensino 510.7

EDITORA POLICARPO LTDA
Rua Dr. Rafael de Barros, 175 - Conj. 01- São Paulo - SP - CEP: 04003-041
Tel./Fax: (011) 3288-0895
Tel.: (011) 3284-8916

Índice

Resp: 264 a) $x = \pm\frac{\pi}{6} + k\pi$ b) $S = \emptyset$ c) $x = (2k+1)\pi$ ou $x = \pm\frac{\pi}{3} + 2k\pi$ d) $x = k\pi$

e) $x = \frac{\pi}{4} + k\pi$ ou $x = k\pi$ f) $\emptyset$ g) $x = -\frac{\pi}{4} + k\pi$ ou $x = \pm\frac{\pi}{3} + k\pi$

265 a) $x = 2k\pi$ b) $x = \frac{\pi}{6} + 2k\pi$ ou $x = \frac{5\pi}{6} + 2k\pi$ c) $x = \frac{\pi}{2} + k\pi$

266 a) $x = \pm\frac{\pi}{4} + k\pi$ ou $x = \pm\frac{\pi}{3} + k\pi$ b) $x = \pm\frac{\pi}{6} + k\pi$ ou $x = \pm\frac{\pi}{2} + 2k\pi$

c) $x = \pm\frac{\pi}{15} + \frac{k\pi}{5}$ d) $x = \pm\frac{\pi}{3} + k\pi$

e) $x = \pm\frac{\pi}{6} + k\pi$ f) $x = \frac{\pi}{6} + 2k\pi$ ou $x = \frac{5\pi}{6} + 2k\pi$

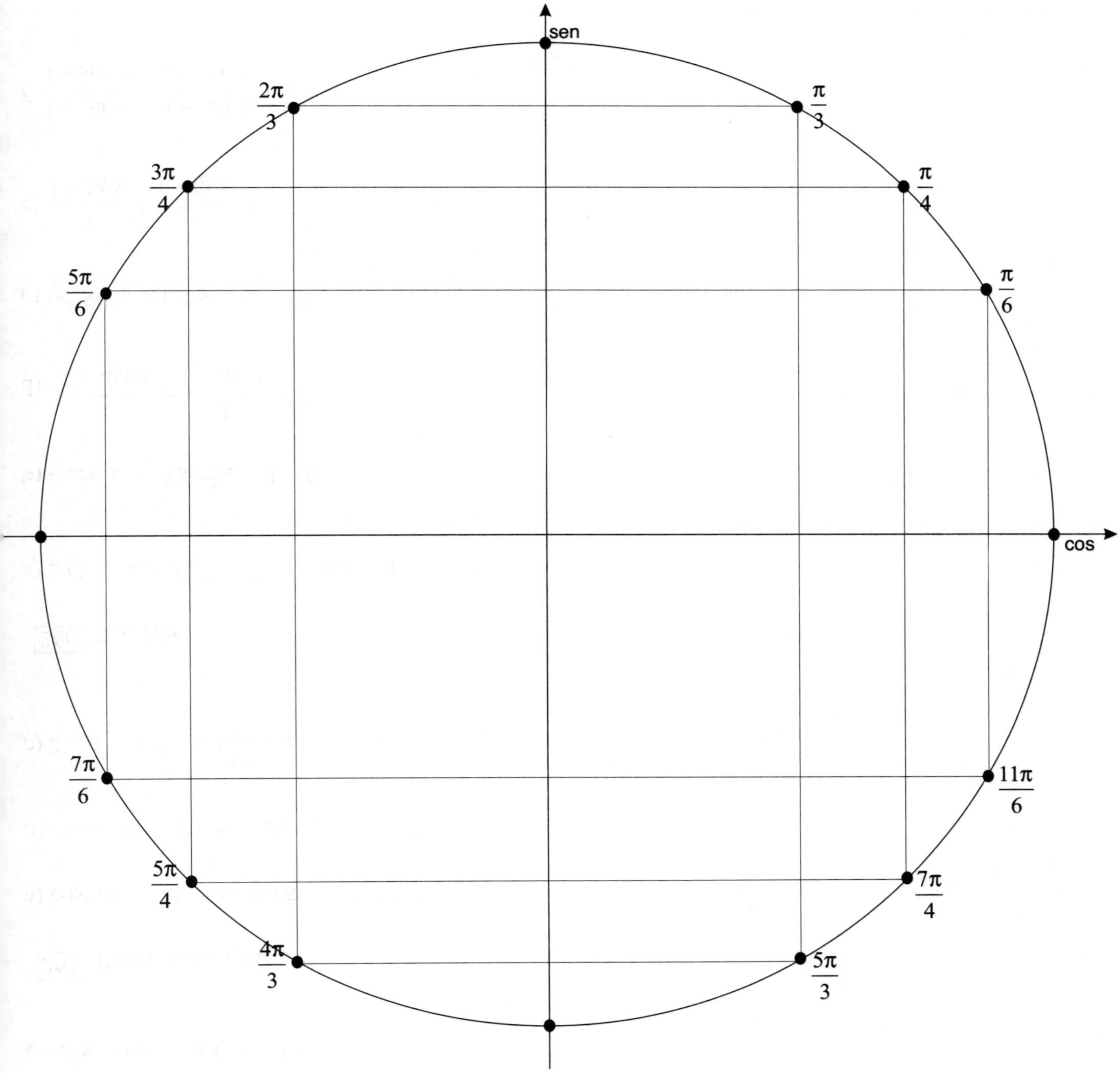

sen
cos
$\frac{\pi}{6}$
$\frac{\pi}{4}$
$\frac{\pi}{3}$
$\frac{2\pi}{3}$
$\frac{3\pi}{4}$
$\frac{5\pi}{6}$
$\frac{7\pi}{6}$
$\frac{5\pi}{4}$
$\frac{4\pi}{3}$
$\frac{5\pi}{3}$
$\frac{7\pi}{4}$
$\frac{11\pi}{6}$

264 Resolver as equações

a) $7\ \text{sen}^2x - 5\cos^2 x + 2 = 0$

b) $\text{tg}\ x + \text{cotg}\ x = 0$

c) $\text{sen}^2x - \cos^2 x = \cos x$

d) $\dfrac{\text{sen}\ 2x}{\cos x} = 0$

e) $\cos^2 x + \text{sen}\ x \cos x - 1 = 0$

f) $\text{sen}\ x = \sec x$

g) $\text{tg}^3x + \text{tg}^2x - 3\ \text{tg}\ x - 3 = 0$

265 Resolver as equações

a) $\cos^2(\pi - x) + 8\cos(\pi + x) + 7 = 0$

b) $2\cos^2(x - \pi) + 3\ \text{sen}\ (\pi + 3) = 0$

c) $2\ \text{sen}^2x + 5\ \text{sen}\ (\dfrac{3\pi}{2} - x) - 2 = 0$

266 Resolver

a) $2(1 + \cos 2x)^2 - 3(1 + \cos 2x) + 1 = 0$

b) $4\ \text{sen}^4x - 5\ \text{sen}^2x + 1 = 0$

d) $\dfrac{1}{1 + \text{sen}\ x} + \dfrac{1}{1 - \text{sen}\ x} = 8$

c) $\text{tg}^4 5x - 2\ \text{tg}^2 5x - 3 = 0$

e) $\dfrac{1}{1 + \text{tg}\ x} + \dfrac{1}{1 - \text{tg}\ x} = 3$

f) $\dfrac{1 + \text{sen}\ x}{1 - \text{sen}\ x} - \dfrac{1 - \text{sen}\ x}{1 + \text{sen}\ x} = \dfrac{8}{3}$

Resp: **262** **k** é um número inteiro a) $x = \dfrac{\pi}{12} + k\pi$ ou $x = \dfrac{5\pi}{12} + k\pi$ b) $x = \dfrac{\pi}{6} + 2k\pi$ ou $x = \dfrac{-\pi}{18} + \dfrac{2k\pi}{3}$

263 a) $x = \dfrac{\pi}{6} + 2k\pi$ ou $x = \dfrac{5\pi}{6} + 2k\pi$ b) $x = (2k+1)\pi$ ou $x = \dfrac{\pi}{4} + k\pi$

c) $x = \dfrac{\pi}{2} + k\pi$ ou $x = \pm\dfrac{\pi}{4} + k\pi$ d) $x = \pm\dfrac{\pi}{4} + k\pi$

I RAZÕES TRIGONOMÉTRICAS NO TRIÂNGULO RETÂNGULO

1) Cateto adjacente e cateto oposto a um ângulo agudo.

Em um triângulo retângulo, um cateto é chamado **adjacente** ao ângulo que ele forma com a hipotenusa e **oposto** ao outro ângulo agudo do triângulo.

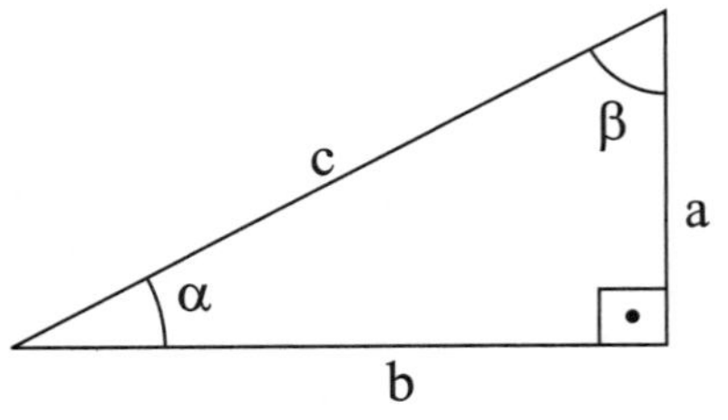

b é adjacente a α e oposto a β
a é adjacente a β e oposto a α

2) Triângulos retângulos semelhantes

Se um ângulo agudo de um triângulo retângulo é congruente a um ângulo agudo de outro triângulo retângulo, como os ângulos retos deles são congruentes, pelo caso AA de semelhança de triângulos, podemos afirmar que esses triângulos são semelhantes.

Então: "Se um ângulo agudo de um triângulo retângulo é congruente a um ângulo agudo de outro triângulo retângulo, esses triângulos são semelhantes"
(Note que o outros ângulos agudos são também congruentes)

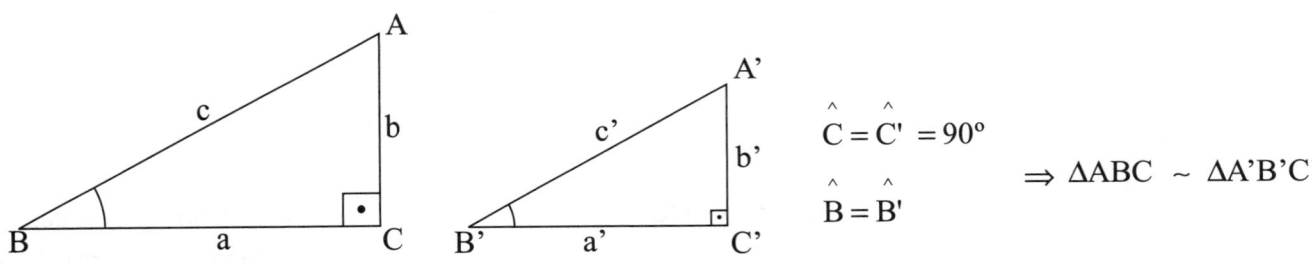

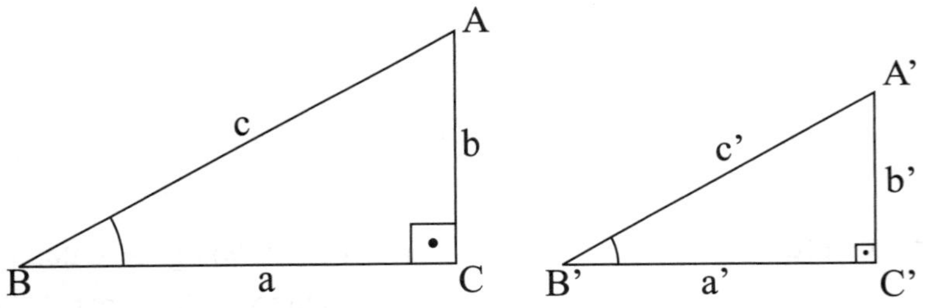

$$\hat{C} = \hat{C'} = 90^o$$
$$\hat{B} = \hat{B'}$$
$$\Rightarrow \Delta ABC \sim \Delta A'B'C'$$

Quando dois triângulos são semelhantes sabemos que os lados de um são proporcionais aos lados correspondentes do outro. Então:

$$\frac{a}{a'} = \frac{b}{b'} = \frac{c}{c'}$$

Sendo α e β as medidas dos ângulos agudos de um triângulo retângulo, considere todos os triângulos retângulos de ângulo agudos α e β. Note que eles são todos semelhantes entre si.

Vamos indicar a medida da hipotenusa por **c**, o cateto oposto a α por **a** e o cateto oposto a β por **b**.

262 Resolver as equações

a) $\text{sen } x \cos x = \frac{1}{4}$

b) $\cos^2 x - \text{sen}^2 x = \text{sen }\left(\frac{\pi}{3} - x\right)$

263 Resolver as equações

a) $2 \text{ sen}^2 x - 7 \text{ sen } x + 3 = 0$

b) $\text{tg } x \cdot \cos x + \text{tg } x - \cos x - 1 = 0$

c) $\text{cotg}^3 x - \text{cotg } x = 0$

d) $3 \text{ sen}^2 x + \cos^2 x - 2 = 0$

Resp: **261** **k** é um número inteiro

a) $x = \frac{2k\pi}{7}$ ou $x = \frac{\pi}{3} + \frac{2k\pi}{3}$

b) $x = \frac{\pi}{6} + 2k\pi$ ou $x = \frac{-\pi}{30} + \frac{2k\pi}{5}$

c) $x = \frac{\pi}{8} + \frac{k\pi}{3}$ ou $x = \frac{\pi}{8} + k\pi$ ou $x = \frac{-3\pi}{8} + k\pi$ ou $x = \frac{7\pi}{24} + \frac{k\pi}{3}$

d) $x = \frac{\pi}{12} + \frac{k\pi}{4}$

e) $x = \frac{5\pi}{48} + \frac{k\pi}{4}$

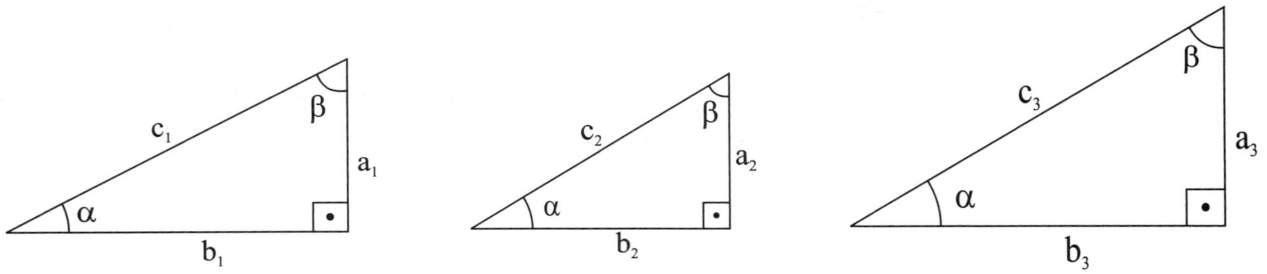

Como os triângulos são semelhantes, temos:

$$\frac{a_1}{a_2} = \frac{c_1}{c_2} \Rightarrow \boxed{\frac{a_1}{c_1} = \frac{a_2}{c_2}}, \frac{a_2}{a_3} = \frac{c_2}{c_3} \Rightarrow \boxed{\frac{a_2}{c_2} = \frac{a_3}{c_3}}, \ldots$$

Então: $\frac{a_1}{c_1} = \frac{a_2}{c_2} = \frac{a_3}{c_3} = \frac{a_4}{c_4} = \ldots$

> A razão entre o cateto oposto a α e a hipotenusa, de todos os triângulos retângulos com ângulo agudo α é a mesma para todos esses triângulos.

Da mesma forma obtemos:

$$\frac{b_1}{c_1} = \frac{b_2}{c_2} = \frac{b_3}{c_3} = \frac{b_4}{c_4} = \ldots$$

> A razão entre o cateto adjacente a α e a hipotenusa, de todos os triângulos retângulos com um ângulo agudo α é a mesma para todos esses triângulos.

Da mesma forma obtemos:

$$\frac{a_1}{b_1} = \frac{a_2}{b_2} = \frac{a_3}{b_3} = \frac{a_4}{b_4} = \ldots$$

> A razão entre o cateto oposto e o cateto adjacente a α, de todos os triângulos retângulos com um ângulo agudo α é a mesma para todos esses triângulos.

3) Razões trigonométricas no triângulo retângulo

As razões obtidas acima e os inversos delas são chamadas razões trigonométricas no triângulo retângulo.

Sendo α a medida de um ângulo agudo de um triângulo retângulo, definimos essas razões da seguinte maneira.

I) O cateto oposto ao ângulo α, sobre a hipotenusa é chamado seno de α. Indicação: **sen α**

II) O cateto adjacente a α, sobre a hipotenusa é chamado cosseno de α. Indicação: **cos α**

III) O cateto oposto a α, sobre o cateto adjacente a α é chamado tangente de α. Indicação: **tg α**

Obs: Lembre-se de que essas razões são as mesmas para todos os triângulos retângulos, que têm um ângulo agudo α.

261 Resolver as equações:

a) $\text{sen } 5x + \text{sen } 2x = 0$

b) $\cos 3x + \text{sen } (2x - \frac{\pi}{3}) = 0$

c) $\text{sen}^2\, 4x - \cos^2 (2x - \frac{\pi}{4})$

d) $\text{tg } 3x + \text{tg } (x - \frac{\pi}{3}) = 0$

e) $\text{tg } (3x - \frac{\pi}{4}) = \text{cotg } (x + \frac{\pi}{3})$

Resp: **259** Nas respostas k é um número inteiro

a) $x = \frac{k\pi}{3}$

b) $x = \frac{\pi}{6} + \frac{k\pi}{3}$

c) $x = \frac{\pi}{2} + \frac{2k\pi}{3}$ ou $x = \frac{3\pi}{2} + 2k\pi$

d) $x = \frac{k\pi}{3}$ ou $\frac{\pi}{4} + k\pi$

260 a) $x = \frac{\pi}{6} + \frac{2k\pi}{3}$ ou $x = \frac{\pi}{2} + 2k\pi$

b) $x = \frac{3\pi}{16} + \frac{k\pi}{2}$ ou $-\frac{3\pi}{8} + k\pi$

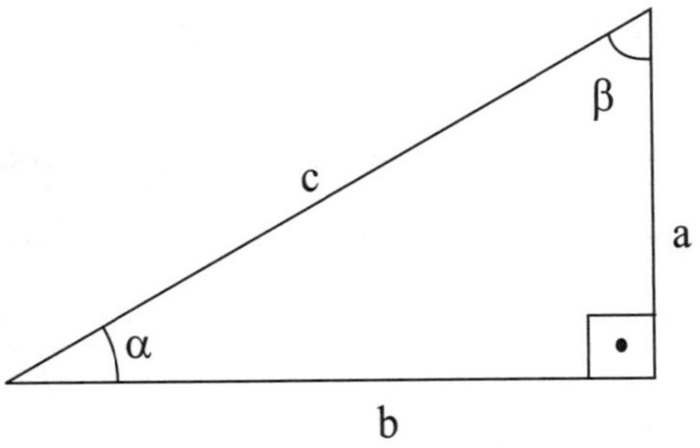

seno de $\alpha = \dfrac{\text{cateto oposto a } \alpha}{\text{hipotenusa}} \Rightarrow$ $\boxed{\text{sen } \alpha = \dfrac{a}{c}}$

cosseno de $\alpha = \dfrac{\text{cateto adjacente a } \alpha}{\text{hipotenusa}} \Rightarrow$ $\boxed{\cos \alpha = \dfrac{b}{c}}$

tangente de $\alpha = \dfrac{\text{cateto oposto a } \alpha}{\text{cateto adjacente a } \alpha} \Rightarrow$ $\boxed{\text{tg } \alpha = \dfrac{a}{b}}$

Da mesma forma obtemos:

$$\text{sen } \beta = \frac{b}{c} \quad , \quad \cos \beta = \frac{a}{c} \quad \text{e} \quad \text{tg } \beta = \frac{b}{a}$$

Note que:

$\text{sen } \alpha = \dfrac{a}{c}$, $\cos \beta = \dfrac{a}{c}$ $\Rightarrow$ $\text{sen } \alpha = \cos \beta$

$\cos \alpha = \dfrac{b}{c}$, $\text{sen } \beta = \dfrac{b}{c}$ $\Rightarrow$ $\cos \alpha = \text{sen } \beta$

$\text{tg } \alpha = \dfrac{a}{b}$, $\text{tg } \beta = \dfrac{b}{a}$ $\Rightarrow$ $\text{tg } \alpha = \dfrac{1}{\text{tg } \beta}$

Generalizando, sempre que α e β forem as medidas dos ângulos agudos de um triângulo retângulo teremos:

a

$$\alpha + \beta = 90^\circ \text{ , sen } \alpha = \cos \beta \text{ , } \cos \alpha = \text{sen } \beta \text{ e } \text{tg } \alpha = \frac{1}{\text{tg } \beta}$$

Obs: Como o cateto é sempre menor que a hipotenusa, concluimos que o seno e o cosseno de um ângulo agudo é sempre menor que 1

4) Consequências

I) Identidade Pitagórica

Para todo ângulo agudo **α**, teremos: $\text{sen}^2\alpha + \cos^2 \alpha = 1$

Consideremos um triângulo retângulo tal que um de seus ângulos agudos seja **α**.

1º) $\text{sen } \alpha = \dfrac{a}{c} \Rightarrow a = c \cdot \text{sen } \alpha$

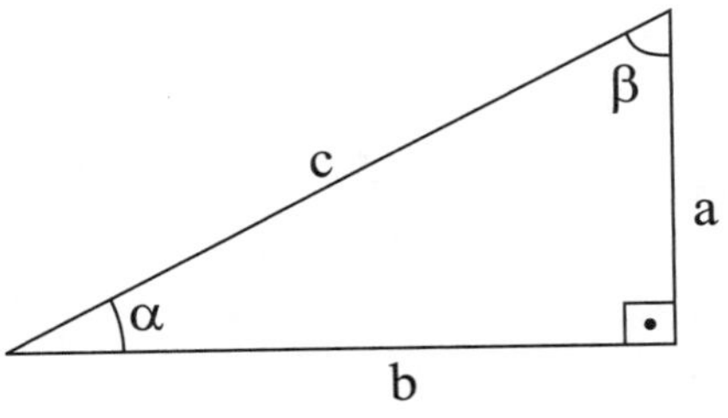

2º) $\cos \alpha = \dfrac{b}{c} \Rightarrow b = c \cdot \cos \alpha$

3º) Pitágoras: $a^2 + b^2 = c^2 \Rightarrow$

$\Rightarrow (c. \text{ sen } \alpha)^2 + (c. \cos \alpha)^2 = c^2 \Rightarrow$

$\Rightarrow c^2. \text{ sen}^2\alpha + c^2. \cos^2\alpha = c^2 \Rightarrow$

$\Rightarrow$ $\boxed{\text{sen}^2\alpha + \cos^2\alpha = 1}$

Da mesma forma: $\text{sen}^2\beta + \cos^2 \beta = 1$

Obs: Quando definirmos sen α e cos α, para uma medida **α** qualquer, vamos verificar que essa identidade também será válida.

259 Resolver as equações:

a) $4\cos^4 x - 5\cos^2 x + 1 = 0$

b) $4\,\text{sen}^4 x - 5\,\text{sen}^2 x + 1 = 0$

c) $2\,\text{sen}^3 x + \text{sen}^2 x - 2\,\text{sen}x - 1 = 0$

d) $\text{tg}^4 x - \text{tg}^3 x - 3\,\text{tg}^2 x + 3\,\text{tg}x = 0$

260 Resolver as equações

a) $\text{sen}\,2x = \cos x$

b) $\cos 3x = \text{sen}\,(x - \frac{\pi}{4})$

Resp: **258** Nas respostas k é um número inteiro

a) $\{x \in R \mid x = \frac{k\pi}{2}\}$ b) $x = \frac{k\pi}{2}$ c) $x = k\pi$

d) $x = \frac{3\pi}{2} + 2k\pi$ e) $x = \frac{\pi}{2} + 2k\pi$ ou $x = \pi + 2k\pi$ f) $x = \frac{k\pi}{2}$ g) $x = (2k+1)\frac{\pi}{3}$

h) $x = \frac{\pi}{2} + \frac{2k\pi}{3}$ i) $x = \frac{\pi}{4} + \frac{k\pi}{2}$ ou $x = k\pi$

II) Área de um triângulo

Se dois lados de um triângulo medem **b** e **c** e formam um ângulo agudo α, então a sua área será dada por $\frac{1}{2}$ bc sen α.

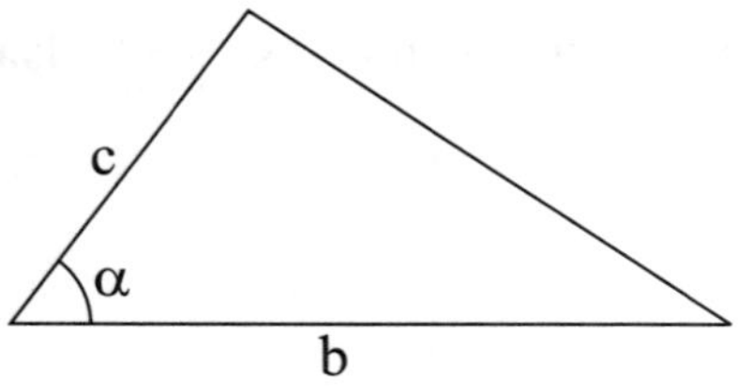

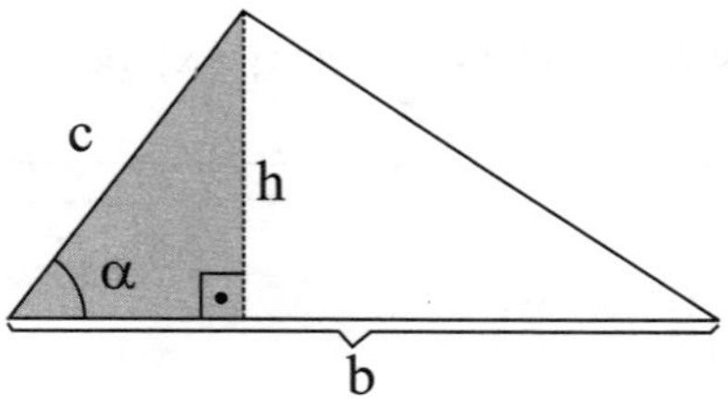

1º) No triângulo sombreado:

$\text{sen}\,\alpha = \frac{h}{c}$

$h = c\ \text{sen}\,\alpha$

2º) $A = \frac{b\,.\,h}{2} \Rightarrow A = \frac{b\,.\,c\ \text{sen}\,\alpha}{2} \Rightarrow$ $\boxed{A = \frac{1}{2}\,bc\ \text{sen}\,\alpha}$

Obs: Esta fórmula também será válida quando α for obtuso, após definirmos seno de ângulo obtuso.

III) Área de paralelogramo

Se dois lados de um paralelogramo medem **a** e **b** e formam um ângulo agudo α, a sua área será dada por ab sen α.

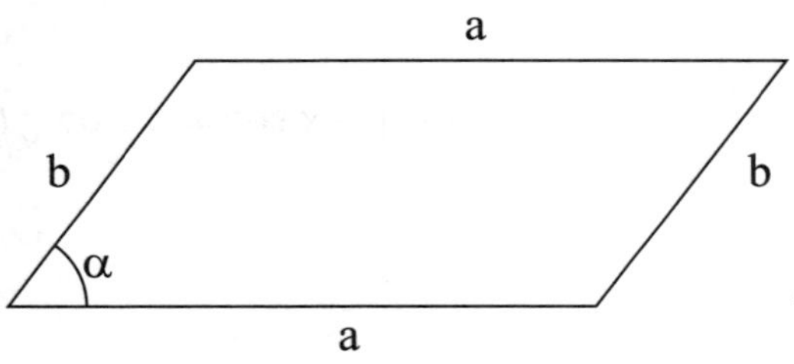

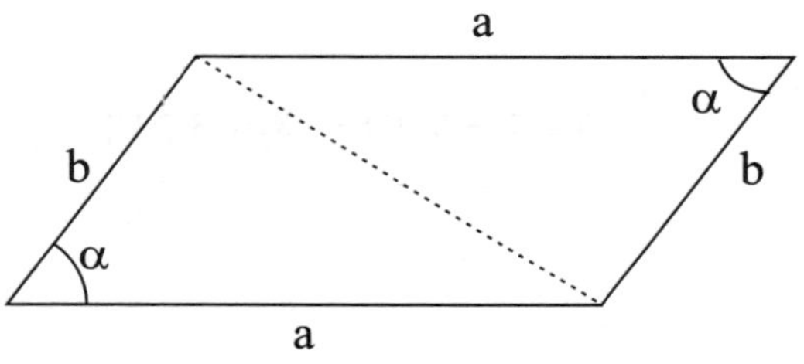

$A = 2\,(A_{\text{triâng.}})$

$A = 2\,(\frac{1}{2}\ ab\ \text{sen}\,\alpha)$

$\boxed{A = ab\ \text{sen}\,\alpha}$

Obs: Esta fórmula também será válida quando α for obtuso, após definirmos seno de ângulo obtuso.

IV) Área do quadrilátero

Se as diagonais de um quadrilátero medem **a** e **b** e formam um ângulo α, a sua área será dada por $\frac{1}{2}$ ab sen α.

AC = a
BD = b

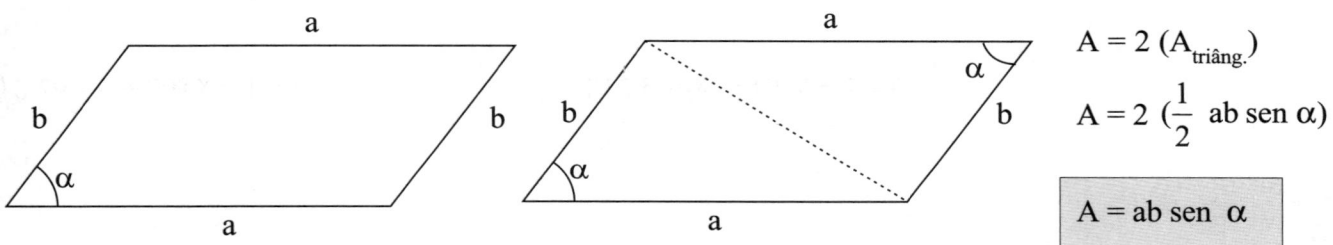

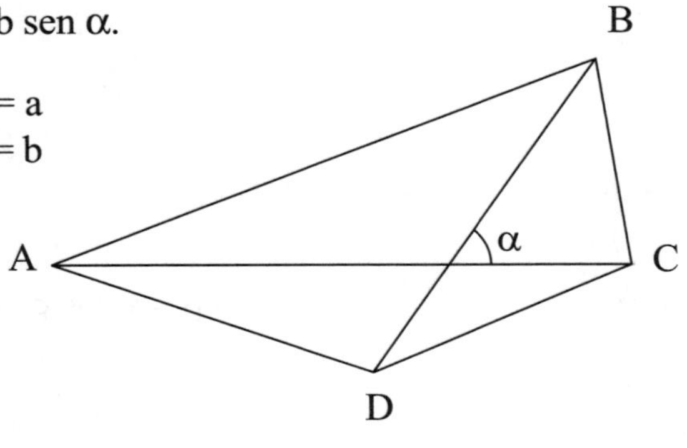

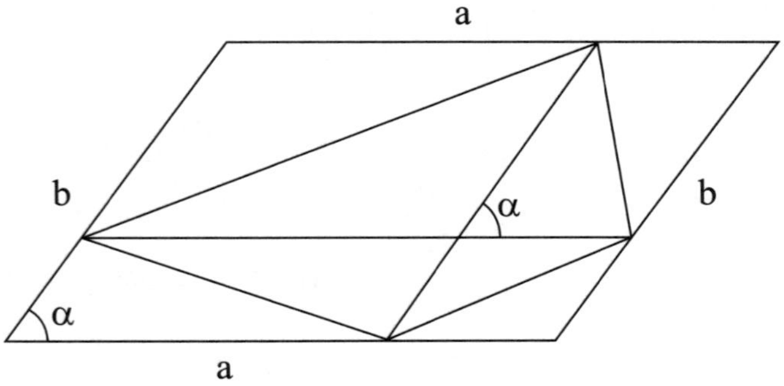

Basta conduzirmos retas, paralelas às diagonais, pelos vértices do quadrilátero, determinando desta forma um paralelogramo de lados **a** e **b** e ângulo α, cuja área é o dobro da área do quadrilátero em questão.

Então: $A_{\text{quadr.}} = \frac{1}{2}\,A_{\text{paral.}} = \frac{1}{2}\ ab\ \text{sen}\,\alpha$

$\boxed{A_{\text{quadr.}} = \frac{1}{2}\ ab\ \text{sen}\,\alpha}$

258 Resolver as equações:

a) $sen^3x - sen\,x = 0$

b) $cos^5x - cos^3x = 0$

c) $sen^2x - 3\,sen\,x = 0$

d) $sen^2x + 3\,sen\,x + 2 = 0$

e) $sen\,x\,cos\,x - cos\,x + sen\,x - 1 = 0$

f) $sen^2x\,cos^2x - sen^2x - cos^2x + 1 = 0$

g) $2\,cos^2x + cos\,x - 1 = 0$

h) $2\,sen^2x - sen\,x - 1 = 0$

i) $tg^3x - tg\,x = 0$

Resp: 256 Nas respostas k é um número inteiro a) $\{x \in R \mid x = \frac{\pi}{2} + 2k\pi\}$ b) $x = \frac{3\pi}{2} + 2k\pi$ (ou $x = -\frac{\pi}{2} + 2k\pi$)

c) $x = k\pi$ d)) $S = \emptyset$ e) $x = 2k\pi$ f) $x = \pi + 2k\pi$ (ou $x = (2k\pi + 1)\pi$)

g) $x = \frac{\pi}{2} + k\pi$ h) $S = \emptyset$ i) $x = k\pi$ j) $x = \frac{\pi}{2} + k\pi$ l) $x = \pi + 2k\pi$

m) $S = \emptyset$ n) $x = \frac{\pi}{2} + 2k\pi$ o) $x = \frac{3\pi}{2} + 2k\pi$ p) $S = \emptyset$ k) $x = 2k\pi$

257 a) $\{x \in R \mid x = k\pi\}$ b) $x = \frac{\pi}{2} + k\pi$ ou $x = 2k\pi$ c) $x = k\pi$ ou $x = \frac{3\pi}{2} + 2k\pi$

V) Lei dos senos para o triângulo acutângulo

Em um triângulo acutângulo a razão entre qualquer lado e o seno do ângulo oposto é igual ao diâmetro da circunferência circunscrita: $\frac{a}{\text{sen}\,\alpha} = \frac{b}{\text{sen}\,\beta} = \frac{c}{\text{sen}\,\gamma} = 2R$

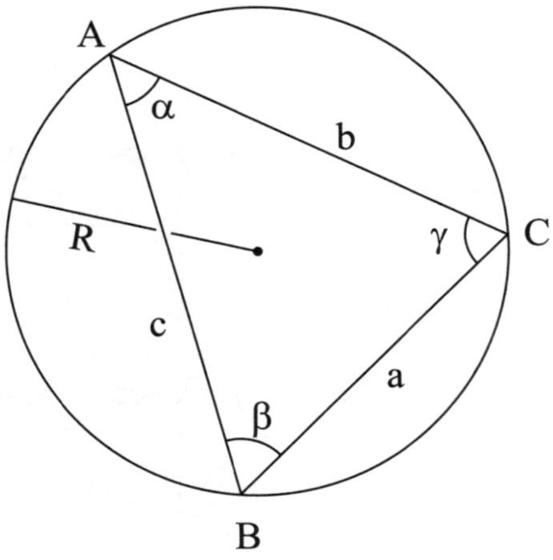

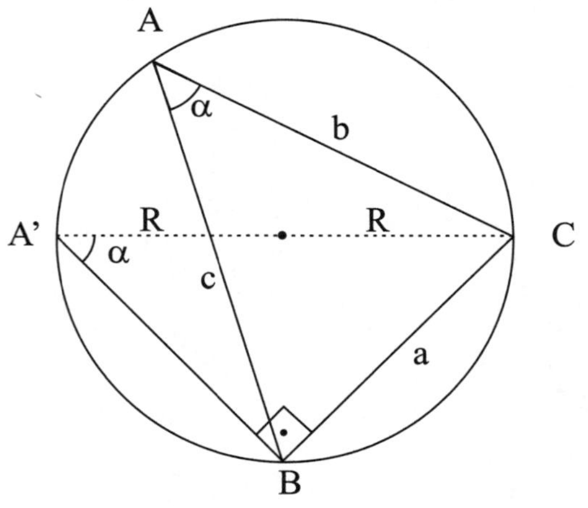

Vejamos: Consideremos o diâmetro A'C. Note que o triângulo A'BC é retângulo em B e que $\hat{A}' = \hat{A} = \alpha$. Então:

$$\text{sen}\,\alpha = \frac{a}{2R} \Rightarrow \boxed{\frac{a}{\text{sen}\,\alpha} = 2R}$$

Da mesma forma obtemos: $\frac{b}{\text{sen}\,\beta} = 2R$ e $\frac{c}{\text{sen}\,\gamma} = 2R$ Então:

$$\boxed{\frac{a}{\text{sen}\,\alpha} = \frac{b}{\text{sen}\,\beta} = \frac{c}{\text{sen}\,\gamma} = 2R}$$

IV) Lei dos cossenos

O quadrado do lado oposto a um ângulo agudo de um triângulo é igual à soma dos quadrados dos outros dois lados menos duas vezes o produto deles multiplicado pelo cosseno do ângulo oposto.

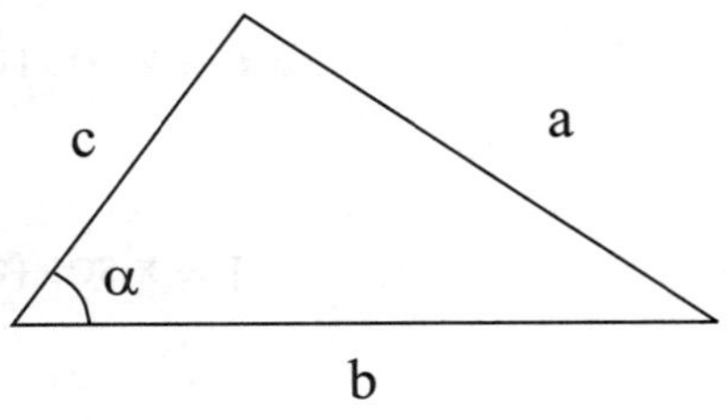

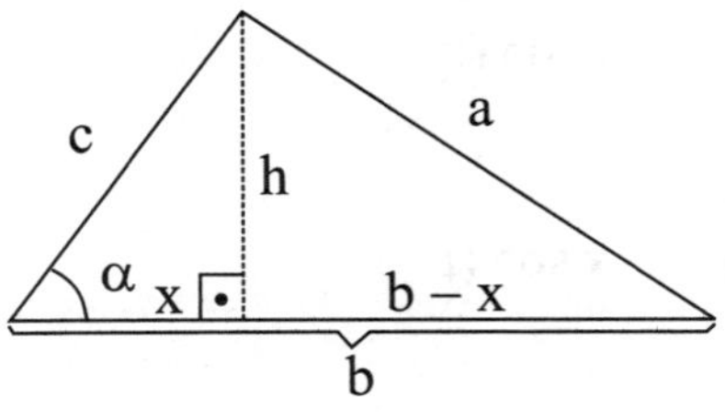

1º) $\begin{cases} h^2 + x^2 = c^2 \\ h^2 + (b-x)^2 = a^2 \end{cases}$

$\begin{cases} -h^2 - x^2 = -c^2 \\ h^2 + b^2 - 2bx + x^2 = a^2 \end{cases}$

$b^2 - 2bx = a^2 - c^2 \quad \text{(I)}$

2º) $\cos\alpha = \frac{x}{c} \Rightarrow x = c.\cos\alpha \quad \text{(II)}$

3º) I e II $\Rightarrow b^2 - 2b\,(c\,.\cos\alpha) = a^2 - c^2 \Rightarrow$

$$\boxed{a^2 = b^2 + c^2 - 2bc\,\cos\alpha}$$

Obs: Quando definirmos seno e cosseno de um ângulo qualquer vamos verificar que a lei dos senos e dos cossenos são válidas em qualquer triângulo.

256 Pensando no ciclo trigonométrico, se necessário esboçar o seu desenho, resolver em R as seguintes equações:

a) $\text{sen } x = 1$ b) $\text{sen } x = -1$

c) $\text{sen } x = 0$ d) $\text{sen } x = \frac{3}{2}$

e) $\cos x = 1$ f) $\cos x = -1$

g) $\cos x = 0$ h) $\cos x = -3$

i) $\text{tg } x = 0$ j) $\text{cotg } x = 0$

k) $\sec x = 1$ l) $\sec x = -1$

m) $\sec x = 0$ n) $\text{cossec } x = 1$

o) $\text{cossec } x = -1$ p) $\text{cossec } x = \frac{\pi}{4}$

257 Resolver as equações:

a) $\cos^2 x - 1 = 0$

b) $\cos^2 x - \cos x = 0$

c) $\text{sen}^2 x + \text{sen } x = 0$

Resp: **255** c) $S = \{\frac{7\pi}{12}, \frac{19\pi}{12}, \frac{3\pi}{4}, \frac{7\pi}{4}\}$

d) $S = \{-\frac{2\pi}{3}, \frac{-\pi}{3}, 0, \frac{\pi}{3}, \frac{2\pi}{3}, \pi, \frac{4\pi}{3}, \frac{5\pi}{3}, 2\pi, \frac{7\pi}{3}, \frac{8\pi}{3}\}$

e) $S = \emptyset$ (não existe $\alpha \in R \mid \text{cossec } \alpha = 0$

f) $S = \{-\frac{2\pi}{3}, -\frac{\pi}{6}, \frac{\pi}{3}, \frac{5\pi}{6}\}$

VII) Sen 45º , cos 45º e tg 45º

Vamos considerar um triângulo retângulo isósceles. Note que os seus ângulos agudos medem 45º.

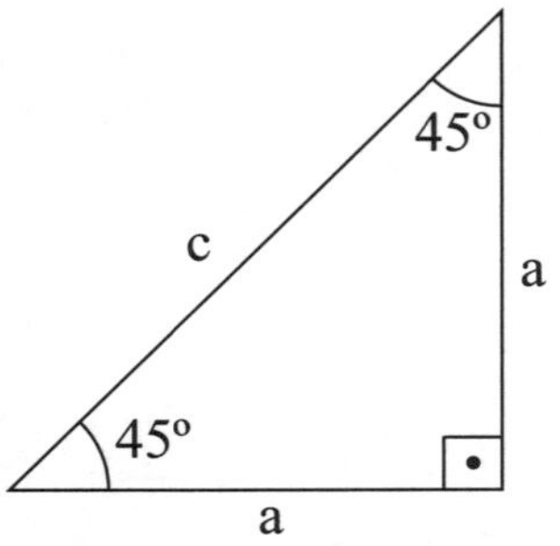

1º) $c^2 = a^2 + a^2 \Rightarrow c^2 = 2a^2 \Rightarrow c = a\sqrt{2}$

2º) $\text{sen } 45^\circ = \dfrac{a}{c} = \dfrac{a}{a\sqrt{2}} = \dfrac{1}{\sqrt{2}} = \dfrac{\sqrt{2}}{2}$

3º) $\text{tg } 45^\circ = \dfrac{a}{a} = 1$

Então: $\boxed{\text{sen } 45^\circ = \cos 45^\circ = \dfrac{\sqrt{2}}{2} \quad \text{e} \quad \text{tg } 45^\circ = 1}$

VIII) Sen 30º, cos 30º, tg 30º, sen 60º, cos 60º e tg 60º

A altura de um triângulo equilátero determina nele dois triângulos retângulos com ângulos agudos de 30º e 60º.

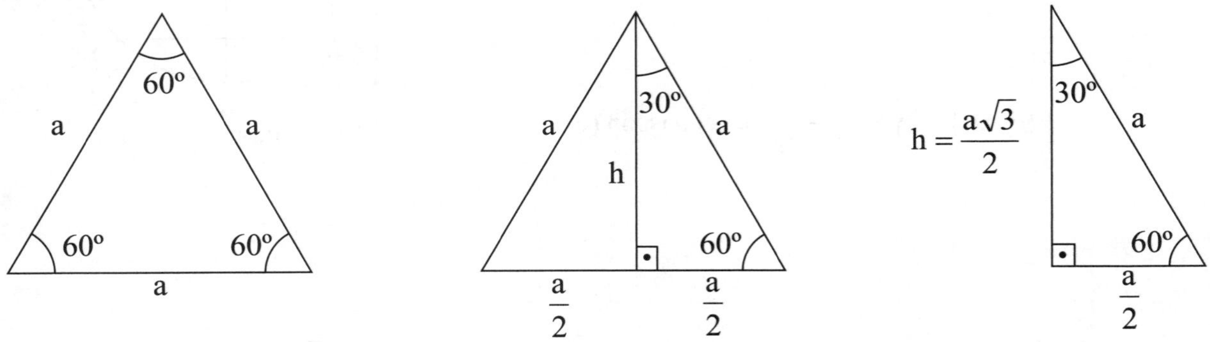

1º) $h^2 + \dfrac{a^2}{4} = a^2 \quad \Rightarrow \quad 4h^2 + a^2 = 4a^2 \quad \Rightarrow \quad h^2 = \dfrac{3a^2}{4} \quad \Rightarrow \quad \boxed{h = \dfrac{a\sqrt{3}}{2}}$

2º) $\text{sen } 30^\circ = \dfrac{\frac{a}{2}}{a} = \dfrac{1}{2} \quad \Rightarrow \quad \boxed{\text{sen } 30^\circ = \cos 60^\circ = \dfrac{1}{2}}$

3º) $\cos 30^\circ = \dfrac{\frac{a\sqrt{3}}{2}}{a} = \dfrac{\sqrt{3}}{2} \quad \Rightarrow \quad \boxed{\cos 30^\circ = \text{sen } 60^\circ = \dfrac{\sqrt{3}}{2}}$

4º) $\text{tg } 30^\circ = \dfrac{\frac{a}{2}}{\frac{a\sqrt{3}}{2}} = \dfrac{1}{\sqrt{3}} = \dfrac{\sqrt{3}}{3} \quad \Rightarrow \quad \boxed{\text{tg } 30^\circ = \dfrac{\sqrt{3}}{3}}$

5º) $\text{tg } 60^\circ = \dfrac{\frac{a\sqrt{3}}{2}}{\frac{a}{2}} = \sqrt{3} \quad \Rightarrow \quad \boxed{\text{tg } 60^\circ = \sqrt{3}}$

Então:

$\text{sen } 30^\circ = \cos 60^\circ = \dfrac{1}{2} \qquad \text{sen } 45^\circ = \cos 45^\circ = \dfrac{\sqrt{2}}{2}$

$\text{sen } 60^\circ = \cos 30^\circ = \dfrac{\sqrt{3}}{2} \qquad \text{tg } 30^\circ = \dfrac{\sqrt{3}}{3} \text{ , tg } 45^\circ = 1 \text{ , tg } 60^\circ = \sqrt{3}$

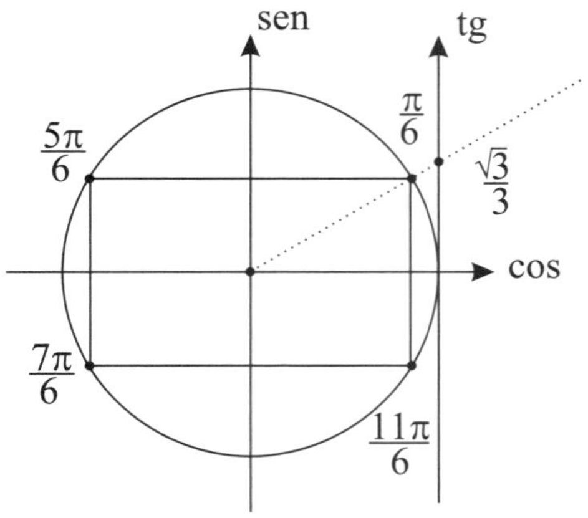

c) $\text{sen}\,(2x + \frac{\pi}{6}) = -\frac{\sqrt{3}}{2}$, $U = [\,0, 2\pi\,]$

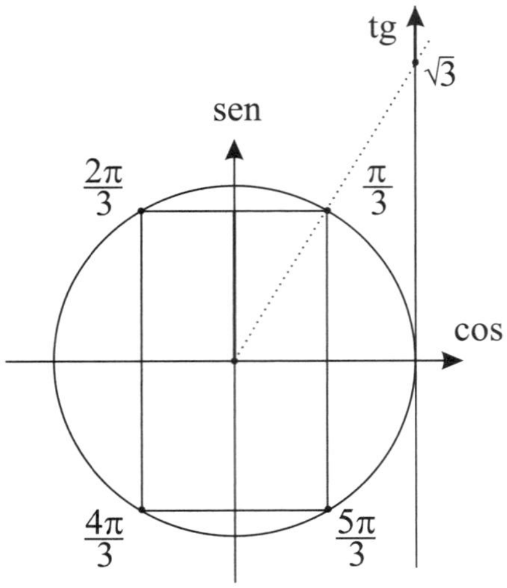

d) $\text{tg}\,3x = \text{tg}\,\pi$, $U =]\,-\pi\,, 3\pi\,[$

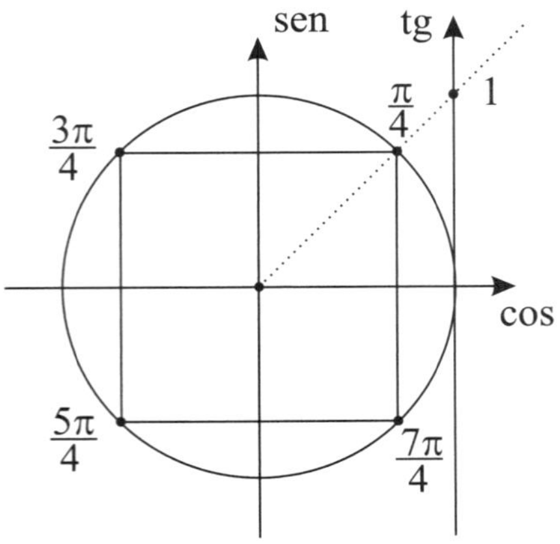

e) $\text{cossec}\,(x + \frac{\pi}{4}) = 0$, $U = [\,0, 2\pi\,]$

f) $\text{cotg}\,2x = \text{cotg}\,\frac{5\pi}{3}$, $U = [-\pi\,, \pi]$

Resp: 255 b) $S = \{\frac{3\pi}{8}, \frac{5\pi}{8}, \frac{11\pi}{8}, \frac{13\pi}{8}\}$

IX) Seno e cosseno de 18º, 36º, 54º e 72º

Vamos, primeiramente, determinar o lado do decágono regular inscrito em um círculo de raio R. Note que o ângulo central mede 36º.

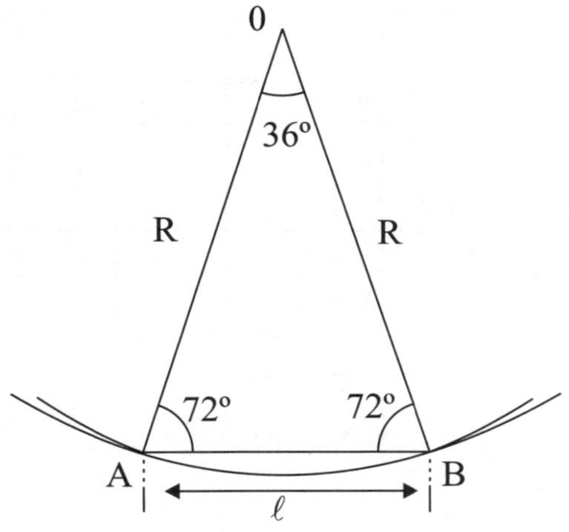

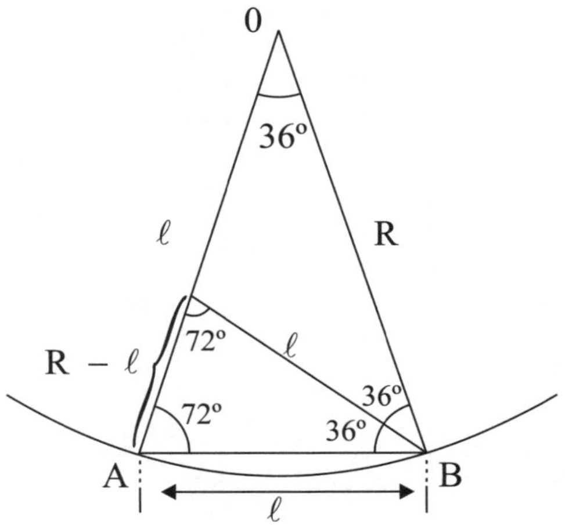

Traçando a bissetriz do ângulo da base do triângulo isósceles OAB determinado por dois raios e um lado do decágono, obtemos um triângulo isósceles semelhante ao anterior. Levando em conta as medidas indicadas, por semelhança, temos:

$$\frac{\ell}{R} = \frac{R-\ell}{\ell} \Rightarrow \ell^2 = R^2 - R\ell \Rightarrow \boxed{\ell^2 + R\ell - R^2 = 0} \Rightarrow \Delta = R^2 + 4R^2 = 5R^2 \Rightarrow$$

$$\Rightarrow \ell = \frac{-R \pm R\sqrt{5}}{2} \Rightarrow \boxed{\ell = \frac{(\sqrt{5}-1)\,R}{2}}$$

$\frac{(\sqrt{5}-1)\,R}{2}$ é também chamado **segmento áureo** do raio

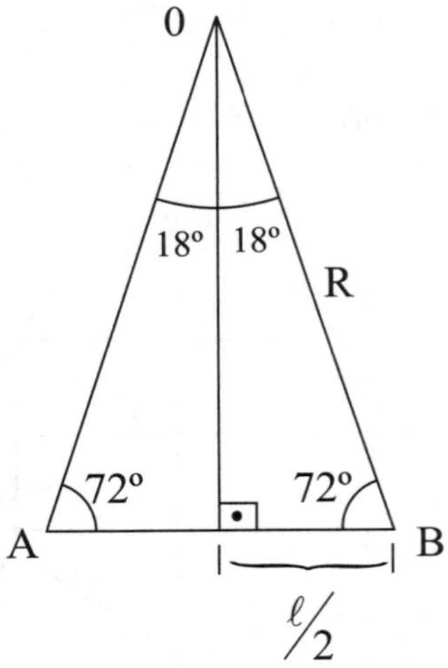

Traçando a altura relativa à base do triângulo OAB determinamos dois triângulos retângulos de ângulos agudos 18º e 72º. Então:

$$\text{sen } 18° = \frac{\ell/2}{R} = \frac{1}{2R} \,.\, \ell = \frac{1}{2R} \,.\, \frac{(\sqrt{5}-1)}{2} R = \frac{\sqrt{5}-1}{4}$$

Então: $\boxed{\text{sen } 18° = \cos 72° = \frac{\sqrt{5}-1}{4}}$

Como $\text{sen}^2 18° + \cos^2 18° = 1$, temos:

$$\left(\frac{\sqrt{5}-1}{4}\right)^2 + \cos^2 18° = 1 \Rightarrow \frac{5 - 2\sqrt{5} + 1}{16} + \cos^2 18° = 1 \Rightarrow$$

$$\Rightarrow 6 - 2\sqrt{5} + 16\cos^2 18° = 16 \Rightarrow \cos^2 18° = \frac{2\sqrt{5}+10}{16} \Rightarrow \cos 18° = \frac{\sqrt{2\sqrt{5}+10}}{4}$$

Então: $\boxed{\cos 18° = \text{sen } 72° = \frac{\sqrt{2\sqrt{5}+10}}{4}}$

255 Resolva as equações seguintes nos conjuntos - universos dados em cada caso:

Atenção: sempre se determina a solução geral da equação antes de "escolher" as soluções que pertencem ao conjunto - universo.

a) sen 3x = sen 150° , U = [– 90° , 360°]

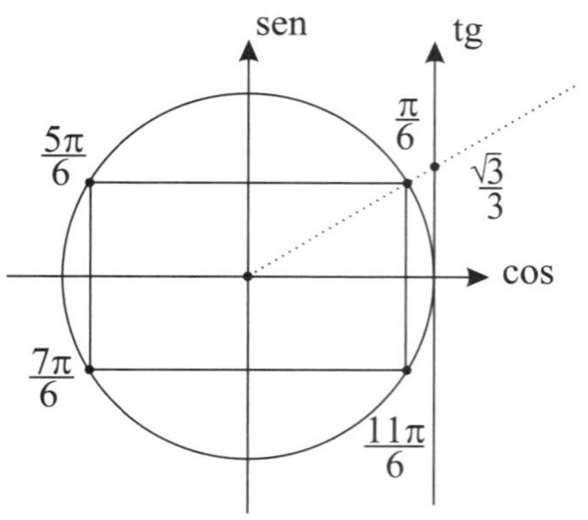

Resolução: Achamos, primeiramente, a solução geral da equação:

3x = 150° + k . 360° ou 3x + 150° = 180° + k . 360°

em seguida, isolamos a incógnita:

x = 50° + k .120° ou x = 10° + k . 120°

atribuímos valores convenientes a $k \in Z$.

k = – 1 ⇒ x = – 70° ou x = – 110° (não serve)

k = 0 ⇒ x = 50° ou x = 10°

k = 1 ⇒ x = 170° ou x = 130°

k = 2 ⇒ x = 290° ou x = 250°

k = 3 ⇒ x = 420° ou x = 370° (ambos não servem)

S = { – 70° , 10° , 50° , 130° , 170° , 250° , 290° }

b) $\cos 2x = -\frac{\sqrt{2}}{2}$ U = [0, 2π]

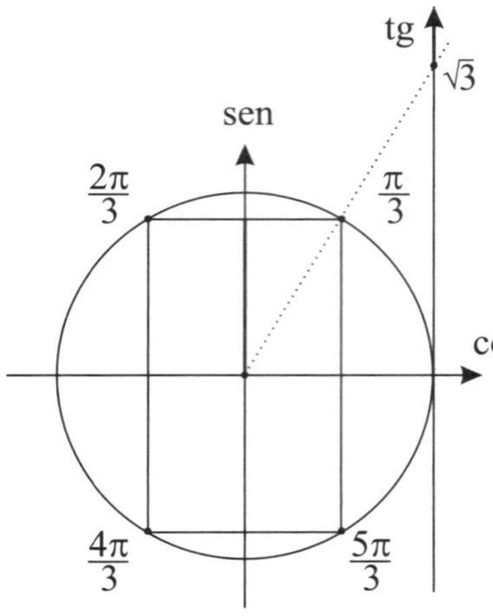

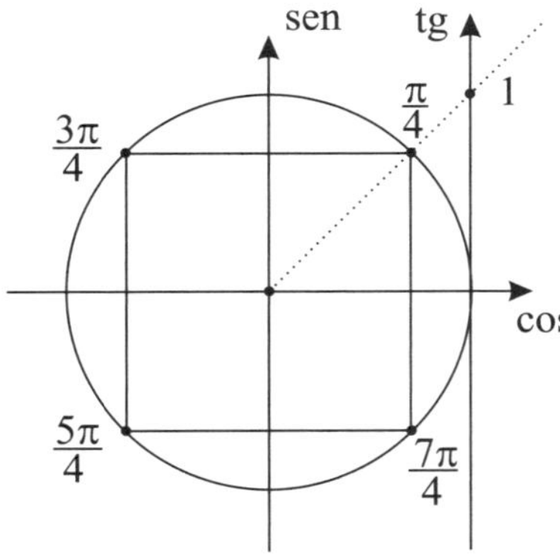

Resp: **254** a) $S = \{ x \in R \mid x = \frac{\pi}{3} + k . \pi , k \in Z \}$

b) $S = \{ x \in R \mid x = \frac{13\pi}{12} + k . 2\pi$ ou $x = \frac{11\pi}{12} + k . 2\pi , k \in Z \}$

c) $S = \{ x \in R \mid x = \frac{3\pi}{4} + k . 2\pi$ ou $x = \frac{\pi}{4} + k . 2\pi , k \in Z \}$

Aplicando a lei dos cossenos no triângulo OAB obtemos:

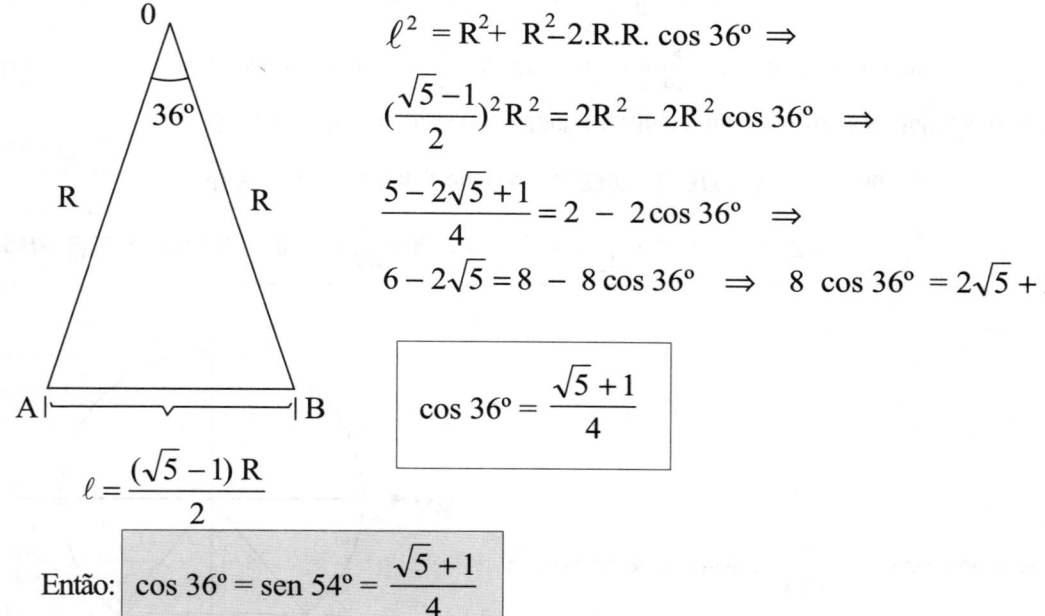

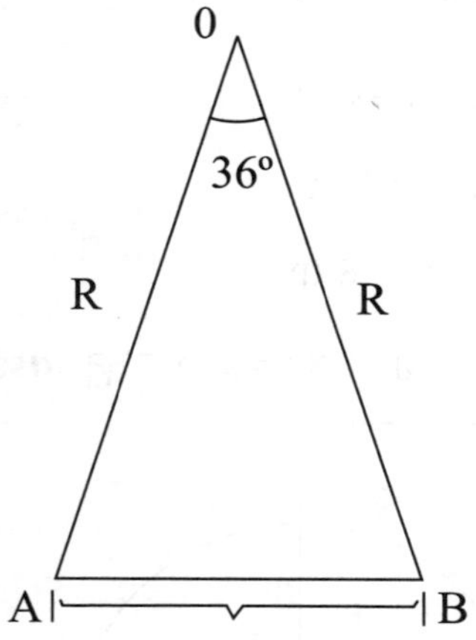

$$\ell^2 = R^2 + R^2 - 2.R.R.\cos 36° \Rightarrow$$

$$\left(\frac{\sqrt{5}-1}{2}\right)^2 R^2 = 2R^2 - 2R^2 \cos 36° \Rightarrow$$

$$\frac{5-2\sqrt{5}+1}{4} = 2 - 2\cos 36° \Rightarrow$$

$$6-2\sqrt{5} = 8 - 8\cos 36° \Rightarrow 8\cos 36° = 2\sqrt{5}+2$$

$$\boxed{\cos 36° = \frac{\sqrt{5}+1}{4}}$$

$$\ell = \frac{(\sqrt{5}-1)\,R}{2}$$

Então: $\cos 36° = \text{sen } 54° = \dfrac{\sqrt{5}+1}{4}$

Como $\text{sen}^2\, 36° + \cos^2 36° = 1$, temos:

$$\text{sen}^2\, 36° + \left(\frac{\sqrt{5}+1}{4}\right)^2 = 1 \Rightarrow \text{sen}^2\, 36° + \frac{5+2\sqrt{5}+1}{16} = 1 \Rightarrow$$

$$16\,\text{sen}^2\, 36° + 6 + 2\sqrt{5} = 16 \Rightarrow \text{sen}^2\, 36° = \frac{10-2\sqrt{5}}{16} \Rightarrow \boxed{\text{sen } 36° = \frac{\sqrt{10-2\sqrt{5}}}{4}}$$

Então: $\text{sen } 36° = \cos 54° = \dfrac{\sqrt{10-2\sqrt{5}}}{4}$

Obs: Por ser muito útil usamos muito e consequentemente decoramos como tabuada os valores de seno, cosseno e tangente de 30°, 45° e 60°. Já os valores de seno e cosseno de 18°, 36°, 54° e 72°, quando eles forem necessários, devem ser deduzidos a partir do decágono regular, como foi feito acima.

Exemplo 1: Determine seno e cosseno dos ângulos agudos do triângulo retângulo abaixo
obs: Sempre que não for dito nada em contrário, a unidade das medidas dos segmentos indicados nas figuras será o metro.

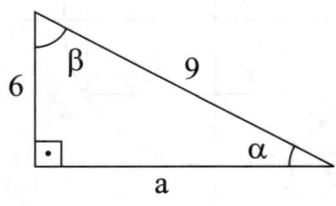

1°) Cáculo do cateto incógnito

$$a^2 + 6^2 = 9^2 \Rightarrow a^2 = 45 \Rightarrow a = 3\sqrt{5}$$

2°) $\text{sen } \alpha = \cos \beta = \dfrac{6}{9} = \dfrac{2}{3}$

$$\text{sen } \beta = \cos \alpha = \frac{3\sqrt{5}}{9} = \frac{\sqrt{5}}{3}$$

$$\text{tg } \alpha = \frac{6}{3\sqrt{5}} = \frac{2\sqrt{5}}{5} \quad \text{e} \quad \text{tg } \beta = \frac{3\sqrt{5}}{6} = \frac{\sqrt{5}}{2}$$

254 Usando as **relações fundamentais** para recair nas equações do exercício anterior, determine as soluções gerais das seguintes equações:

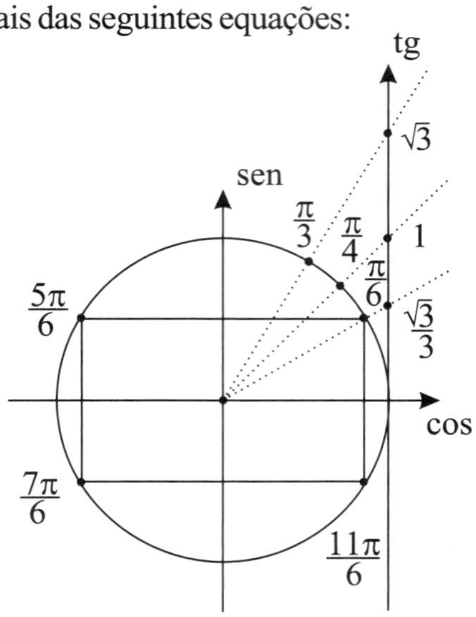

a) $\text{cotg } x = \frac{\sqrt{3}}{3}$ $\quad (\text{cotg } x = \frac{1}{\text{tg } x})$

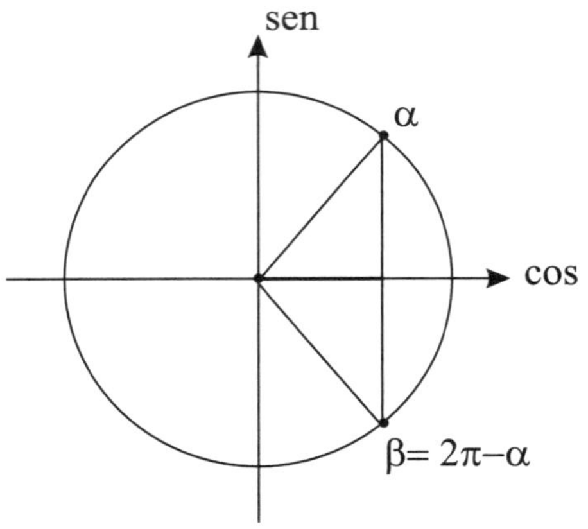

b) $\sec x = \sec \frac{13\pi}{12}$ $\quad (\sec x = \frac{1}{\cos x})$

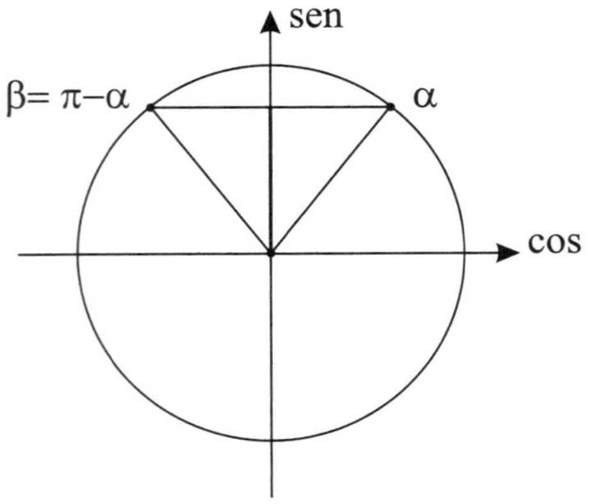

c) $\text{cossec } x = \text{cossec } \frac{11\pi}{4}$ $\quad (\text{cossec } x = \frac{1}{\text{sen } x})$

Resp: 253 c) $S = \{ x \in R \mid x = \frac{5\pi}{6} + k \,.\, 2\pi \text{ ou } x = \frac{7\pi}{6} + k \,.\, 2\pi, k \in Z \}$

d) $S = \{ x \in R \text{ (em graus)} \mid x = \pm\ 330° + k \,.\, 360°, k \in Z \}$ ou

$S = \{ x \in R \text{ (em graus)} \mid x = 330° + k \,.\, 360° \text{ ou } x = 30° + k \,.\, 360°, k \in Z \}$

e) $S = \{ x \in R \mid x = \frac{\pi}{5} + k \,.\, 2\pi \text{ ou } x = \frac{6\pi}{5} + k \,.\, 2\pi, k \in Z \}$ ou

de modo mais prático $S = \{ x \in R \mid x = \frac{\pi}{5} + k \,.\, \pi, k \in Z \}$

f) $S = \{ x \in R \mid x = \frac{5\pi}{6} + k \,.\, \pi, k \in Z \}$

Neste exemplo, para trabalharmos com números menores, seria vantajoso acharmos as razões pedidas no seguinte triângulo semelhante ao dado:

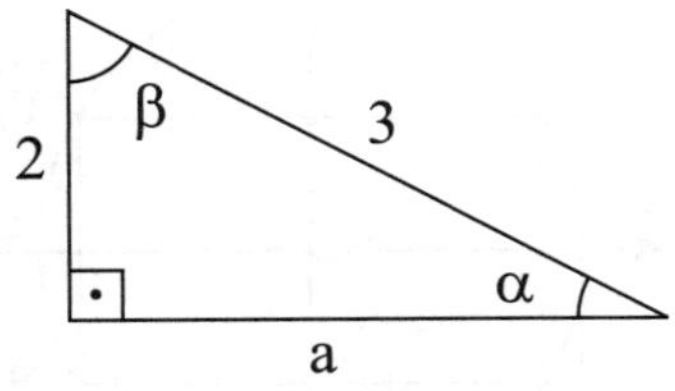

1º) $a^2 + 2^2 = 3^2 \Rightarrow a = \sqrt{5}$

2º) $\text{sen}\,\alpha = \cos\beta = \dfrac{2}{3}$

$\text{sen}\,\beta = \cos\alpha = \dfrac{\sqrt{5}}{3}$

$\text{tg}\,\alpha = \dfrac{2}{\sqrt{5}} = \dfrac{2\sqrt{5}}{5}$ e $\text{tg}\,\beta = \dfrac{\sqrt{5}}{2}$

Exemplo 2: Determine os valores de x e y no triângulo abaixo

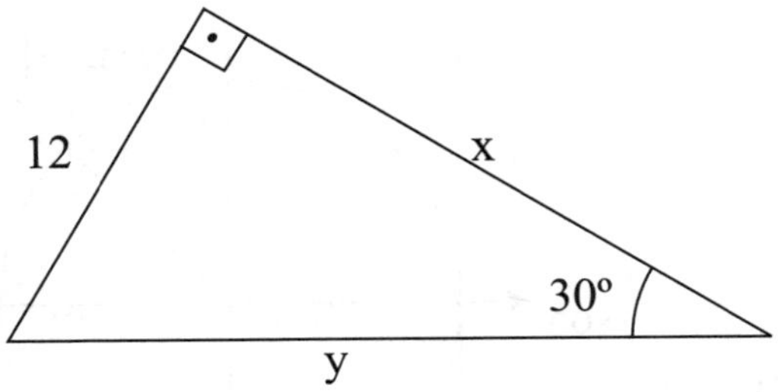

Lembrando de que $\text{sen}\,30^\circ = \dfrac{1}{2}$ e $\text{tg}\,30^\circ = \dfrac{\sqrt{3}}{3}$, temos:

$\text{sen}\,30^\circ = \dfrac{12}{y} \Rightarrow \dfrac{1}{2} = \dfrac{12}{y} \Rightarrow y = 24$

$\text{tg}\,30^\circ = \dfrac{12}{x} \Rightarrow \dfrac{\sqrt{3}}{3} = \dfrac{12}{x} \Rightarrow x = 12\sqrt{3}$

Obs: Quando os valores envolvidos forem 30º, 45º e 60º, há outra maneira para resolvermos o problema. Neste exemplo basta lembrarmos que o triângulo dado é metade de um triângulo equilátero onde **y** é o lado, **x** é a altura e **12** é a metade do lado. Então:

$y = 24$ e $x = h = \dfrac{24\sqrt{3}}{2} = 12\sqrt{3}$.

Exemplo 3: Na figura abaixo temos uma torre e os pontos A e B, alinhados com o pé da torre, num mesmo plano horizontal, com $AB = 40$ m. Se os ângulos de elevação até o topo da torre do ponto A e do ponto B são, respectivamente 42º e 34º, determine a altura da torre.

Considere os seguintes valores aproximados: $\text{tg}\,34^\circ = 0,7$ e $\text{tg}\,42^\circ = 0,9$.

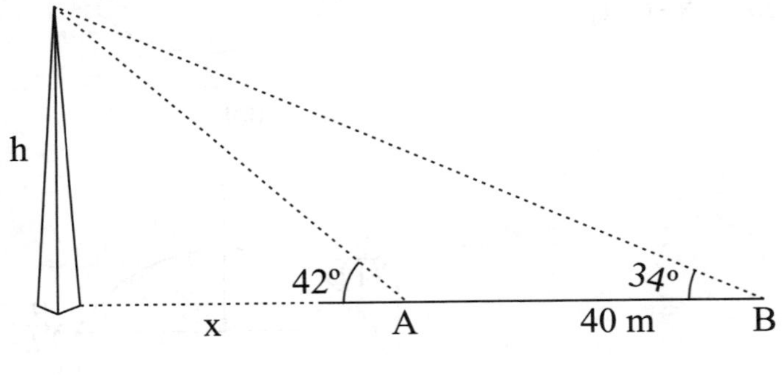

$$\begin{cases} \text{tg}\,42^\circ = \dfrac{h}{x} \\ \text{tg}\,34^\circ = \dfrac{h}{x+40} \end{cases} \Rightarrow \begin{cases} 0,9 = \dfrac{h}{x} \\ 0,7 = \dfrac{h}{x+40} \end{cases} \Rightarrow$$

$$\begin{cases} \dfrac{9}{10} = \dfrac{h}{x} \\ \dfrac{7}{10} = \dfrac{h}{x+40} \end{cases} \Rightarrow \begin{cases} x = \dfrac{10h}{9} \\ 10h = 7x + 280 \end{cases} \Rightarrow$$

$\Rightarrow 10h = 7\left(\dfrac{10h}{9}\right) + 280 \Rightarrow 90h = 70h + 280 \,.\, 9 \Rightarrow 20h = 280 \,.\, 9 \Rightarrow$

$\Rightarrow h = 14 \,.\, 9 \Rightarrow$ $\boxed{h = 126 \text{ m}}$

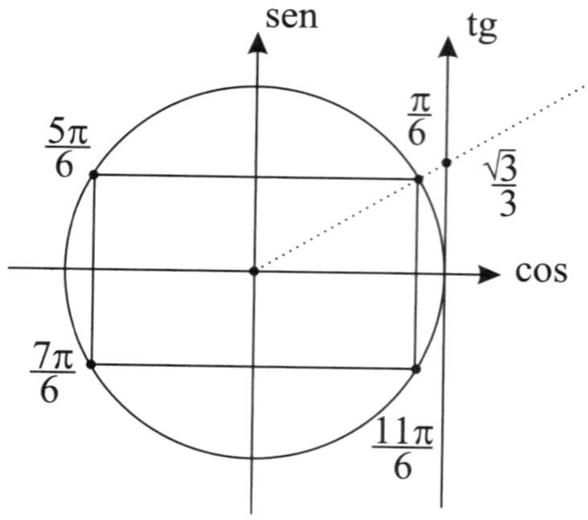

c) $\cos x = -\dfrac{\sqrt{3}}{2}$

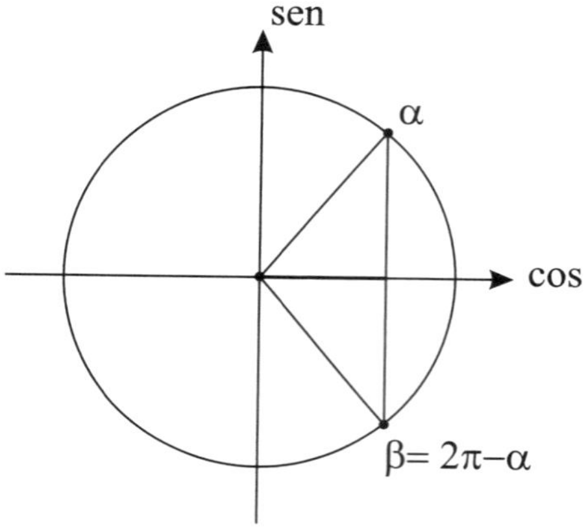

d) cos x = cos 330º
($\alpha + \beta = k \cdot 2\pi$ – arcos replementares)

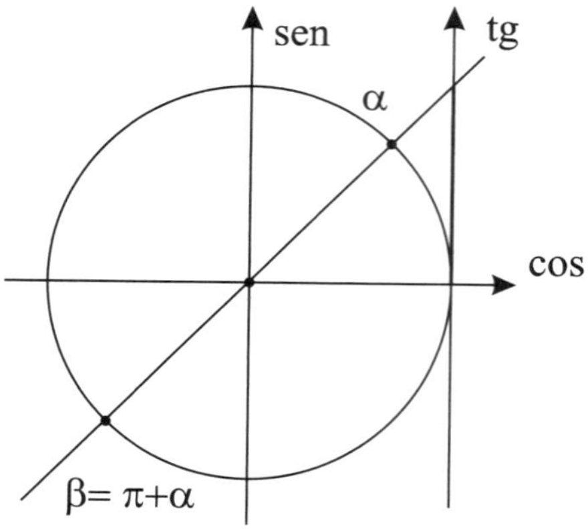

e) $\text{tg}\, x = \text{tg}\, \dfrac{\pi}{5}$
($\beta - \alpha = \pi + k \cdot 2\pi$ – arcos explementares)

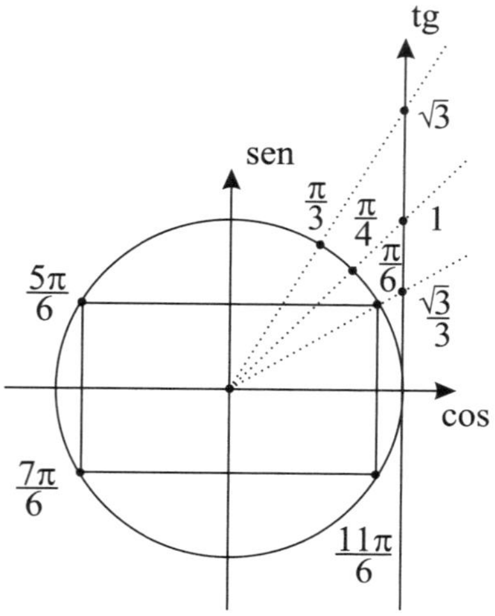

f) $\text{tg}\, x = -\dfrac{\sqrt{3}}{3}$

Resp: 253 a) $S = \{ x \in R \mid x = \frac{\pi}{3} + k \cdot 2\pi$ ou $x = \frac{2\pi}{3} + k \cdot 2\pi, k \in Z \}$ que é chamada de **soluções geral da equação**.

EXERCÍCIOS

1 De acordo com as medidas indicadas na figura, completar:

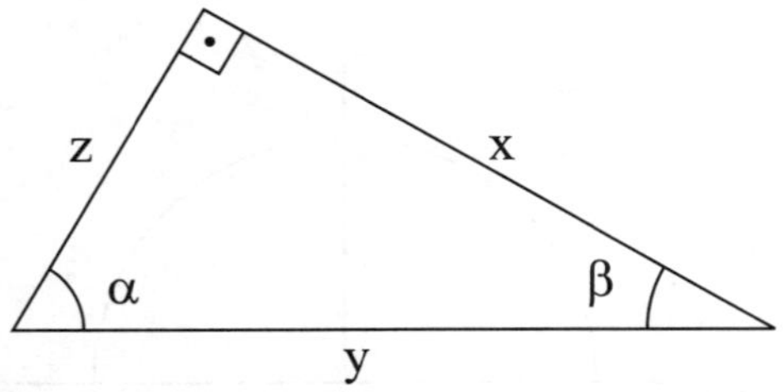

a) O cateto oposto a α é:
b) O cateto adjacente a α é:
c) O cateto oposto a β é:
d) O cateto adjacente a β é:

2 Sendo α a medida de um ângulo agudo de um triângulo retângulo sabemos que:

$$\text{sen}\,\alpha = \frac{\text{cateto oposto a }\alpha}{\text{hipotenusa}}, \quad \cos\alpha = \frac{\text{cateto adjacente a }\alpha}{\text{hipotenusa}}, \quad \text{tg}\,\alpha = \frac{\text{cateto oposto a }\alpha}{\text{cateto adjacente a }\alpha}$$

Determine as seguintes razões:

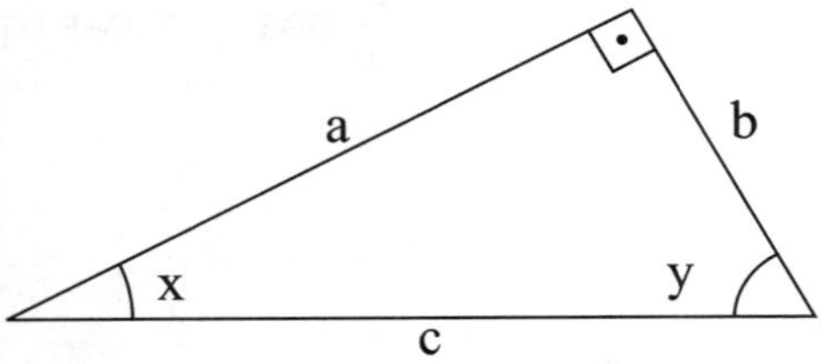

sen x =   cos x =   tg x =

sen y =   cos y =   tg y =

3 Determine sen α nos casos:

a)
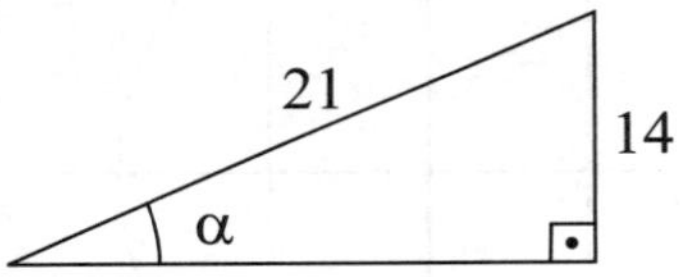

b)
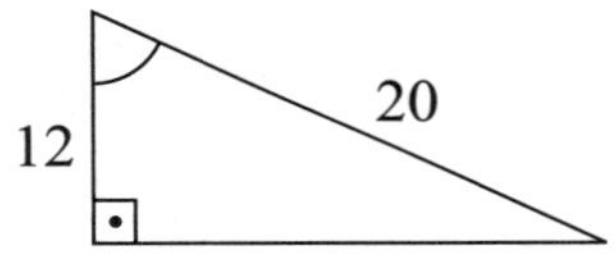

c)
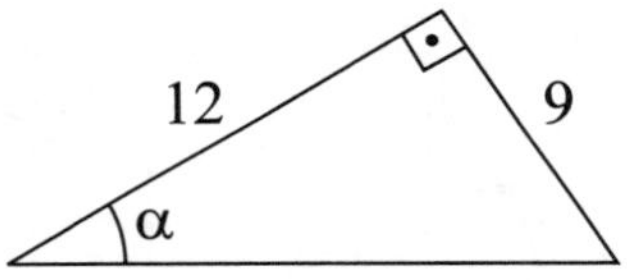

4 Determine cos β nos casos:

a)
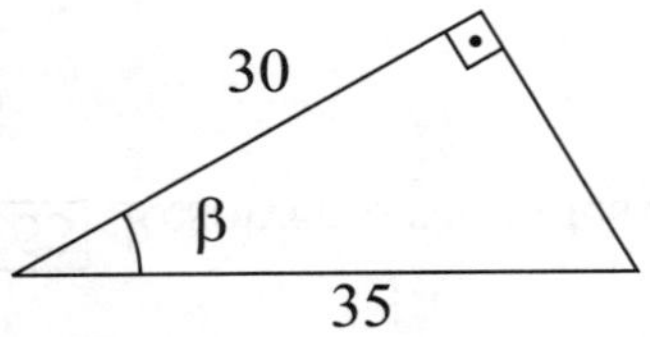

b)
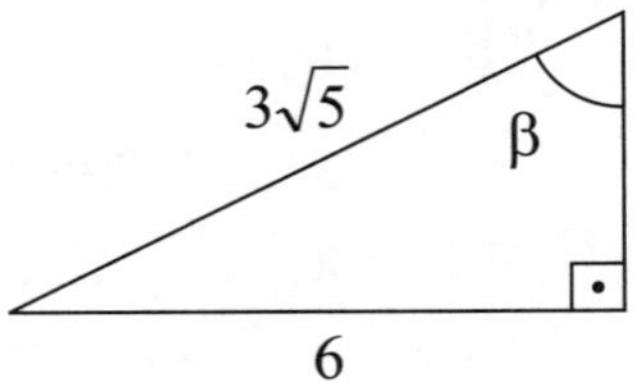

c)
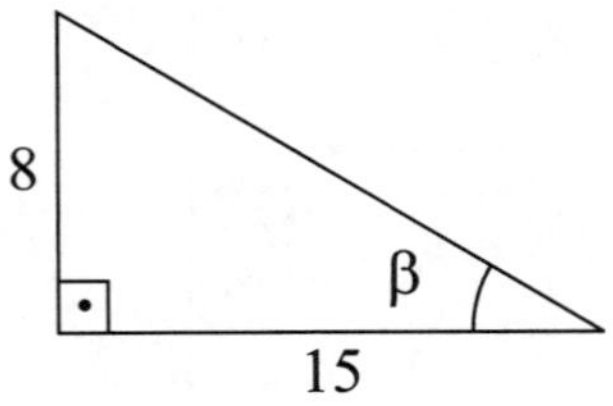

5 Determine tg γ nos casos:

a)
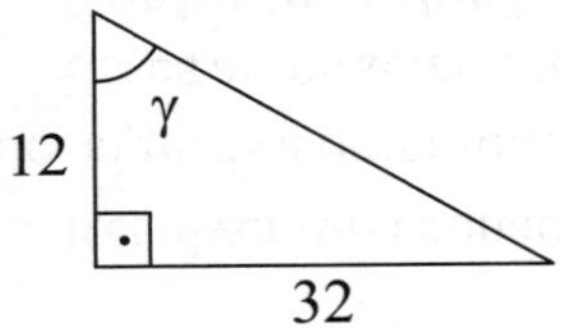

b)
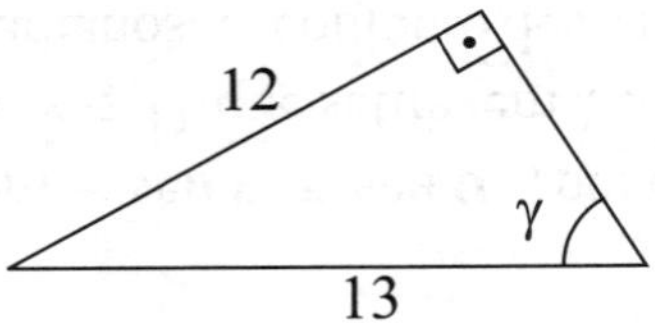

c)
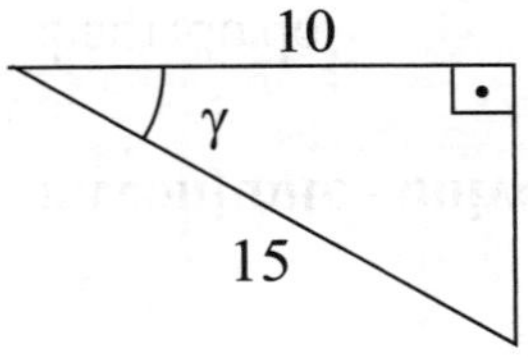

VIII EQUAÇÕES TRIGONOMÉTRICAS – 1ª PARTE

Resolver uma equação trigonométrica como **sen x = sen α** , por exemplo num **conjunto - universo U** dado, signifiva obter todos os valores de arcos $x \in U$ que satifazem à equação dada.

Esses arcos serão medidos em graus ou radianos. O conjunto desses valores é chamado de:

Conjunto - solução (S) ou **conjunto - verdade** (V) da equação. Neste capítulo, estudaremos apenas os tipos fundamentais de equações trigonométricas: **sen x = sen α , cos α = cos x e tg x = tg α** .

Convenção: quando não vierem definidos no exercício, o conjunto - universo será U = R e a unidade de medida dos arcos será o radianos.

EXERCÍCIOS:

253 Resolver as seguintes equações trigonométricas:

a)

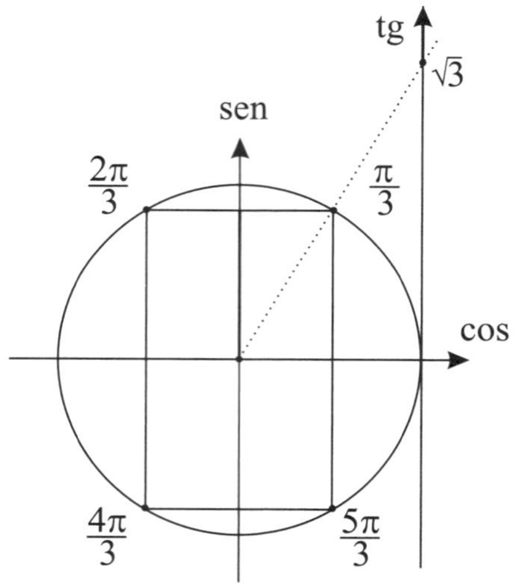

$$\text{sen } x = \frac{\sqrt{3}}{2}$$

b) $\mathbf{sen\ x = sen\ \frac{\pi}{3}}$

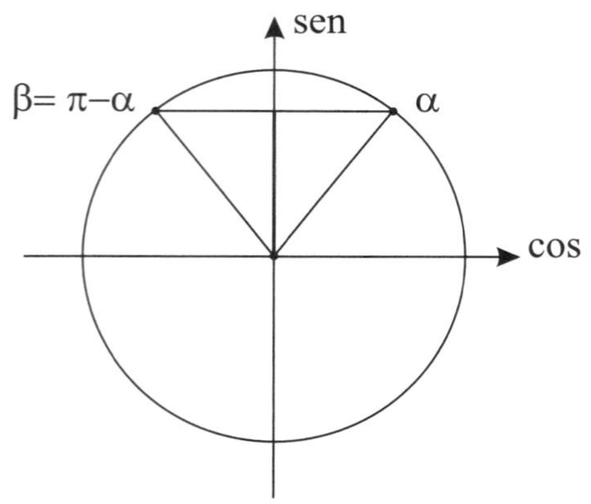

Resolução: dois arcos **x** e $\frac{\pi}{3}$ têm senos iguais se, e somente se, são **iguais ou suplementares** (veja a figura), portanto:

$$\mathbf{x = \frac{\pi}{3} + k\,.\,2\pi} \qquad (k \in Z) \qquad \text{ou}$$

$$x + \frac{\pi}{3} = \pi + k\,.\,2\pi$$

$$\Rightarrow \quad x = \pi - \frac{\pi}{3} + k\,.\,2\pi \quad \Rightarrow \quad \mathbf{x = \frac{2\pi}{3} + k\,.\,2\pi} \quad (k \in Z)$$

$$S = \{ x \in R \mid x = \frac{\pi}{3} + k\,.\,2\pi \quad \text{ou} \quad x = \frac{2\pi}{3} + k\,.\,2\pi,\ k \in Z \}$$

Observação: embora as equações dos itens (a) e (b) sejam iguais e a resolução de (b) seja mais abstrata, é necessário que o leitor saiba esses dois modos de resolver uma equação trigonométrica.

6 Em cada caso é dada uma razão trigonométrica. Determine **x**.

a) $\text{sen}\ \alpha = \frac{3}{4}$

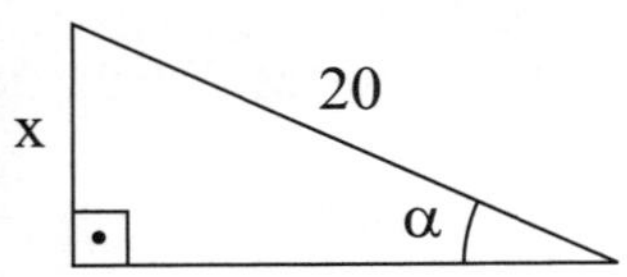

b) $\cos \alpha = \frac{3}{7}$

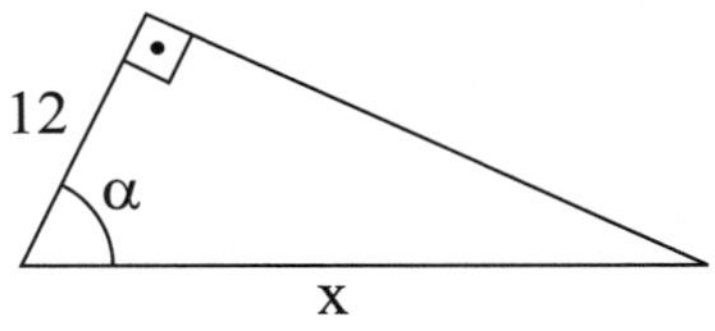

c) $\text{tg}\ \alpha = \frac{7}{5}$

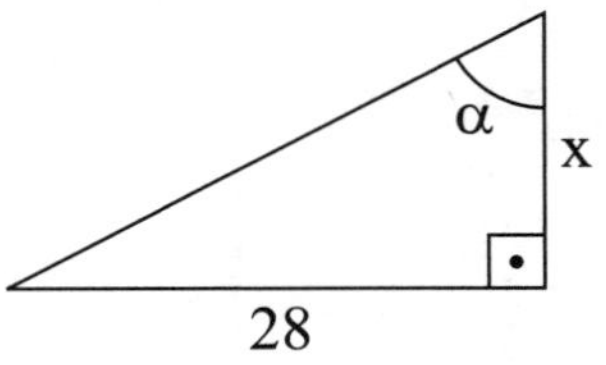

7 Determine **x** nos casos:

a) $\text{sen}\ \alpha = \frac{3}{5}$

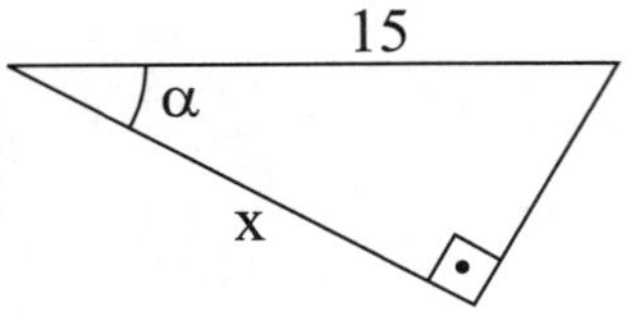

b) $\text{sen}\ \alpha = \frac{2}{3}$

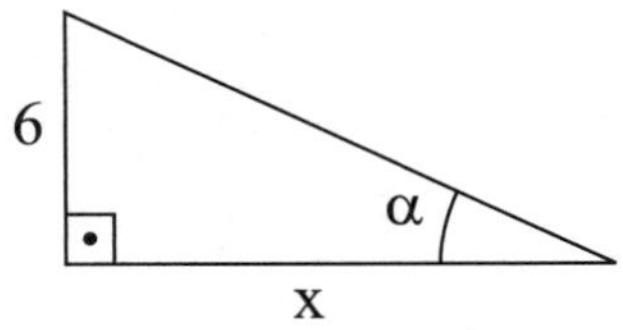

c) $\text{sen}\ \alpha = \frac{2}{3}$

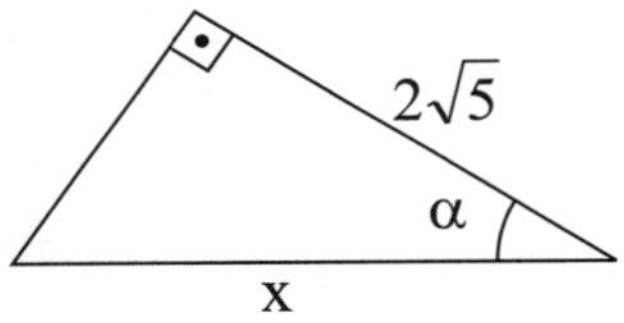

d) $\text{sen}\ \alpha = \frac{1}{3}$

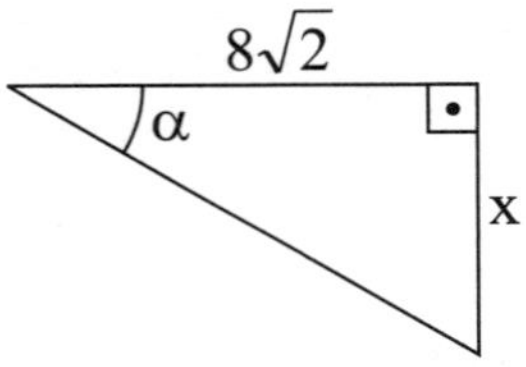

8 Usando razões trigonométricas determine **x** nos casos:

a)

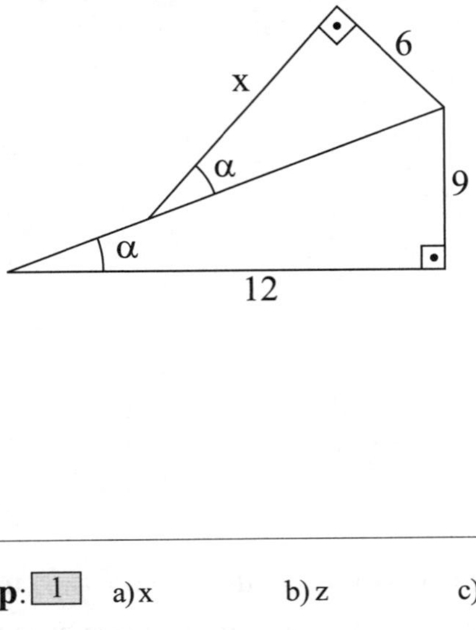

b)

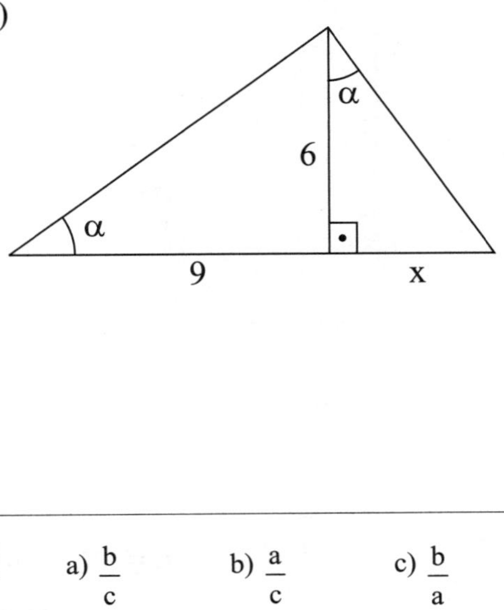

Resp: **1** a) x b) z c) z d) x e) $\frac{b}{c}$ f) $\frac{a}{b}$

2 a) $\frac{b}{c}$ b) $\frac{a}{c}$ c) $\frac{b}{a}$ d) $\frac{a}{c}$

3 a) $\frac{2}{3}$ b) $\frac{4}{5}$ c) $\frac{3}{5}$

4 a) $\frac{6}{7}$ b) $\frac{\sqrt{5}}{5}$ c) $\frac{15}{17}$

5 a) $\frac{8}{3}$ b) $\frac{12}{5}$ c) $\frac{\sqrt{5}}{2}$

252 Mostre que se:

a) $\text{sen}\,\alpha - \cos\alpha = m$ e $\text{sen}\,2\alpha = n - m^2$, com $-\sqrt{2} \le m \le \sqrt{2}$, então $n = 1$

b) $m \cot g\,\alpha = a$ e $b\ \text{sen}\,2\alpha = n$, então, $n(a^2 + m^2) = 2abm$

c) $\text{sen}\,\alpha + \cos\alpha = m$ e $\text{sen}^3\alpha + \cos^3\alpha = n$, então $m^3 - 3m + 2n = 0$

Resp: 247 a) $\frac{\sqrt{3}+3}{2}$ b) 4

248 a) + b) + c) –

249 a) $2\,\text{sen}^2\alpha$ b) 3 c) $2\cos\alpha$

9 Determine x nos casos:

a) $\operatorname{sen} \alpha = \dfrac{2}{5}$

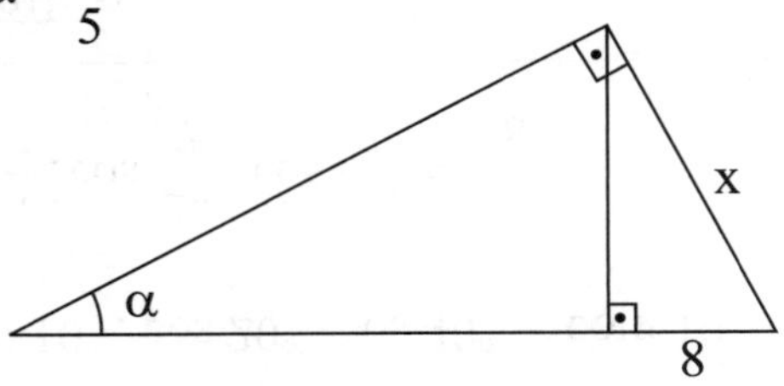

b) $\cos \alpha = \dfrac{3}{4}$

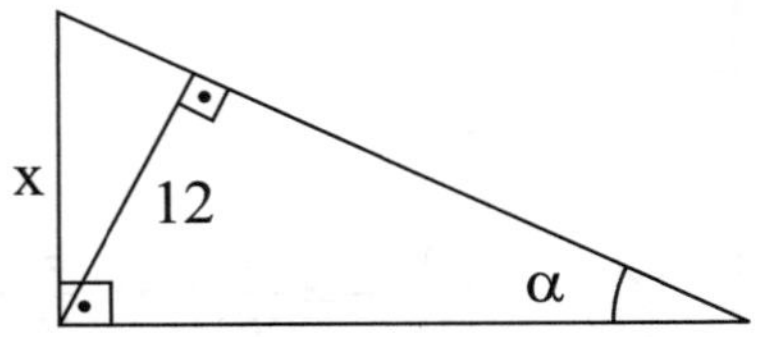

10 Determine x e y nos casos:

a) $\operatorname{tg} \alpha = \dfrac{1}{2}$, $\operatorname{tg} \beta = \dfrac{3}{2}$

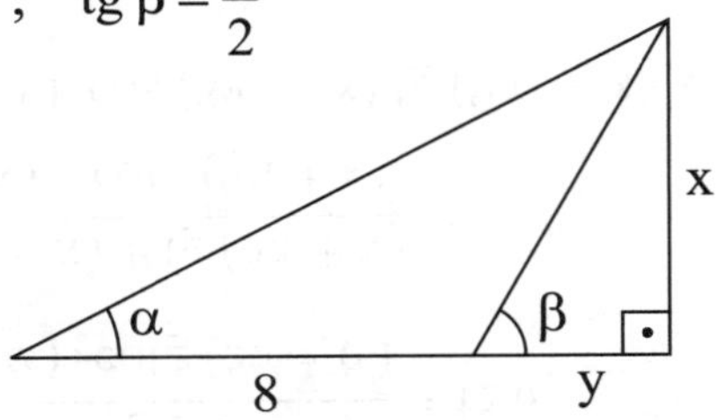

b) $\operatorname{tg} \alpha = \dfrac{1}{4}$, $\operatorname{tg} \beta = \dfrac{4}{3}$

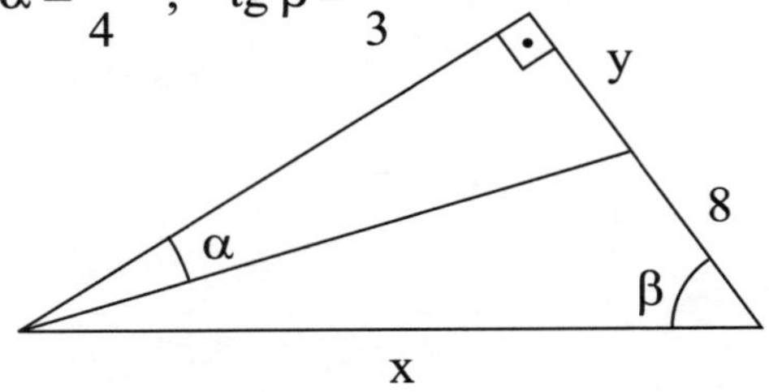

11 Como uma diagonal de um quadrado determina nele triângulos retângulos com ângulos agudos de 45°, determine seno, cosseno e tangente de 45°.

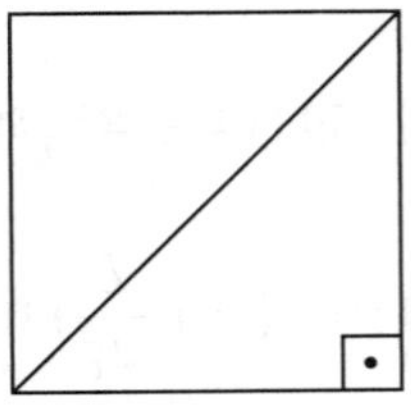

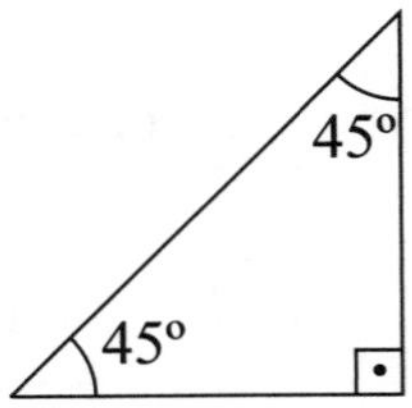

12 Como uma altura de um triângulo equilátero determina nele triângulos retângulos com ângulos agudos de 30° e 60°, determine seno, cosseno e tangente de 30° e 60°.

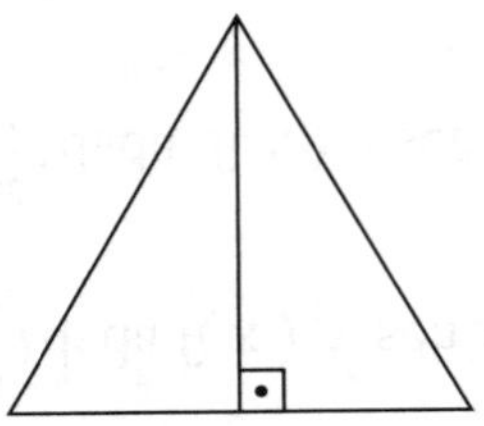

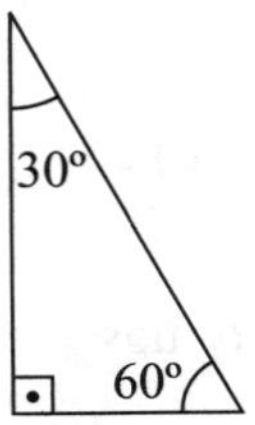

Resp: **6** a) 15 b) 28 c) 20 **7** a) 12 b) $3\sqrt{5}$ c) 6 d) 4
8 a) 8 b) 4

247 Determine:

a) $f(\frac{\pi}{6})$ dada $f(x) = \text{sen}\, x + \text{sen}\, 2x + \text{sen}\, 3x$

b) $f(\frac{\pi}{4})$ dada $f(x) = \text{sen}\,(\frac{\pi}{4} + x) + 2\cos(\pi + 2x) + 3\,\text{tg}\,(\frac{\pi}{2} - x)$

248 Se $0 < \alpha < \frac{\pi}{2}$, determine o sinal de **y** nos casos:

a) $y = \cos(\frac{\pi}{2} - \alpha) \cdot \text{tg}\,(2\pi - \alpha) \cdot \text{cotg}\,(\frac{\pi}{2} + \alpha)$

b) $y = \text{sen}\,(\frac{3\pi}{2} + \alpha) \cdot \cos(\pi + \alpha) \cdot \text{tg}\,(\pi + \alpha)$

c) $y = \cos^2(\pi + \alpha) \cdot \text{tg}^2\,(\frac{\pi}{2} + \alpha) \cdot \text{cotg}^3\,(\pi - \alpha)$

249 Simplificar as seguintes expressões

a) $\text{sen}^2\,(6\pi - \alpha) + \text{sen}^2\,(10\pi + \alpha)$

b) $\text{sen}^2\,(\frac{\pi}{3} - 4\pi) + \cos^2(8\pi - \frac{\pi}{3}) + 2$

c) $\cos(\alpha - 6\pi) + \cos(12\pi + \alpha)$

250 Mostre que:

a) $\dfrac{\cos^2(4\pi - \alpha)}{\text{tg}^2(9\pi + \alpha) + 1} = \cos^4\alpha$

b) $\dfrac{\cos(6\pi + \alpha)\,\text{tg}\,(3\pi - \alpha)}{\text{sen}\,(4\pi - \alpha) \cdot \text{cotg}\,(5\pi + \alpha)} = \text{tg}\,\alpha$

c) $\dfrac{\text{cotg}\,(13\pi - x) + \text{tg}\,(4\pi + x)}{\text{tg}\,(5\pi + x) - \text{cotg}\,(7\pi + x)} = 1$

d) $\text{sen}\,(6\pi - x)\,\cos(8\pi - x)\,\text{tg}\,(9\pi - x)\,\text{cotg}\,(10\pi - x) = -\,\text{sen}\,x\cos x$

251 Moste que :

a) $\text{sen}\,\frac{\pi}{12} \cdot \cos\frac{\pi}{12} = \frac{1}{4}$

b) $\text{tg}\,55° - \text{tg}\,35° = 2\,\text{tg}\,20°$

c) $8\cos 10° \cdot \cos 20° \cdot \cos 40° = \text{cotg}\,10°$

d) $\cos\frac{\pi}{5} \cdot \cos\frac{3\pi}{5} = -\frac{1}{4}$

e) $\cos\frac{\pi}{7} \cdot \cos\frac{2\pi}{7} \cdot \cos\frac{4\pi}{7} = -\frac{1}{8}$

Resp:

243 a) + b) + c) + d) – e) – f) – g) + h) +

244 a) + b) + c) – d) – e) + f) + g) + h) –

245 a) 1 b) – 2 c) – 1 d) 1 e) 0 f) 0 g) 0 h) $\sqrt{2} - 2\sqrt{3}$ i) – 5 j) – 13 k) 21

246 a) 5 b) 3 c) $-5 - \sqrt{3}$ d) – 5

13 Determine **x** nos casos:

a)

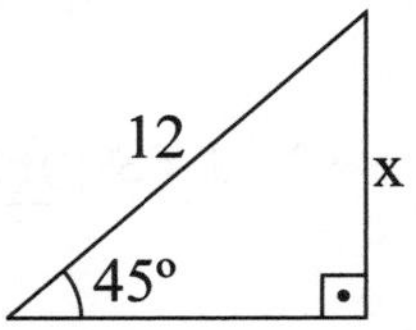

b)

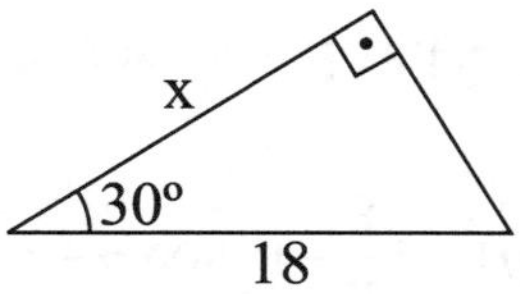

c)

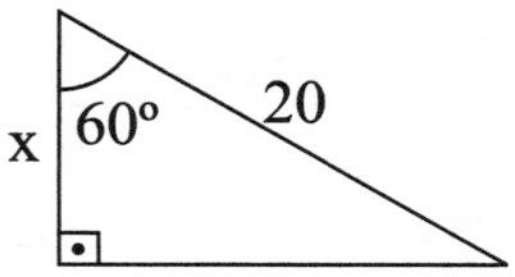

d)

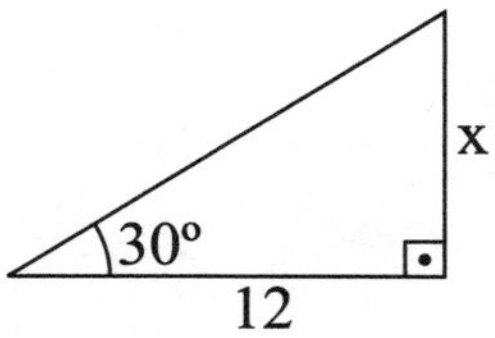

14 Determine **x** nos casos:

a)

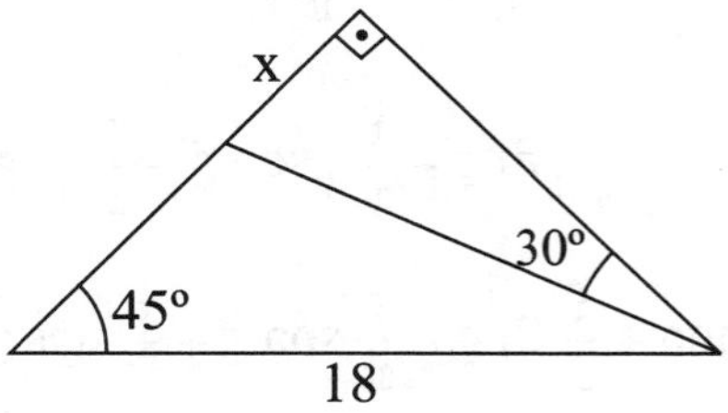

b)

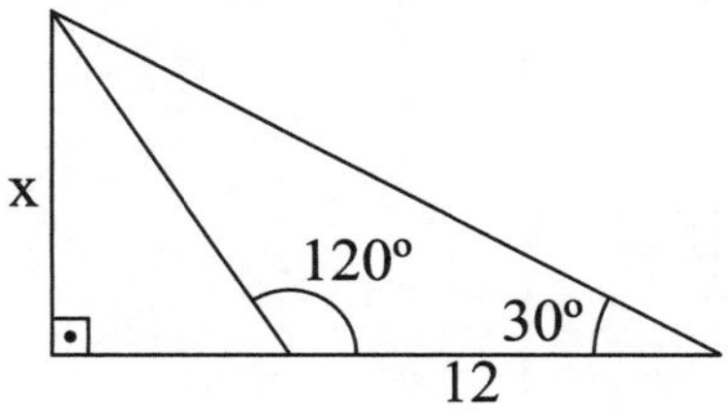

15 Determine a medida **α** nos casos:

a)

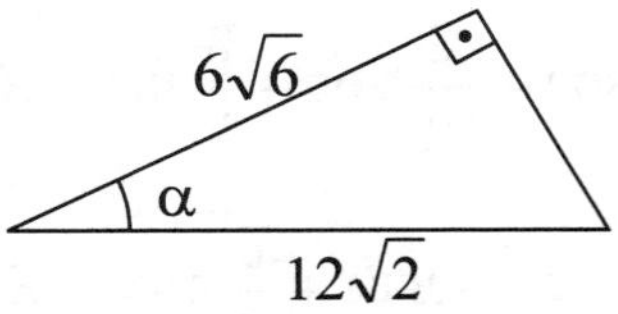

b)

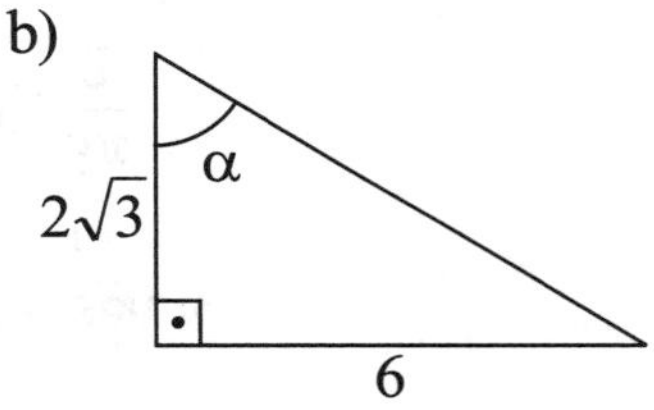

c)

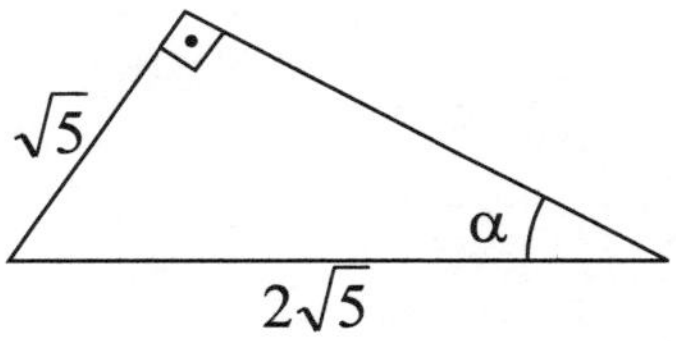

d)

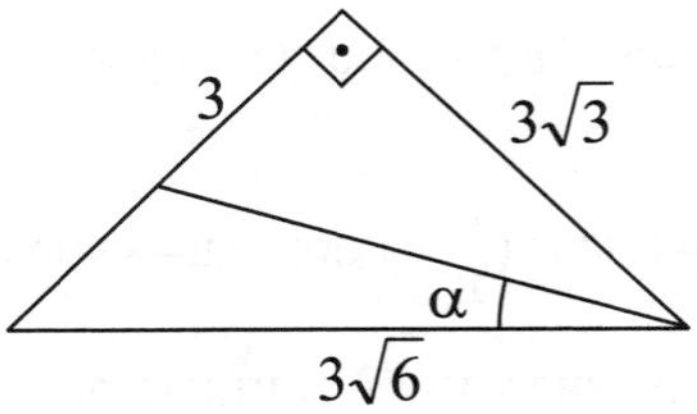

e)

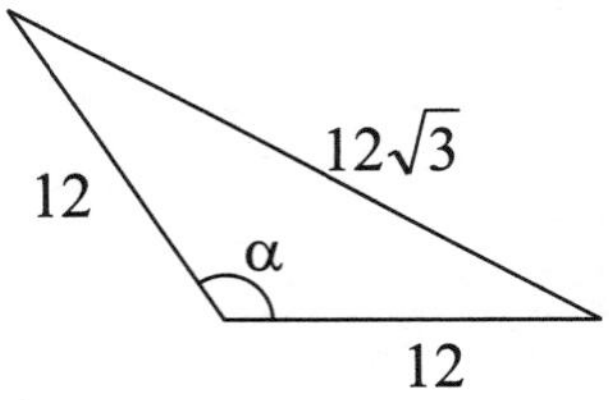

16 Determine a altura relativa ao lado BC do triângulo ABC nos casos:

a)

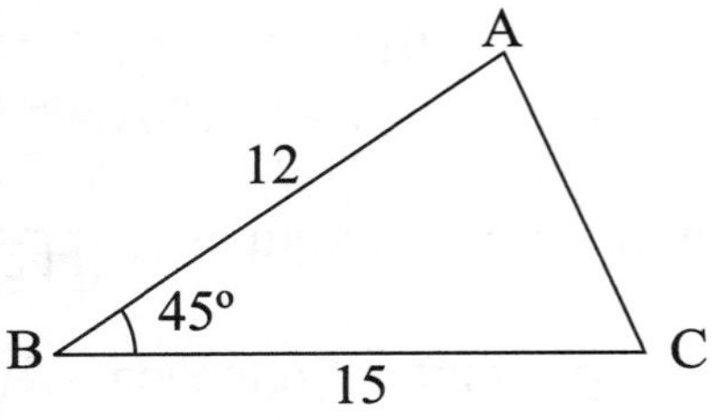

b)

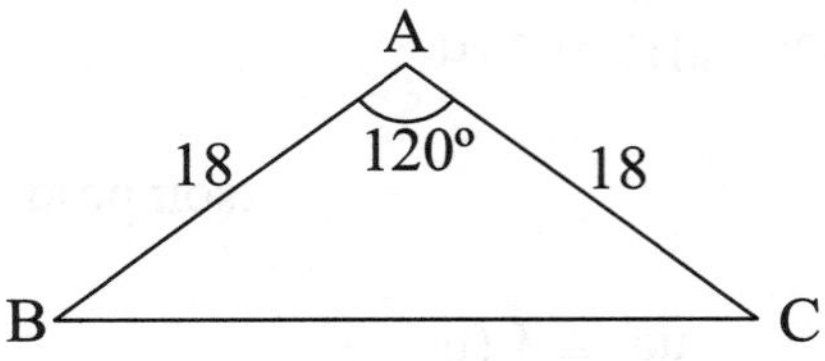

c)

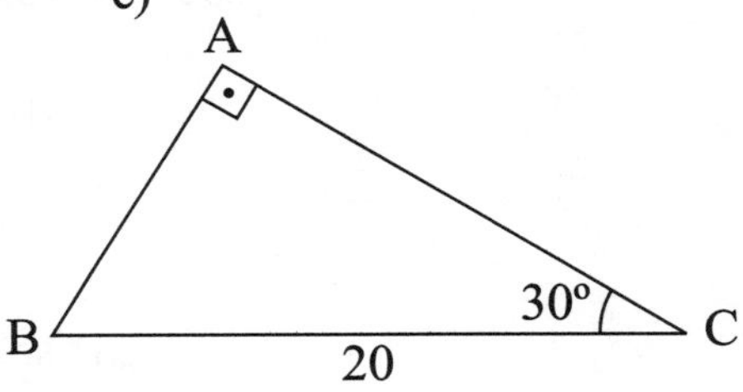

Resp: **9** a) 20 b) 16 **10** a) x = 6 , y = 4 b) x = 20 , y = 4 **11** $\text{sen } 45° = \cos 45° = \frac{\sqrt{2}}{2}$, $\text{tg } 45° = 1$

12 $\text{sen } 30° = \cos 60° = \frac{1}{2}$, $\text{sen } 60° = \cos 30° = \frac{\sqrt{3}}{2}$, $\text{tg } 30° = \frac{\sqrt{3}}{3}$, $\text{tg } 60° = \sqrt{3}$

243 Determine o sinal de **y** nos casos:

a) $y = \text{sen } 130° - \text{sen } 140°$
b) $y = \cos 50° - \cos 70°$
c) $y = \text{tg } 220° - \text{tg } 210°$
d) $y = \text{cotg } 220° - \text{cotg } 210°$
e) $y = \text{sen } 50° - \text{tg } 50°$
f) $y = \cos 50° - \text{cotg } 50°$
g) $y = \text{cotg } 300° - \text{cotg } 315°$
h) $y = \text{sen } 70° - \cos 70°$

244 Determine o sinal dos seguintes produtos:

a) $\text{sen } 100° \cdot \text{sen } 120°$
b) $\cos 210° \cdot \text{sen } 210°$
c) $\cos 200° \cdot \text{sen } 110°$
d) $\text{tg } 140 \cdot \text{tg } 220°$
e) $\cos 315° \cdot \text{tg } 215°$
f) $\text{sen } 150° \cdot \cos 150° \cdot \text{tg } 150°$
g) $\text{sen } 320° \cdot \cos 125° \cdot \text{tg } 250°$
h) $\text{sen } 230° \cdot \text{tg } 160 \cdot \text{cotg } 340°$

245 Determine **y** nos casos:

a) $y = \cos(-\pi) \cdot \text{sen}\left(-\frac{\pi}{2}\right) \cdot \text{sen}\left(-\frac{3\pi}{2}\right)$

b) $y = 2\cos(-\pi) \cdot \cos(-2\pi) \cdot \text{sen}\left(-\frac{3\pi}{2}\right)$

c) $y = \text{sen}(-\pi) + \cos(-\pi) + \text{tg}(-\pi)$

d) $y = \text{cotg}\frac{\pi}{2} + \text{tg}\,\pi - \text{sen}\frac{3\pi}{2} - \cos\left(-\frac{\pi}{2}\right) + \text{sen}\,\pi$

e) $y = \text{sen}\frac{\pi}{2} - \cos\frac{3\pi}{2} + \cos\pi - \text{tg}\,0 + \text{cotg}\frac{3\pi}{2}$

f) $y = 4\,\text{sen}\,\pi \cdot \cos 2\pi + 5\,\text{tg}\,\pi - \text{cotg}\frac{3\pi}{2}$

g) $y = 2\,\text{sen}\,2\pi + 5\cos\frac{3\pi}{2} + 3\,\text{tg}\,\pi - 2\,\text{cotg}\frac{\pi}{2}$

h) $y = 2\,\text{sen}\frac{\pi}{3} + 2\cos\frac{\pi}{4} - 3\,\text{tg}\frac{\pi}{3} + \text{cotg}\frac{\pi}{2}$

i) $y = \text{sen}^2\frac{\pi}{4} - 2\cos^2\frac{\pi}{3} - 5\,\text{tg}^2\frac{\pi}{4}$

j) $y = \dfrac{5 + \text{cotg}^4\frac{\pi}{6} - \text{tg}^2\frac{\pi}{4}}{\text{cot g}\frac{\pi}{4} - \cos^2\frac{\pi}{3} - 8\,\text{sen}^3\frac{\pi}{6}}$

k) $y = 4\,\text{sen}^2\left(-\frac{\pi}{3}\right) + 9\,\text{tg}^2\left(-\frac{\pi}{6}\right) - 4\cos^2\left(-\frac{\pi}{3}\right) + 16\,\text{cotg}^2\left(-\frac{\pi}{4}\right)$

246 Se $f(x) = 4\,\text{sen}\,3x + 5\cos 3x - 2\,\text{sen}\,x$ determine

a) $f(0)$
b) $f\left(\frac{\pi}{6}\right)$
c) $f\left(\frac{\pi}{3}\right)$
d) $f(\pi)$

Resp: **242** c) $y = \cos^2 x$ d) $y = 1$

17 Determine a altura do trapézio nos casos:

a) Trapézio retângulo

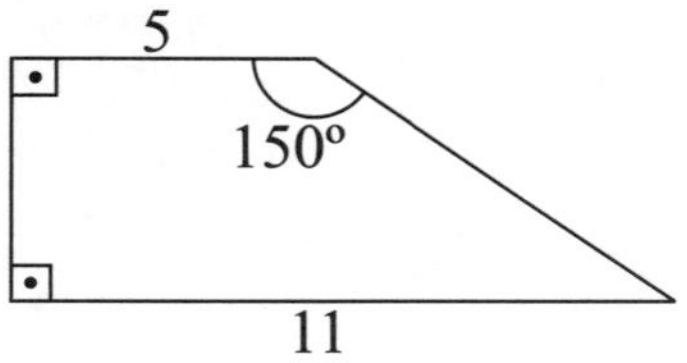

b) Trapézio isósceles

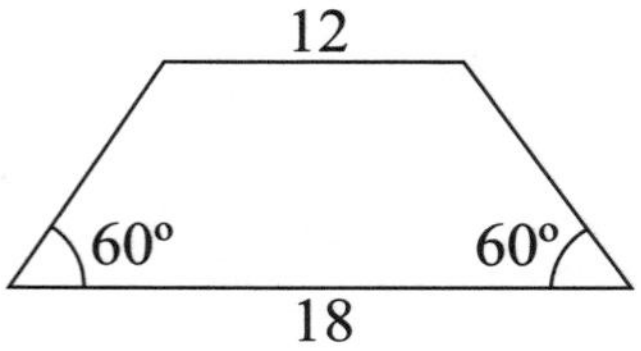

18 Determine as alturas do paralelogramo abaixo

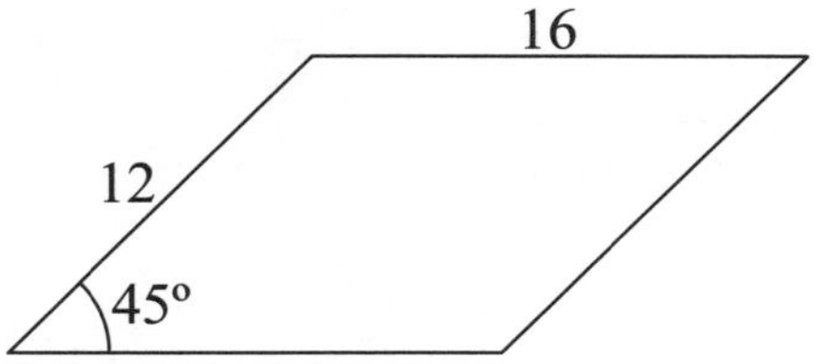

19 Um ponto de um lado de um ângulo de 60º dista 12 m do outro lado. Quanto ele dista da bissetriz do ângulo?

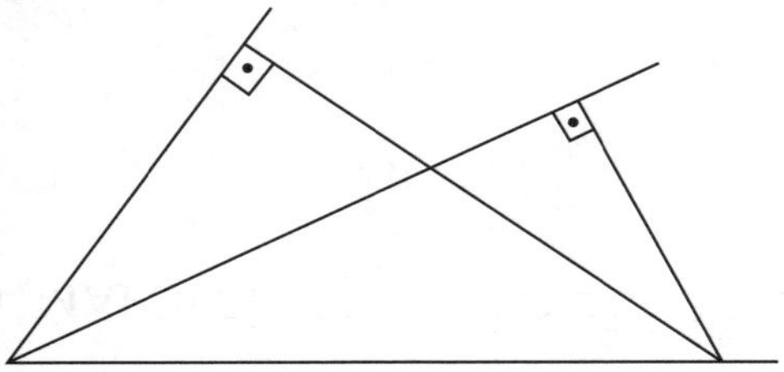

20 Um ponto interno de um ângulo de 30º dista $2\sqrt{3}$ m e 6 m dos lados do ângulo. Quanto ele dista do vértice do ângulo?

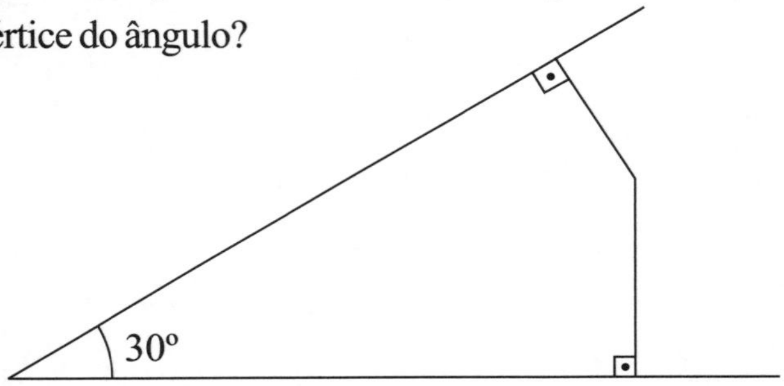

21 Um ponto externo de um ângulo de 45º dista 2 m de um lado do ângulo e $2\sqrt{5}$ m do vértice. Quanto esse ponto dista do outro lado?

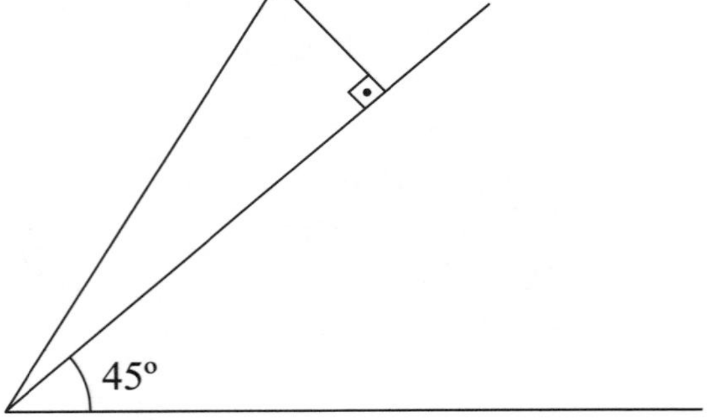

Resp: 13 a) $6\sqrt{2}$ b) $9\sqrt{3}$ c) 10 d) $4\sqrt{3}$ 14 a) $3\sqrt{6}$ b) $6\sqrt{3}$

15 a) 30º b) 60º c) 30º d) 15º e) 120º 16 a) $6\sqrt{2}$ b) 9 c) $5\sqrt{3}$

c) (MAPOFEI - 76) $y = \text{sen}\,\dfrac{9\pi}{2} - \cos\left(x + \dfrac{15\pi}{2}\right) . \text{sen}\,(7\pi - x) =$

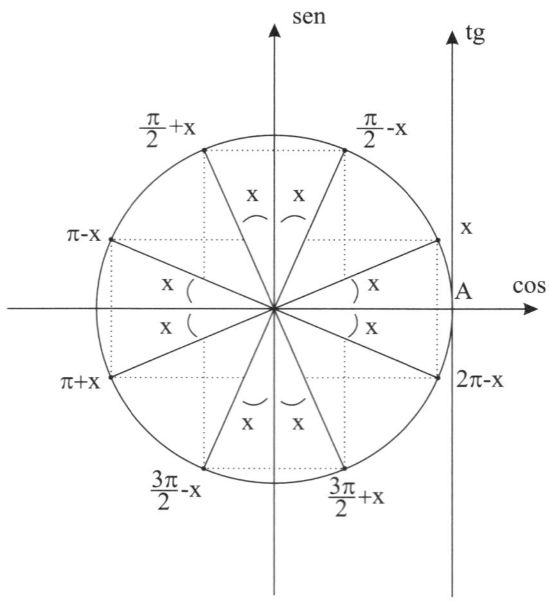

d) (MAPOFEI - 74) $y = \dfrac{a^2 . \cos 180^\circ - (a-b)^2 . \text{sen}\, 270^\circ + 2ab . \cos 0^\circ}{b^2 . \text{sen}\, 90^\circ} =$

Resp: 242 a) $y = -\text{sen}\ x$ b) $y = -\sec^2 x$

22 Um ponto interno de um ângulo de 60º dista $\sqrt{6}$ m e $4\sqrt{6}$ m dos lados do ângulo. Quanto ele dista da bissetriz do ângulo.

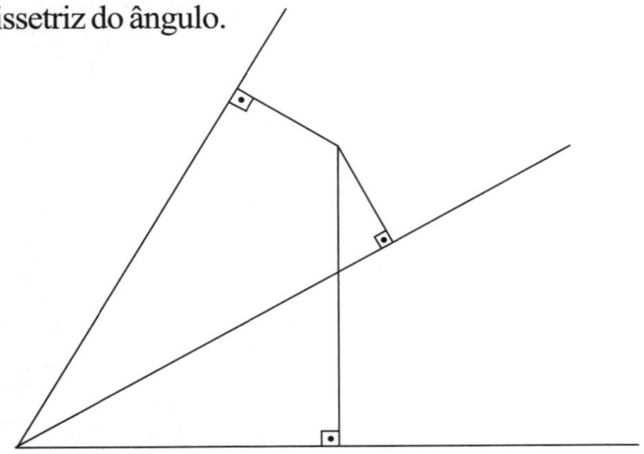

23 Um ponto externo de um ângulo de 60º dista 3 m e 12 m dos lados do ângulo. Quanto ele dista da bissetriz do ângulo?

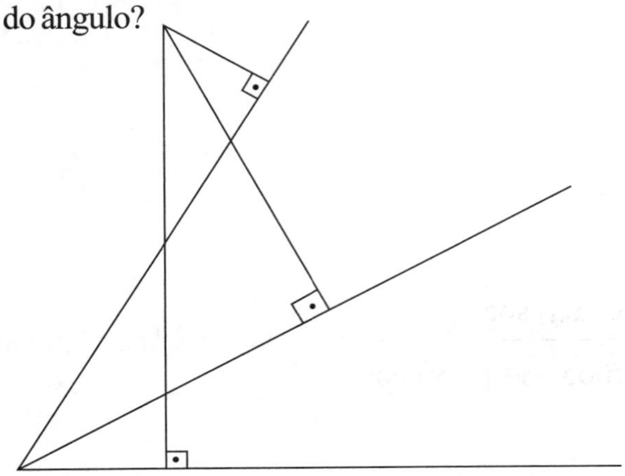

24 Se dois lados de um triângulo medem **a** e **b** e formam um ângulo agudo θ, mostre que a área **A** é dada por $\frac{1}{2}$ **ab sen θ**.

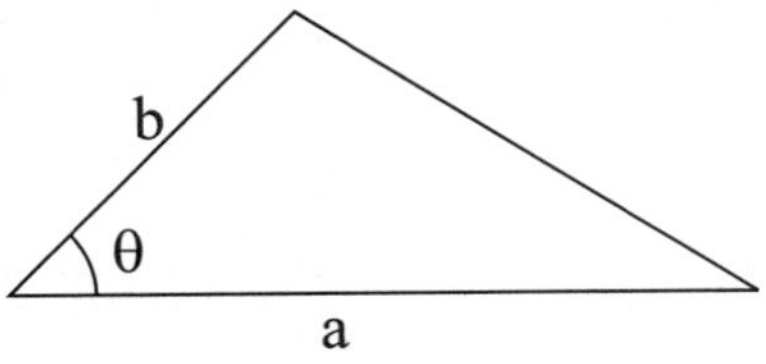

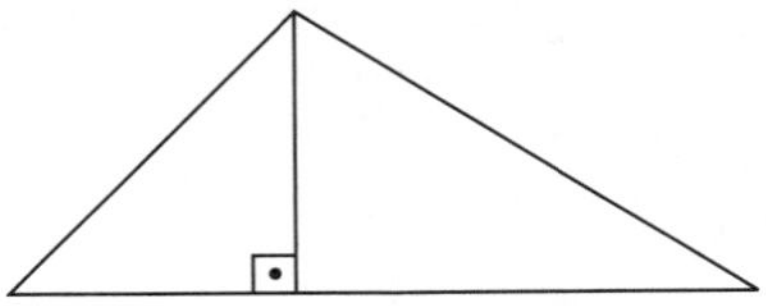

25 Mostre que se os lados **a** e **b** de um paralelogramo formam ângulo agudo θ, sua área é **absen θ** .

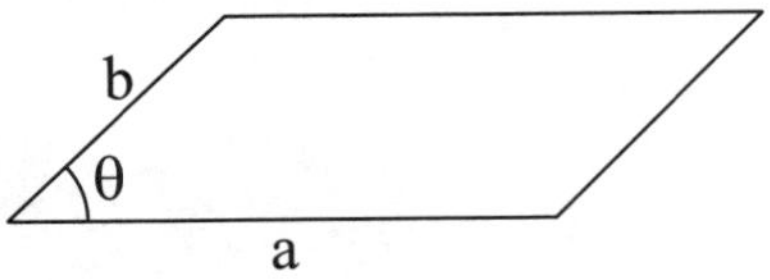

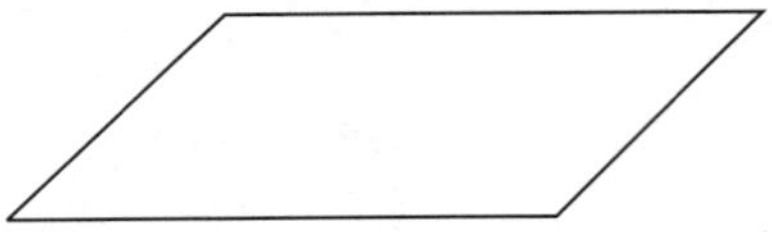

26 Mostre que se as diagonais **a** e **b** de um quadrilátero formam ângulo agudo θ, sua área é $\frac{1}{2}$ **ab sen θ**.

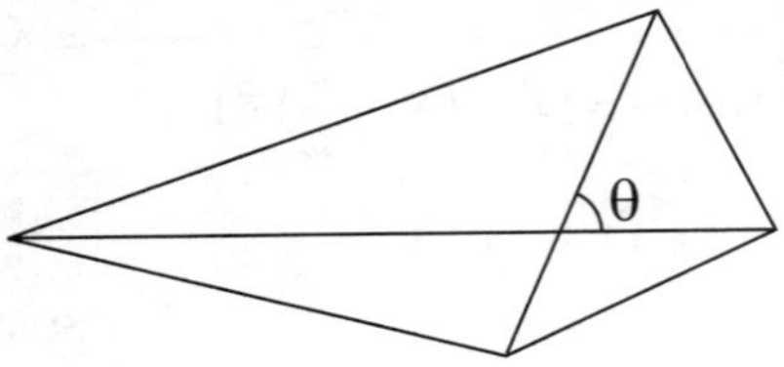

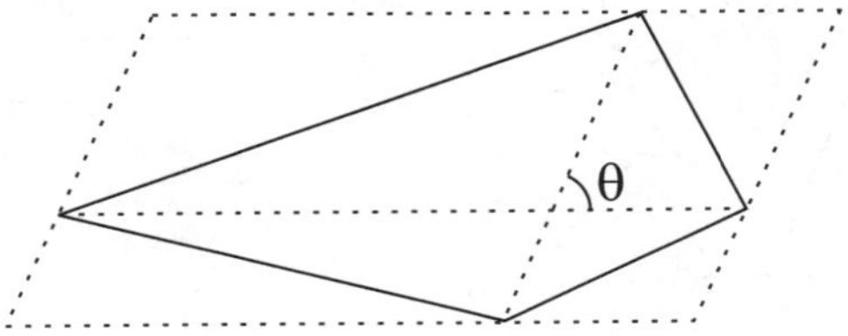

Resp: **17** a) $2\sqrt{3}$ b) $3\sqrt{3}$ **18** a) $6\sqrt{2}$ e $8\sqrt{2}$ **19** $4\sqrt{3}$

20 $4\sqrt{21}$ **21** $3\sqrt{2}$

242 Considerando que $0 < x < \frac{\pi}{4}$ é um arco do 1º octante, simplifique tanto quanto possível, as expressões **y** seguintes:

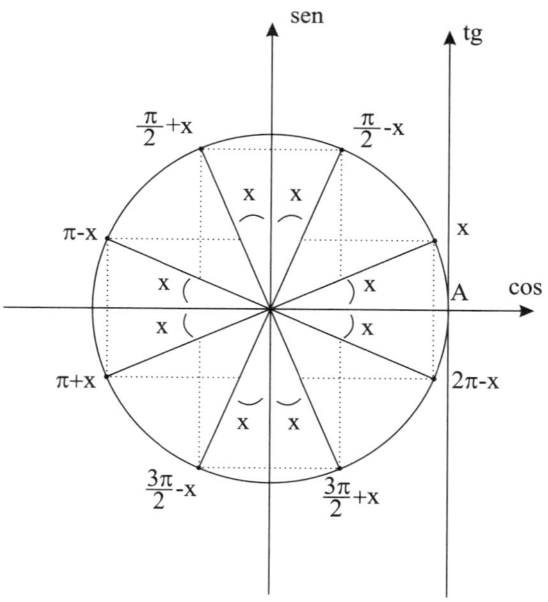

a) $y = \dfrac{tg\,(\frac{\pi}{2} - x)\,.\,tg\,(x + 5\pi)\,.\,cos\,(\pi - x)}{tg\,(x + \frac{3\pi}{2})\,.\,sen\,(\frac{5\pi}{2} + x)\,.\,cossec\,(\frac{11\pi}{2} - x)}$

b) (MAPOFEI - 74) $y = sen\,\dfrac{7\pi}{2} + \dfrac{sen\,(x + 11\pi)\,.\,cotg\,(x + \frac{11\pi}{2})}{cos\,(9\pi - x)} =$

Resp: 241 a) cos x b) cos x c) cotg x d) – sen x
e) – sen x f) – tg x g) – cos x h) – sen x

27 Determine a área dos seguintes polígonos (A unidade das medidas é o metro)

a)

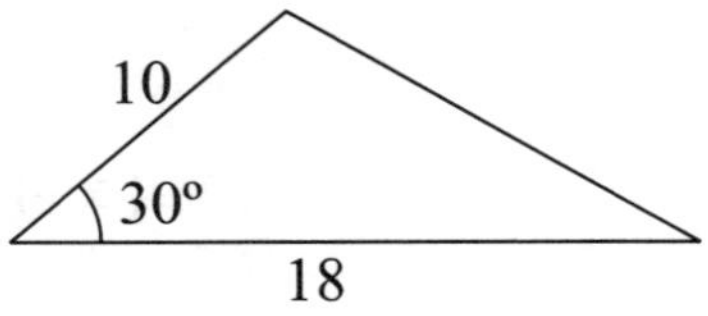

b)

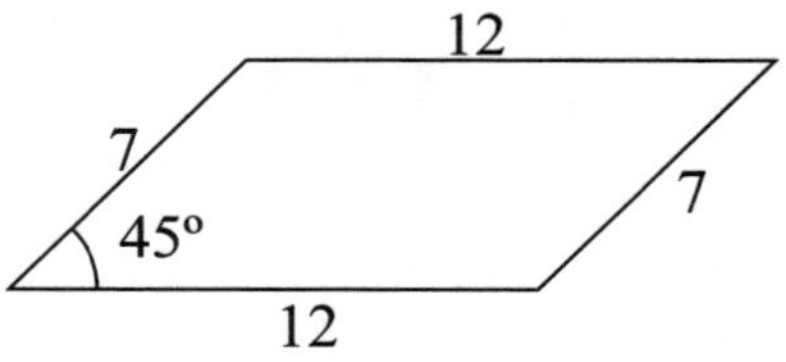

c) As diagonais medem 6m e 10 m

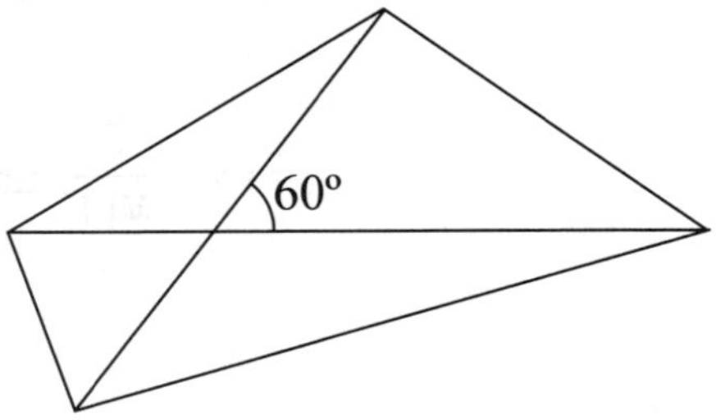

d) Trapézio com diagonais de 18 m e 14 m

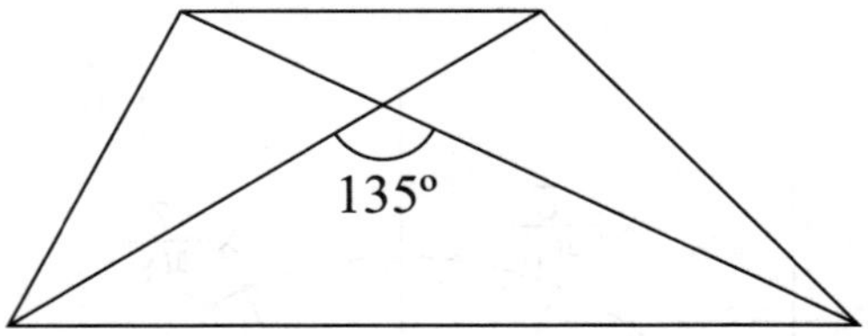

e) Paralelogramo com diagonais de 12 m e 20 m que formam ângulo de 60º

28 Em cada caso é dada a área do polígono. Determine a medida θ do ângulo agudo assinalado.

a) $84\sqrt{2}\ \text{m}^2$

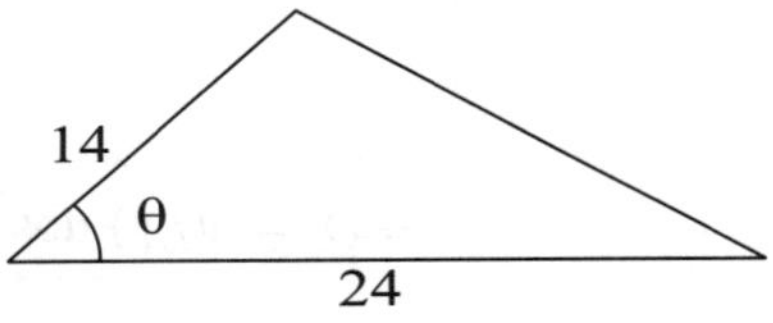

b) $56\sqrt{3}\ \text{m}^2$

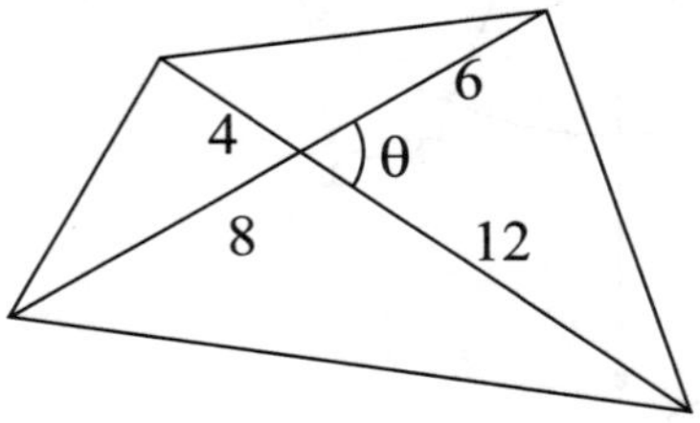

29 Determine a razão entre as áreas do triângulo menor e do quadrilátero.

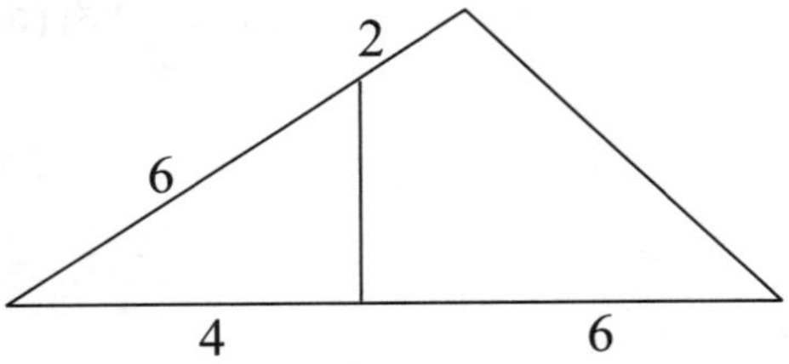

30 Se os catetos de um triângulo retângulo medem **a** e **b**, determine a bissetriz relativa a hipotenusa.

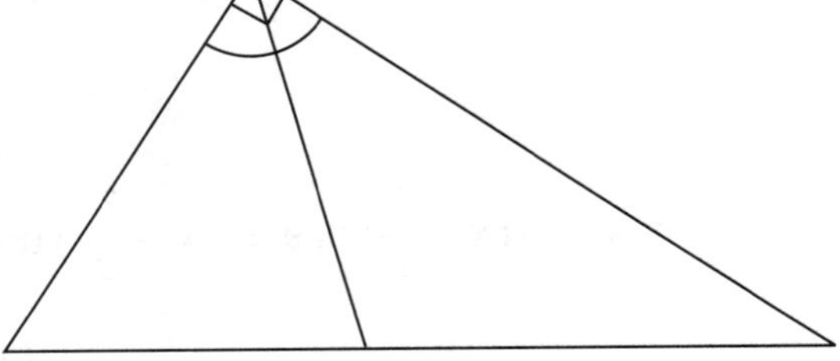

Resp: 22 $3\sqrt{2}$ 23 $5\sqrt{3}$ 24 Note que a altura relativa a a vale bsen θ

25 A área do paralelogramo é duas vezes a área de um triângulo

26 Pelos vértices conduzimos retas paralelas as diagonais. O paralelogramo obtido é o dobro do quadrilátero.

241 Seja $\widehat{AM} = x$ um arco medido em radianos tal que $0 < x < \frac{\pi}{4}$ (1º octante). Usando as propriedades de redução ao 1º octante, simplifique as funções trigonométricas seguintes (observe o modelo do item (a)):

a) $\text{sen}\left(\frac{\pi}{2} + x\right) = \text{sen}\left(\frac{\pi}{2} - x\right) = \cos x$

b) $\cos(2\pi - x) =$

c) $\text{tg}\left(\frac{\pi}{2} - x\right) =$

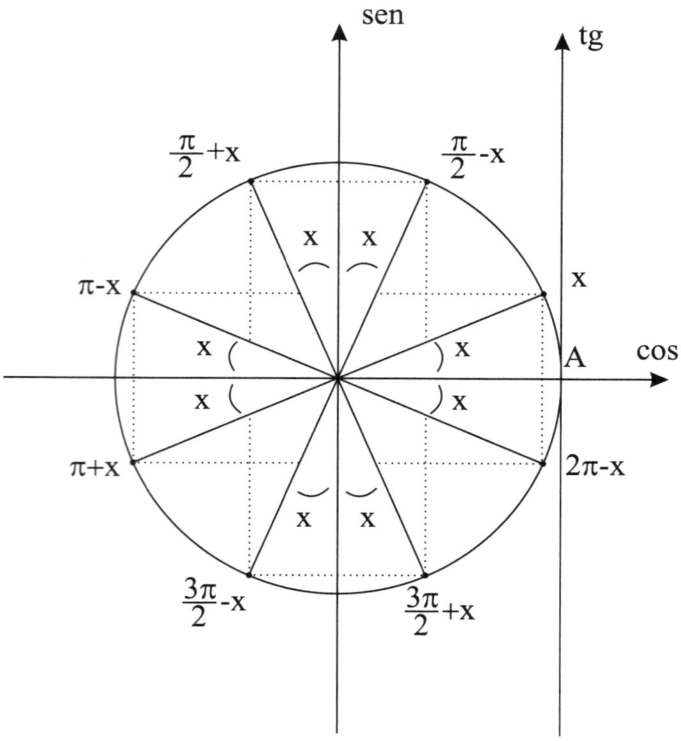

d) $\text{sen}(17\pi + x) =$

e) $\cos\left(\frac{3\pi}{2} - x\right) =$

f) $\text{tg}(-\pi - x) =$

g) $\text{sen}\left(\frac{11\pi}{2} + x\right) =$

h) $\text{sen}(-x) =$

Resp: **240** a) – sen x b) cos x c) sen x d) – sen x e) – cos x
f) – sen x g) – cos x h) – sen x i) cos x j) cos x

31 Usando razões trigonométricas, mostre que:

a) A altura relaitva à hipotenusa de um triângulo retângulo é média proporcional (ou média geométrica) das medidas das projeções dos catetos sobre a hipotenusa. ($h^2 = mn$)

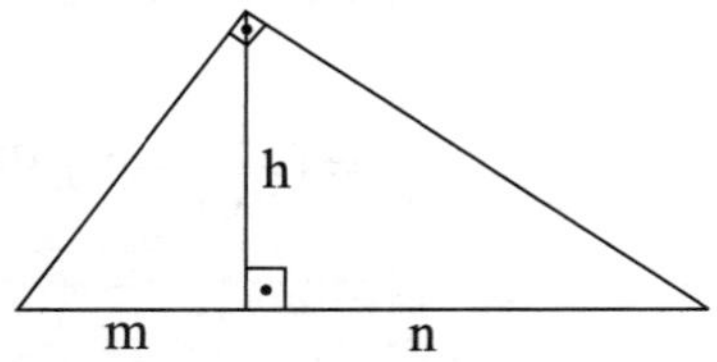

b) Um cateto de um triângulo retângulo é média proporcional (ou média geométrica) das medidas da hipotenusa e da projeção dele sobre ela. ($b^2 = am$)

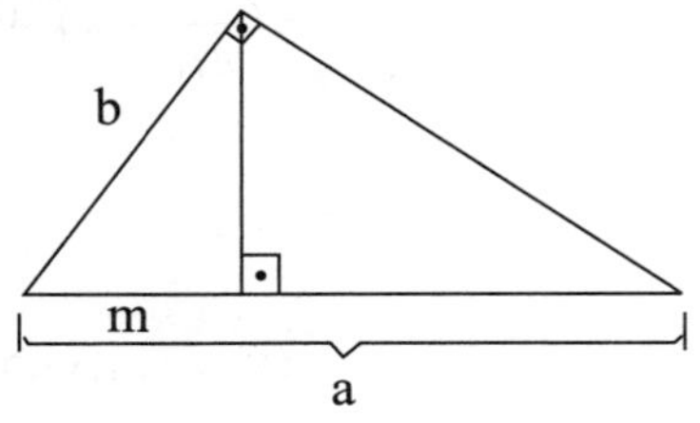

32 Mostre que em um triângulo acutângulo a razão entre um lado e o seno do ângulo oposto é igual ao diâmetro da circunferência circunscrita (lei dos senos).

Obs: Quando definirmos seno de um ângulo qualquer verifcaremos que a lei dos senos vale para qualquer triângulo. Não apenas para o acutângulo.

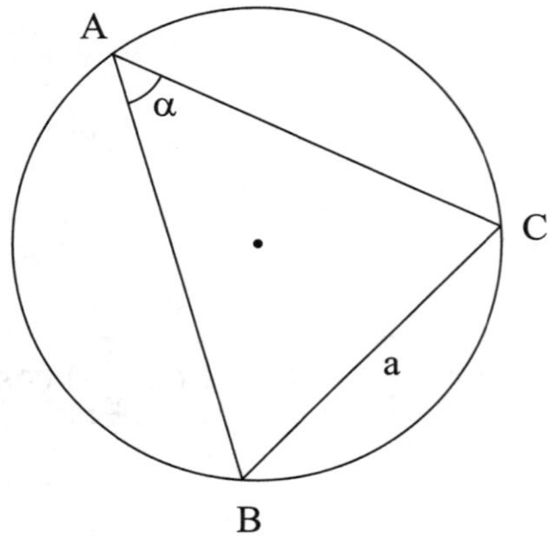

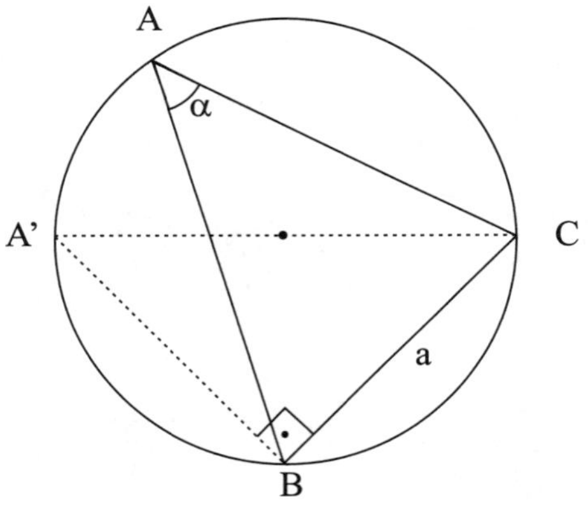

33 Se um ângulo agudo de um triângulo mede **α** e o lado oposto **a** e os outros dois lados medem **b** e **c**, mostre que $a^2 = b^2 + c^2 - 2bc \cos\alpha$ (Lei dos cossenos).

Obs: Veremos depois que a lei dos cossenos vale para qualquer triângulo.

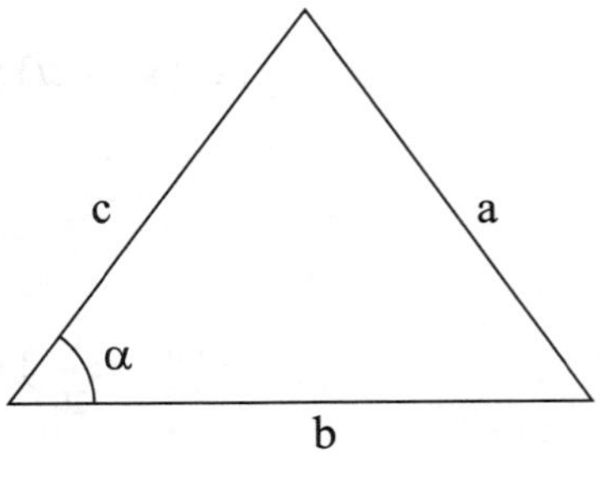

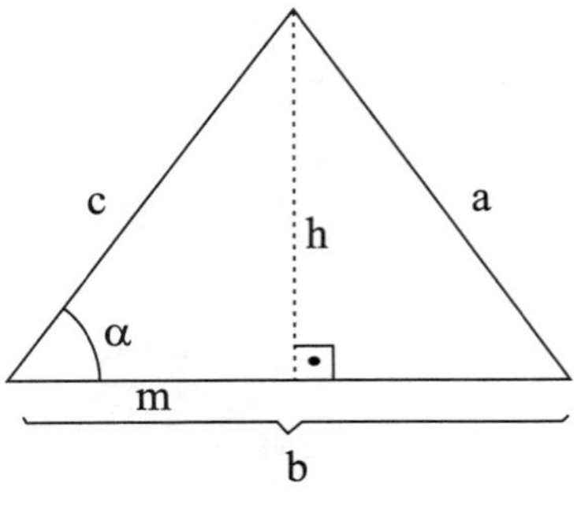

Resp: 27 a) 45 b) $42\sqrt{2}$ c) $15\sqrt{3}$ d) $63\sqrt{2}$ e) $60\sqrt{3}$ 28 a) 45° b) 60°

29 $\frac{3}{7}$ 30 $\frac{\sqrt{2}\,ab}{a+b}$

240 Usando as propriedades da redução ao 1º octante $(0 < x < \frac{\pi}{4})$, simplifique os senos seguintes, colocando-os em função de **sen x** ou **cos x** :

a) $\text{sen}(\pi + x) =$

b) $\text{sen}(\frac{\pi}{2} - x) =$

c) $\text{sen}(\pi - x) =$

d) $\text{sen}(x - \pi) =$

e) $\text{sen}(\frac{3\pi}{2} + x) = -\text{sen}(\frac{\pi}{2} - x) = -\cos x$

f) $\text{sen}(2\pi - x) =$

g) $\text{sen}(\frac{3\pi}{2} - x) =$

h) $\text{sen}(9\pi + x) =$

i) $\text{sen}(x + \frac{9\pi}{2}) =$

j) $\text{sen}(x - \frac{15\pi}{2}) =$

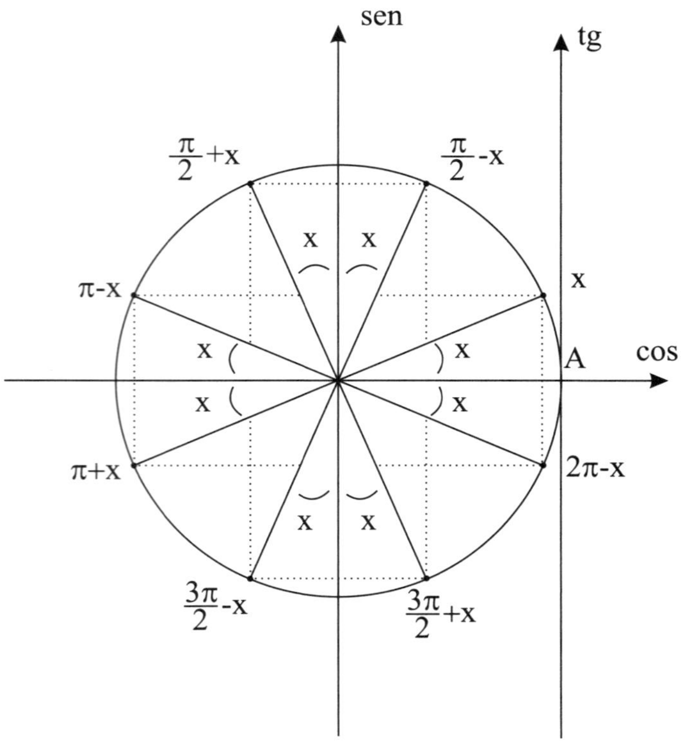

Resp: **239** a) $b_1 = \frac{5\pi}{12}$ b) $b_2 = \frac{19\pi}{10}$ c) $b_3 = \frac{13\pi}{10}$ d) $b_4 = \frac{4\pi}{5}$

e) $b_5 = 300^\circ$ f) $b_6 = 225^\circ$ g) $b_7 = \frac{3\pi}{5}$ h) $b_8 = \frac{23\pi}{12}$

34 Determine o valor de **x** nos casos:

a)

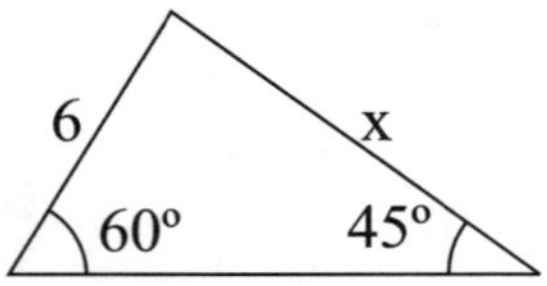

b)

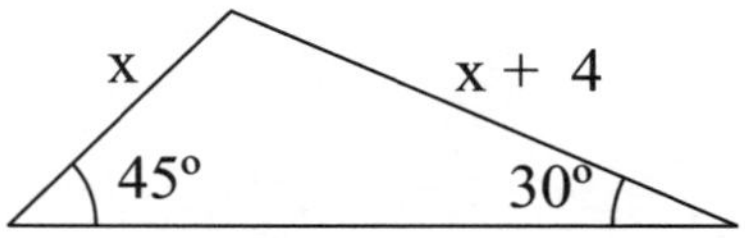

c)

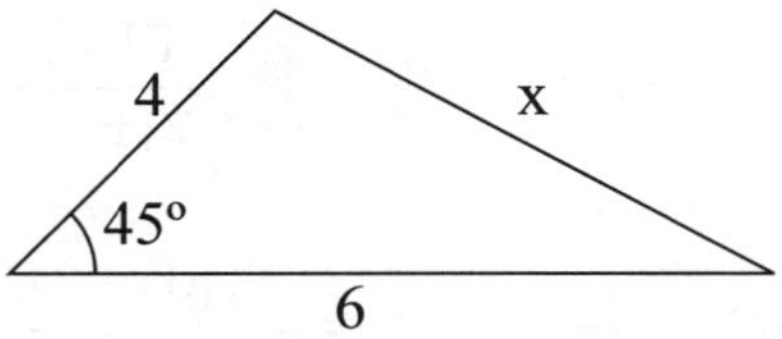

d)

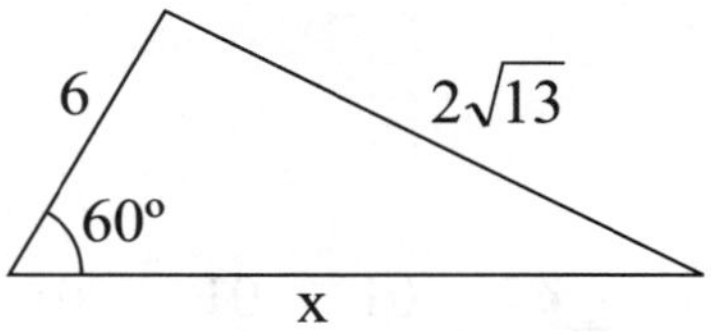

35 Determine a medida **α** nos casos:

a)

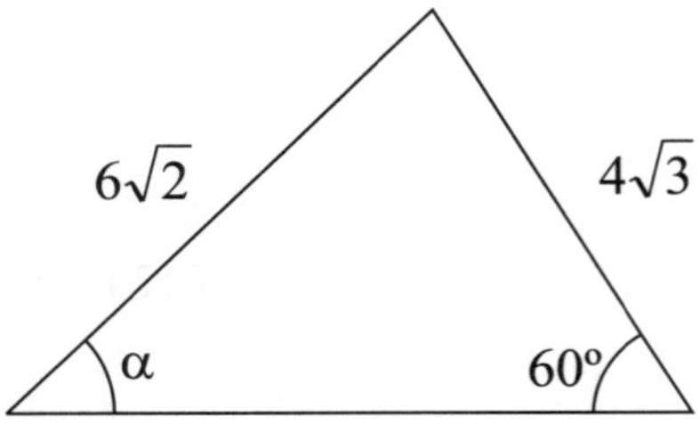

b)

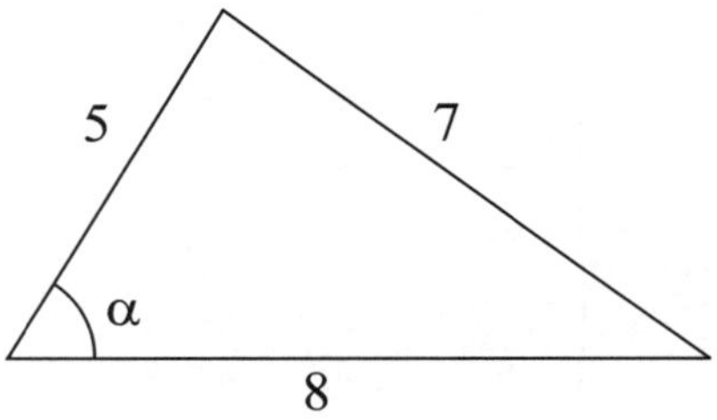

36 Determine o raio da circunferência circunscrita ao triângulo dado, nos casos:

a)

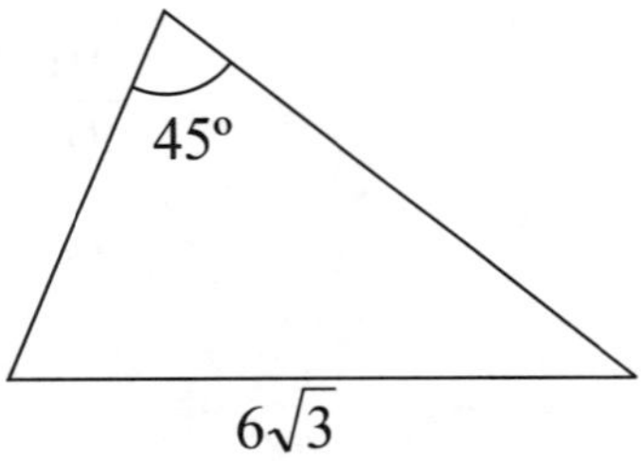

b)

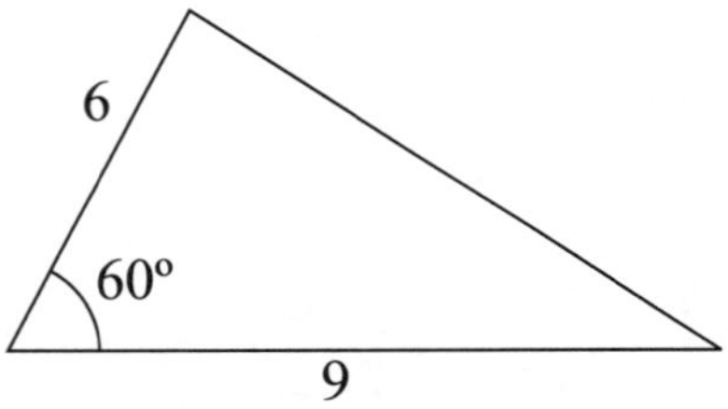

37 Sendo α a medida de um ângulo agudo de um triângulo retângulo, mostre que $\text{sen}^2\alpha + \cos^2\alpha = 1$

Resp: **31** Indique um ângulo **α** na figura tal que $\text{tg}\,\alpha = \frac{h}{m} = \frac{n}{h}$

32 Indicando por θ o ângulo formado por **b** e **m** obtemos $\cos\theta = \frac{m}{b} = \frac{b}{a}$. Note que $\hat{A}' = \hat{A}$

33 Elimine **h** e **m**

239 Determine os **arcos complementares** b_i $(i = 1, 2, 3, \ldots, 8)$, b_i da 1ª volta, dos seguintes arcos:

a) $a_1 = \frac{\pi}{12}$

b) $a_2 = \frac{3\pi}{5}$

c) $a_3 = \frac{6\pi}{5}$

d) $a_4 = \frac{17\pi}{10}$

e) $a_5 = 870°$

f) $a_6 = -1215°$

g) $a_7 = \frac{59\pi}{10} \Rightarrow b_7 + \frac{54\pi}{10} = \frac{\pi}{2} + k \cdot 2\pi \Rightarrow b_7 = \frac{\pi}{2} - \frac{59\pi}{10} + k \cdot 2\pi$

$\Rightarrow b_7 = -\frac{54\pi}{10} + k \cdot 2\pi \Rightarrow$ para $k = 3$, temos: $\mathbf{b_7} = -\frac{54\pi}{10} + \frac{60\pi}{10} = \frac{6\pi}{10} = \mathbf{\frac{3\pi}{2}}$

h) $a_8 = -\frac{41\pi}{12}$

Resp: **238** a) $b_1 = 50°$ b) $b_2 = 330°$ c) $b_3 = 250°$ d) $b_4 = 165°$

e) $b_5 = \frac{\pi}{6}$ f) $b_6 = \frac{7\pi}{4}$ g) $b_7 = \frac{4\pi}{3}$ h) $b_8 = \frac{15\pi}{6}$

38 Sendo α um ângulo agudo, dado sen α, determine cos α, nos casos:

a) $\text{sen } \alpha = \dfrac{2}{5}$ b) $\text{sen } \alpha = \dfrac{\sqrt{2}}{3}$

39 Sendo α um ângulo agudo, dado cos α, determine sen α, nos casos:

a) $\cos \alpha = \dfrac{3}{7}$ b) $\cos \alpha = \dfrac{2\sqrt{2}}{3}$

40 Sendo α a medida de um ângulo agudo, complete:

a) $\text{sen } \alpha = \dfrac{3}{5} \Rightarrow \cos \alpha =$ b) $\text{sen } \alpha = \dfrac{1}{5} \Rightarrow \cos \alpha =$

c) $\cos \alpha = \dfrac{2}{7} \Rightarrow \text{sen } \alpha =$ d) $\cos \alpha = \dfrac{\sqrt{5}}{6} \Rightarrow \text{sen } \alpha =$

41 Sendo AB o lado de um decágono regular inscrito em um círculo centro O e raio R e observando que a bissetriz do ângulo da base do triângulo isósceles OAB determina com AB um triângulo semelhante ao AOB, determine AB em função de R

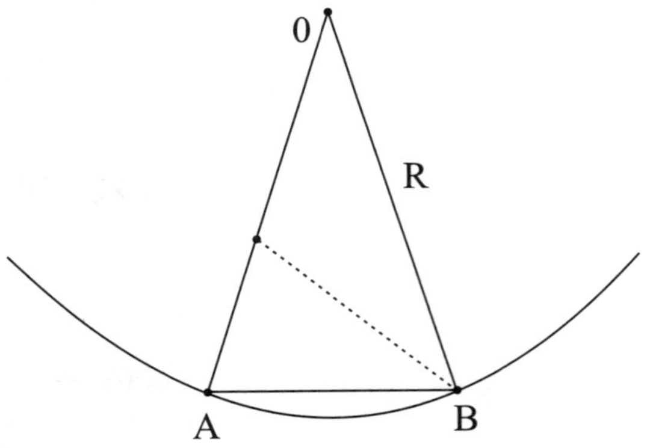

42 Usando o resultado do problema anterior determine sen 18° e cos 72° e como $\text{sen}^2\alpha + \cos^2\alpha = 1$, determine cos 18° e sen 72°.

Resp: **34** a) $3\sqrt{6}$ b) $4(\sqrt{2}+1)$ c) $2\sqrt{13-6\sqrt{2}}$ d) 8 **35** a) 45° b) 60°

36 a) $3\sqrt{6}$ b) $\sqrt{21}$ **37** Indique as medidas dos lados de um triângulo retângulo por **a**, **b** e **c** e determine sen α e cos α em função dos lados e aplique Pitágoras.

238 Lembre-se:

dois arcos α e β são complementares quando $\alpha+\beta=\frac{\pi}{2}+k\,.\,2\pi$ $(\frac{\pi}{2},\frac{5\pi}{2},\frac{9\pi}{2},\cdots,-\frac{3\pi}{2},-\frac{7\pi}{2},\ldots)$ ou

$\alpha + \beta = 90^\circ + k\,.\,360^\circ$ $(90^\circ, 450^\circ, 810^\circ, \ldots, -270^\circ, -630^\circ, \ldots)$.

Nessas condições, determine os **complementos** b_i (i = 1 , 2 , 3 , ... , 8), b_i da 1ª volta, dos seguintes arcos:

a) $a_1 = 40^\circ$

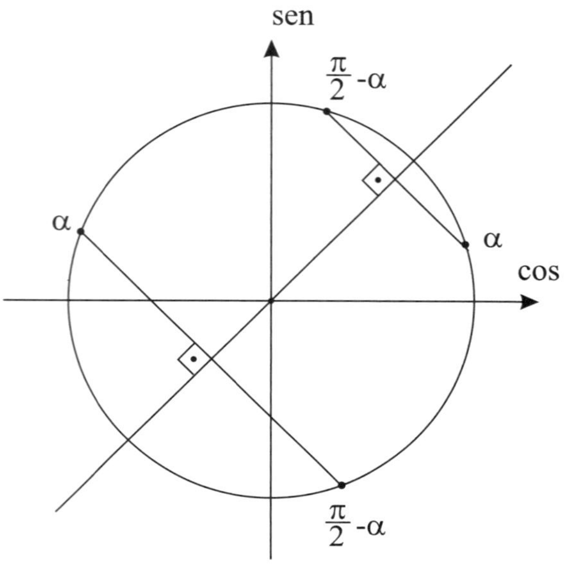

b) $a_2 = 120^\circ \Rightarrow b_2 + 120^\circ = 90^\circ + k\,.\,360^\circ$

$b_2 = -30^\circ + k.\,360^\circ \Rightarrow$ para k = 1 , temos:

$\mathbf{b_2} = -30^\circ + 360^\circ = \mathbf{330^\circ}$

c) $a_3 = 200^\circ$

d) $a_4 = 285^\circ$

e) $a_5 = \frac{\pi}{4}$

f) $a_6 = \frac{3\pi}{4}$

g) $a_7 = \frac{7\pi}{6} \Rightarrow b_7 + \frac{7\pi}{6} = \frac{\pi}{2} + k\,.\,2\pi \Rightarrow b_7 = \frac{\pi}{2} - \frac{7\pi}{6} + k\,.\,2\pi \Rightarrow$

$\Rightarrow b_2 = -\frac{2\pi}{3} + k\,.\,2\pi \Rightarrow$ para k = 1 , temos: $\mathbf{b_2} = -\frac{2\pi}{3} + 2\pi = \frac{4\pi}{3}$

h) $a_8 = \frac{5\pi}{3}$

Resp: 237 a) $b_1 = \frac{23\pi}{12}$ b) $b_2 = \frac{7\pi}{5}$ c) $b_3 = \frac{4\pi}{5}$ d) $b_4 = \frac{3\pi}{10}$

e) $b_5 = 210^\circ$ f) $b_6 = 135^\circ$ g) $b_7 = \frac{\pi}{10}$ h) $b_8 = \frac{17\pi}{12}$

43 Aplicando a lei dos cossenos no triângulo OAB, determine cos 36° e sen 54° e como $sen^2\alpha + cos^2\alpha = 1$, determine sen 36° e cos 54°.

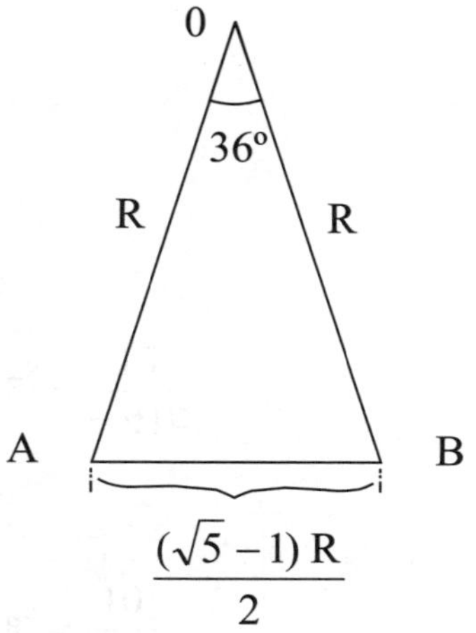

44 Aplicando a lei dos senos no triângulo OAB, determine sen 36° e cos 54°.

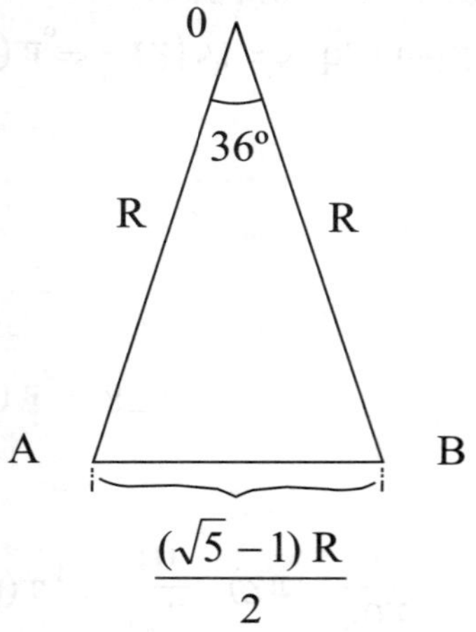

45 Cada diagonal de um pentágono regular é paralela a um de seus lados. Então duas diagonais quaisquer que não têm extremidade em comum determinam com dois lados um losango. Note que os triângulos sombreados são semelhantes. Determine:

a) a diagonal de um pentágono regular de lado **a**

b) pensando no losango determine sen 54° e cos 36°

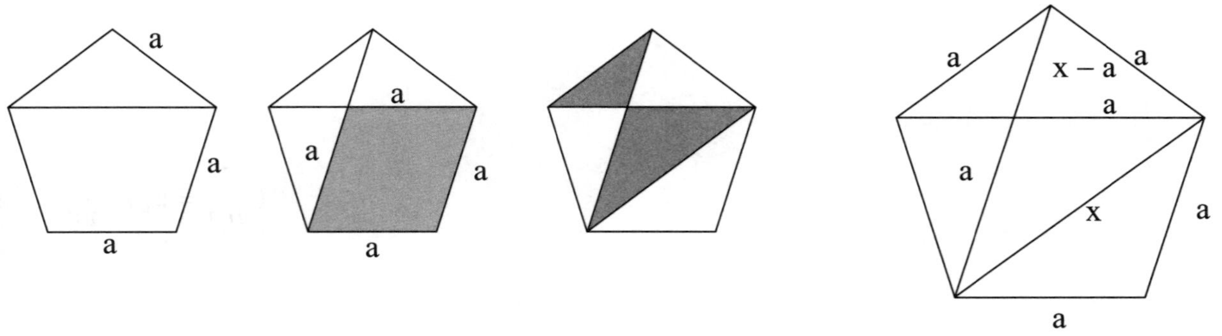

Resp: **38** a) $\frac{\sqrt{21}}{5}$ b) $\frac{\sqrt{7}}{3}$ **39** a) $\frac{2\sqrt{10}}{7}$ b) $\frac{1}{3}$ **40** a) $\frac{4}{5}$ b) $\frac{2\sqrt{6}}{5}$ c) $\frac{3\sqrt{5}}{7}$ d) $\frac{\sqrt{31}}{6}$ **41** $AB = \frac{(\sqrt{5}-1)R}{2}$ **42** $sen\ 18° = cos\ 72° = \frac{\sqrt{5}-1}{4}$ e $cos\ 18° = sen\ 72° = \frac{\sqrt{2\sqrt{5}+10}}{4}$

237 Determine os **replementos** b_i $(i = 1, 2, 3, \dots, 8)$, b_i da 1ª volta, dos seguintes arcos (responda na mesma unidade em que for dado a_i):

a) $a_1 = \frac{\pi}{12}$ $\left(2\pi = \frac{24\pi}{12}\right)$

b) $a_2 = \frac{3\pi}{5}$ $\left(2\pi = \frac{10\pi}{5}\right)$

c) $a_3 = \frac{6\pi}{5}$

d) $a_4 = \frac{17\pi}{10}$ $\left(2\pi = \frac{20\pi}{10}\right)$

e) $a_5 = 870^\circ$

f) $a_6 = -1215^\circ \Rightarrow b_6 + (-1215^\circ) = k.360^\circ$ $(k \in Z)$ $\Rightarrow$

$\Rightarrow b_6 = 1215^\circ + k.360^\circ \Rightarrow$ para $k = -3 \Rightarrow$ $\mathbf{b_6} = 1215^\circ - 1080^\circ = \mathbf{135^\circ}$

g) $a_7 = \frac{59\pi}{10}$

g) $a_8 = \frac{-41\pi}{12}$

Resp: 235 a) $b_1 = 320^\circ$ b) $b_2 = 240^\circ$ c) $b_3 = 160^\circ$ d) $b_4 = 75^\circ$

236 a) $b_1 = \frac{5\pi}{3}$ b) $b_2 = \frac{5\pi}{4}$ c) $b_3 = \frac{5\pi}{6}$ d) $b_4 = \frac{\pi}{3}$

46 Se a hipotenusa de um triângulo retângulo mede **c**, os catetos **a** e **b** e os ângulos opostos, respectivamente, α e β, temos:

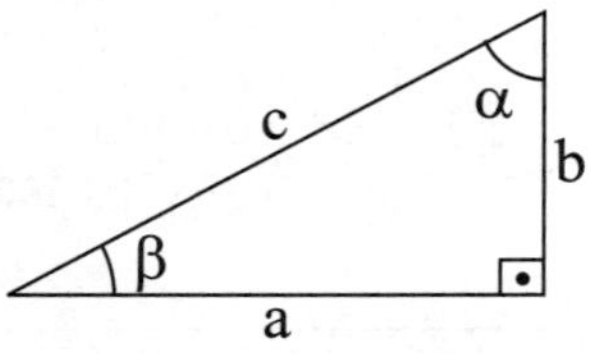

$$\text{sen}\,\alpha = \frac{a}{c} \Rightarrow a = c.\text{sen}\,\alpha \quad \text{e} \quad c = \frac{a}{\text{sen}\,\alpha}$$

$$\cos\alpha = \frac{b}{c} \Rightarrow b = c.\cos\alpha \quad \text{e} \quad c = \frac{b}{\cos\alpha}$$

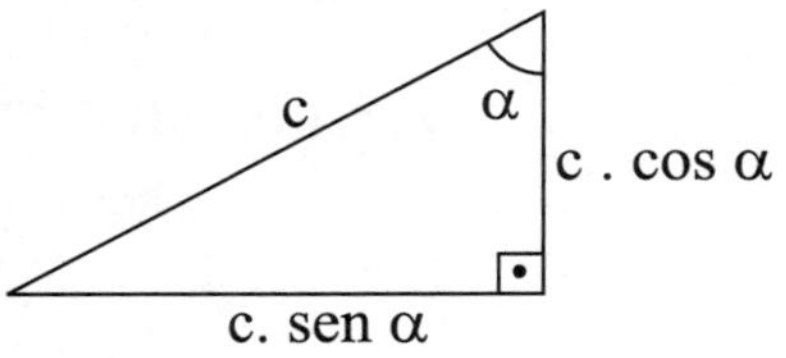

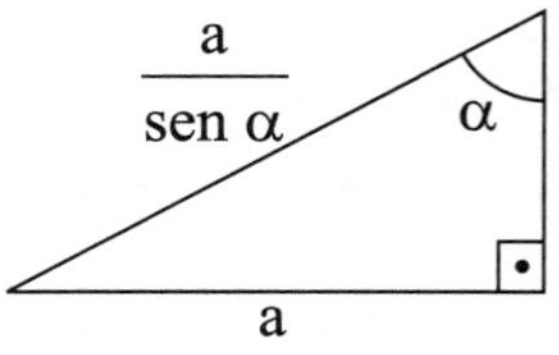

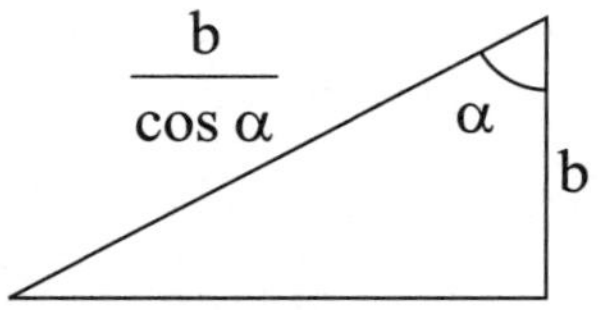

Então:

i) Um cateto de um triângulo retângulo é igual ao produto da hipotenusa pelo seno do ângulo oposto e é igual ao produto da hipotenusa pelo cosseno do ângulo adjacente.

ii) A hipotenusa de um triângulo retângulo é igual ao quociente de um cateto pelo seno do ângulo oposto e é igual ao quociente de um cateto pelo cosseno do ângulo adjacente.

Complete:

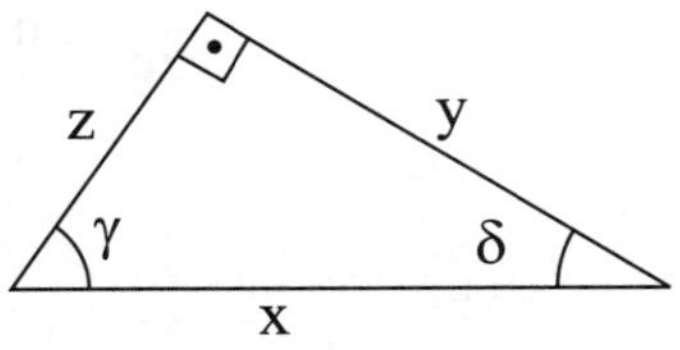

a) z = e z =

b) y = e y =

c) x = , x = , x = e x =

47 Determine as incógnitas nos casos:

a)

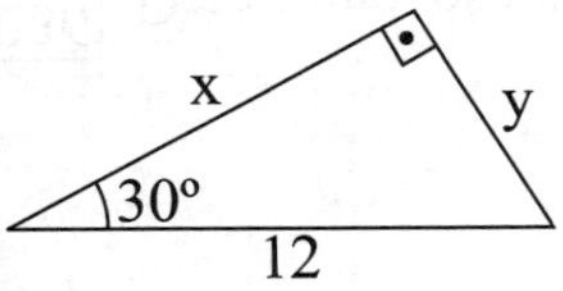

b)

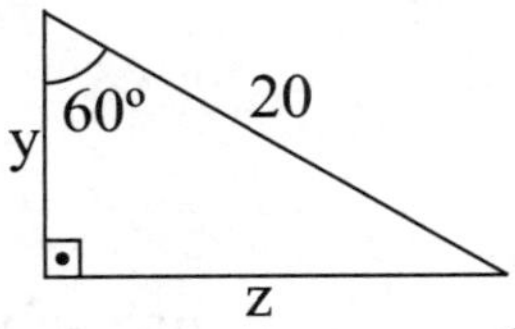

c)

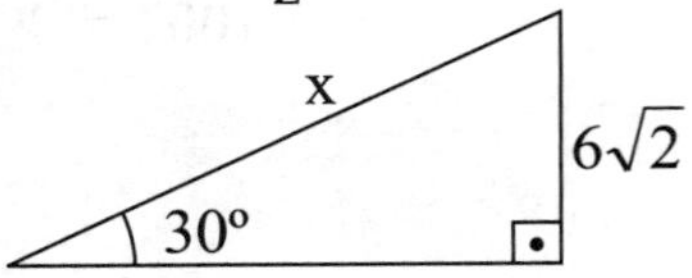

d)

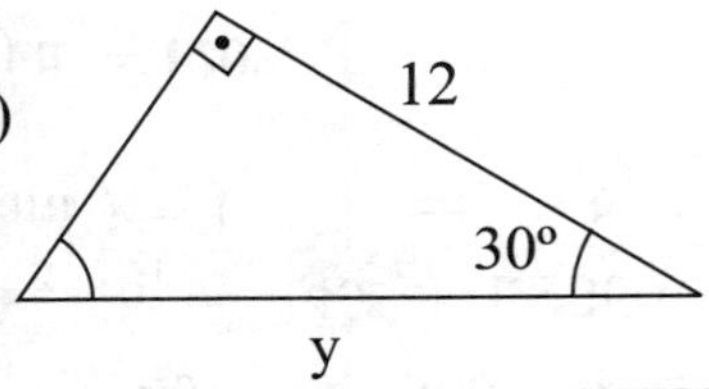

Resp: **43** $\cos 36^\circ = \text{sen}\,54^\circ = \dfrac{\sqrt{5}+1}{4}$ e $\text{sen}\,36^\circ = \cos 54^\circ = \dfrac{\sqrt{10-2\sqrt{5}}}{4}$ **44** $\text{sen}\,36^\circ = \cos 54^\circ = \dfrac{\sqrt{10-2\sqrt{5}}}{4}$

45 a) $\dfrac{(\sqrt{5}+1)\,a}{2}$ b) $\text{sen}\,54^\circ = \cos 36^\circ = \dfrac{\sqrt{5}+1}{4}$

235 Determine os **replementos** b_i (i = 1 , 2 , 3 , 4) , b_i da 1ª volta ($0° \leq bi < 360°$) , dos arcos dados:

a) $\mathbf{a_1 = 40°}$

$b_1 + 40° = k \cdot 360°$, $k \in Z$

$\Rightarrow b_1 = -40° + k \cdot 360°$

para k = 1 $\Rightarrow$ $b_1 = 320°$

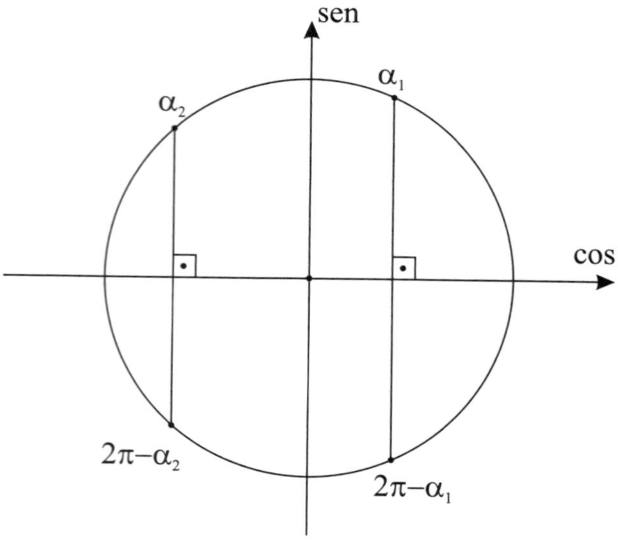

b) $\mathbf{a_2 = 120°}$

c) $\mathbf{a_3 = 200°}$

d) $\mathbf{a_4 = 285°}$

$\mathbf{a_i + b_i = 360°}$

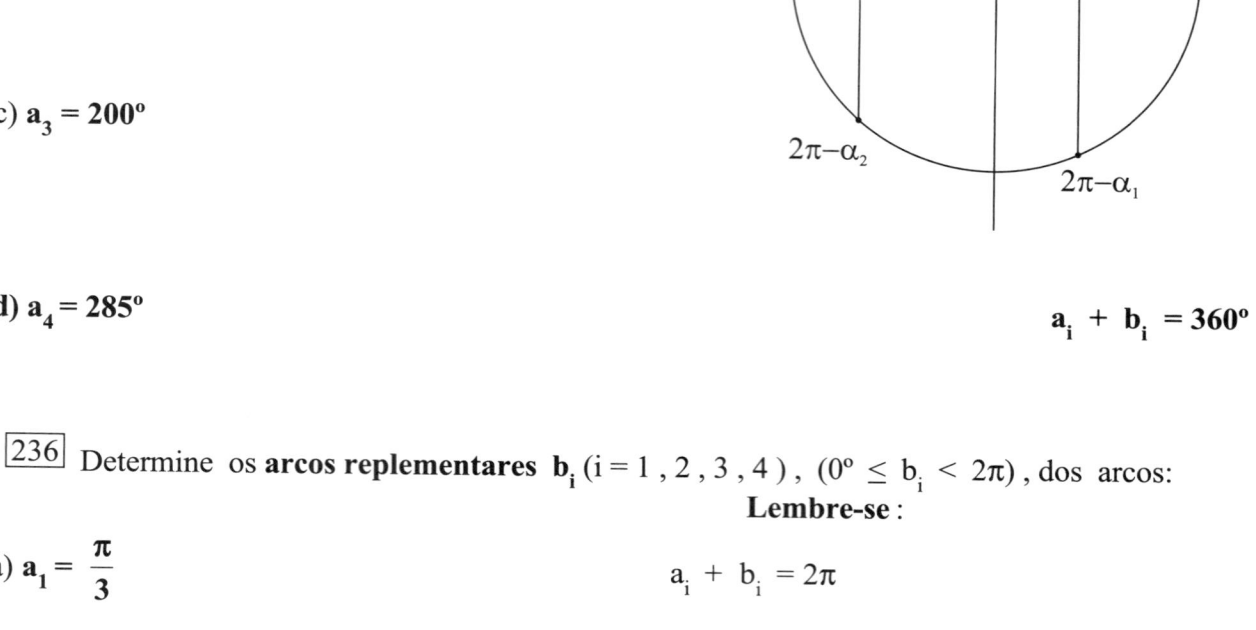

236 Determine os **arcos replementares** b_i (i = 1 , 2 , 3 , 4) , ($0° \leq b_i < 2\pi$) , dos arcos:

Lembre-se :

a) $\mathbf{a_1 = \frac{\pi}{3}}$ $a_i + b_i = 2\pi$

b) $\mathbf{a_2 = \frac{3\pi}{4}}$ $2\pi = \frac{6\pi}{3}$

c) $a_3 = \frac{7\pi}{6}$ $2\pi = \frac{8\pi}{4}$

d) $a_4 = \frac{5\pi}{3}$ $2\pi = \frac{12\pi}{6}$

Resp: 233

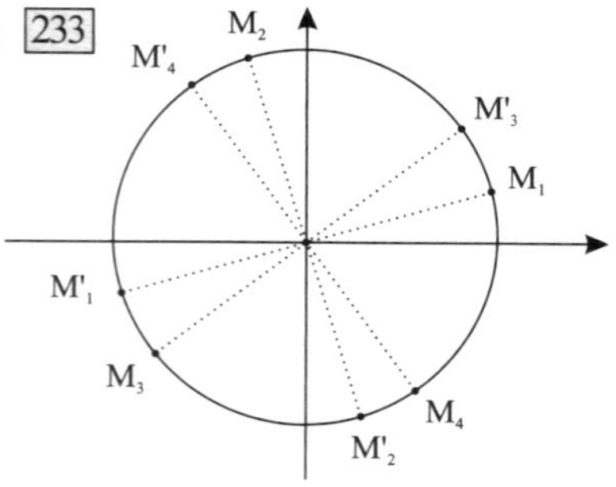

$b_1 = \frac{13\pi}{12}$

$b_2 = \frac{8\pi}{5}$

$b_3 = \frac{\pi}{5}$

$b_4 = \frac{7\pi}{10}$

234 $b_1 = 330°$

$b_2 = 45°$

$b_3 = \frac{9\pi}{10}$

$b_4 = \frac{19\pi}{12}$

48 Mostre que um cateto de um triângulo retângulo é igual ao produto da tangente do ângulo oposto a ele pela medida do outro cateto.

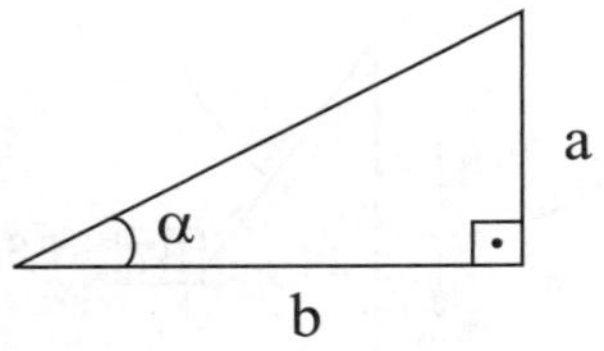

49 Determine a incógnita nos casos:

a)

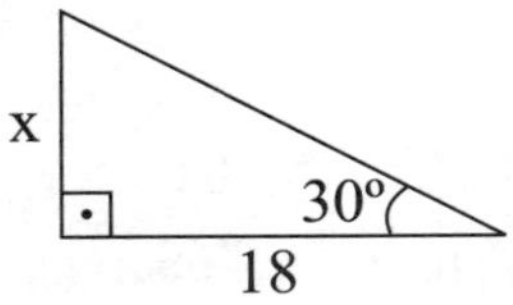

b)

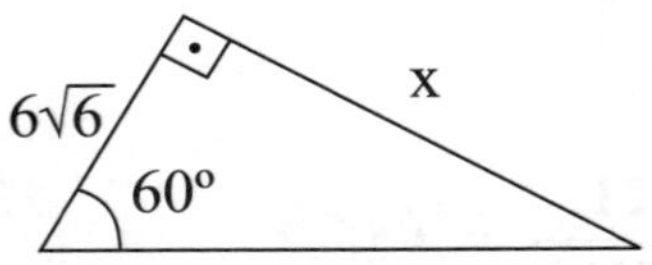

50 A partir do segmento indicado na figura determine os lados do triângulo sombreado em função de **a** e aplicando nele as leis dos cossenos e senos determine cos 15º, sen 75º, sen 15º e cos 75º.

Obs: Em outro capítulo veremos um modo mais prático para acharmos esses valores.

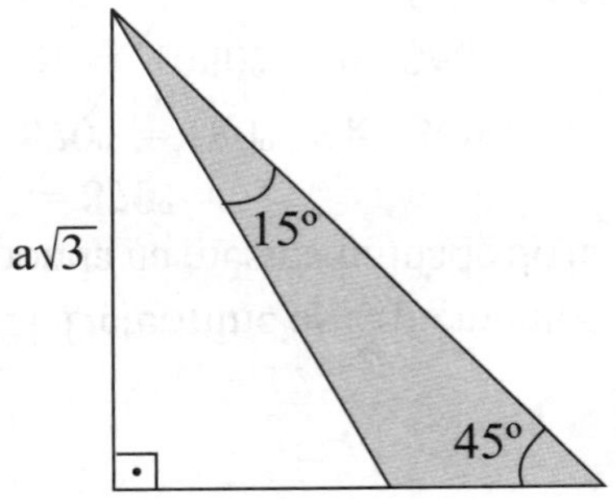

Resp: 46 a) $z = x \; \text{sen}\,\delta$ e $z = x \cos\gamma$ b) $y = x \; \text{sen}\,\gamma$ e $y = x \cos\delta$

c) $x = \dfrac{z}{\text{sen}\,\delta}$, $x = \dfrac{z}{\cos\gamma}$, $x = \dfrac{y}{\text{sen}\,\gamma}$, $x = \dfrac{y}{\cos\delta}$

47 a) $x = 6\sqrt{3}$, $y = 6$ b) $y = 10$, $z = 10\sqrt{3}$ c) $12\sqrt{2}$ d) $8\sqrt{3}$

233 Determine os **explementos** $\mathbf{b_i}$ (i = 1 , 2 , 3 , 4) , $0 \leq b_i < 2\pi$, dos seguintes arcos:

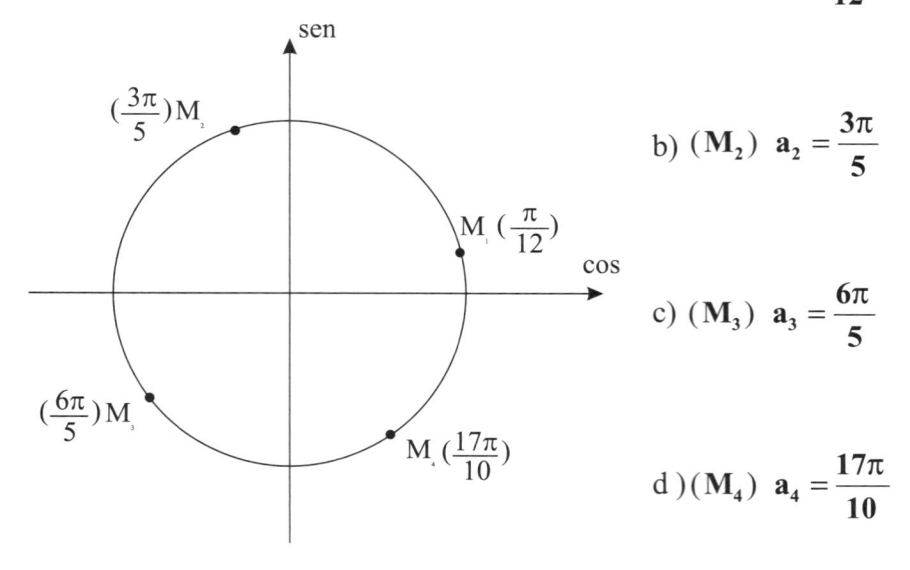

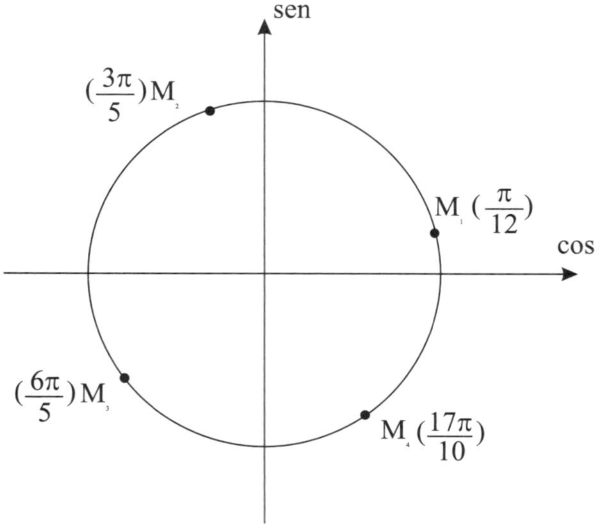

a) $(\mathbf{M_1})$ $\mathbf{a_1} = \frac{\pi}{\mathbf{12}}$ $\Rightarrow$ $b_1 - \frac{\pi}{12} = \pi + k \cdot 2\pi$

b) $(\mathbf{M_2})$ $\mathbf{a_2} = \frac{\mathbf{3\pi}}{\mathbf{5}}$

c) $(\mathbf{M_3})$ $\mathbf{a_3} = \frac{\mathbf{6\pi}}{\mathbf{5}}$

d) $(\mathbf{M_4})$ $\mathbf{a_4} = \frac{\mathbf{17\pi}}{\mathbf{10}}$

234 Determine os explementos $\mathbf{b_i}$ (i = 1 , 2 , 3 , 4) , arcos da 1ª volta ($0° \leq bi < 360°$) , dos seguintes arcos (responda na mesma unidade do arco dado):

a) $\mathbf{a_1 = 870°}$

$b1 - 870° = 180° + k \cdot 360°$

$\Rightarrow b_1 = 1050° + k \cdot 360°$

para k = – 2 $\Rightarrow$ $b_1 = 1050° - 720°$

$b_1 = 330°$

b) $\mathbf{a_2 = -1215°}$

c) $\mathbf{a_3} = \frac{\mathbf{59\pi}}{\mathbf{10}}$

d) $\mathbf{a_4} = -\frac{\mathbf{41\pi}}{\mathbf{12}}$

Resp: **231**

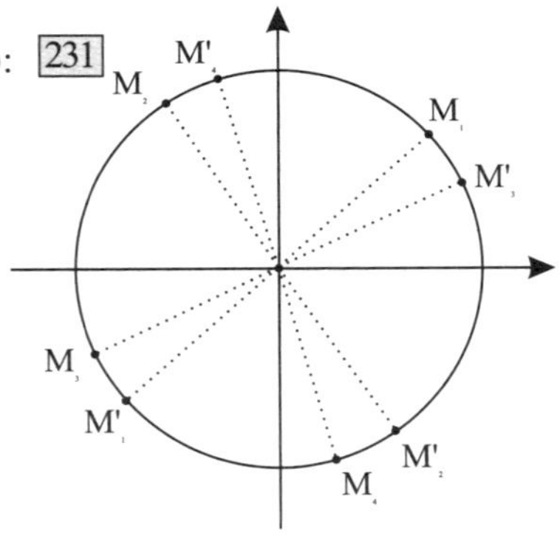

$b_1 = 220°$

$b_2 = 300°$

$b_3 = 20°$

$b_4 = 105°$

232

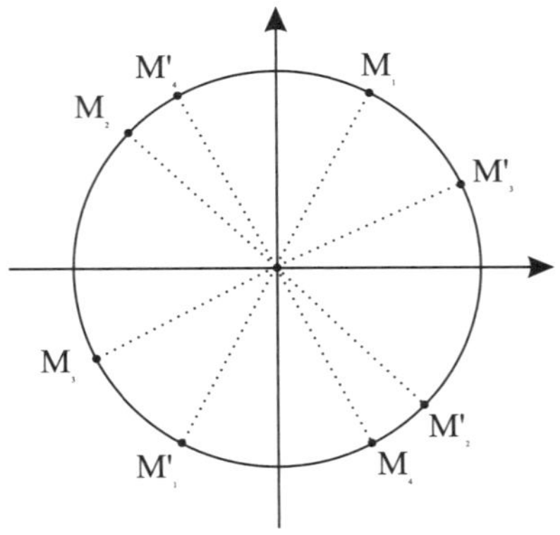

$b_1 = \frac{4\pi}{3}$

$b_2 = \frac{7\pi}{4}$

$b_3 = \frac{\pi}{6}$

$b_4 = \frac{2\pi}{3}$

51 A partir da lei dos senos e do Pitagóras determine o menor cateto e a hipotenusa do triângulo sombreado em função de **a** e depois determine cos 15° e sen 15°.
Obs: Em outro capítulo veremos um modo mais prático para acharmos esses valores.

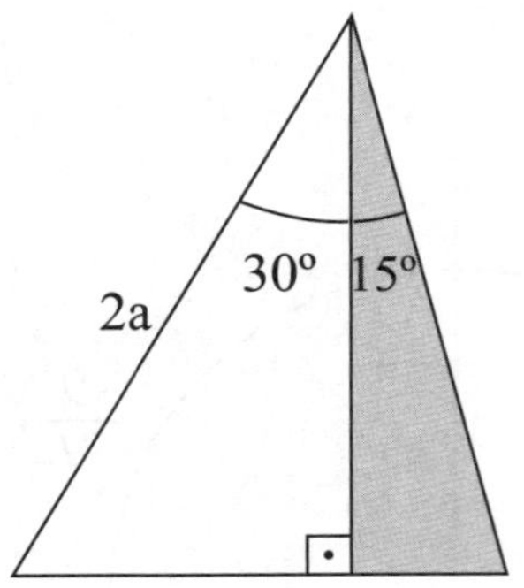

52 Na figura abaixo temos um triângulo retângulo isósceles e uma bissetriz relativa a um cateto. Determine em função de **a** a hipotenusa e o menor cateto do triângulo sombreado e determine sen $\frac{45°}{2}$ e cos $\frac{45°}{2}$.
Obs: Em outro capítulo veremos um modo mais prático para acharmos esses valores.

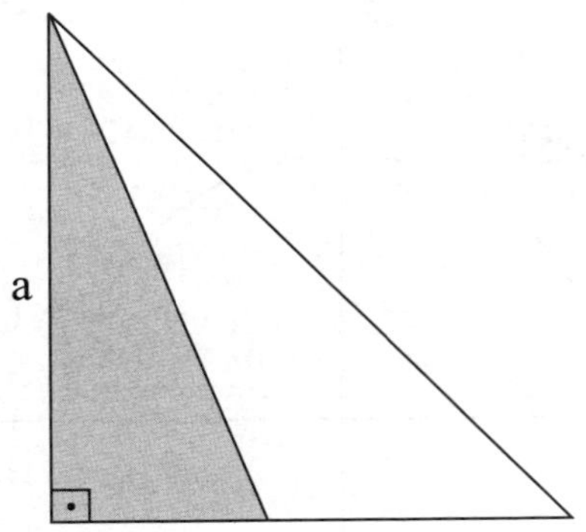

Resp: 48 $\text{tg}\,\alpha = \frac{a}{b} \Rightarrow a = b\,\text{tg}\,\alpha$ 49 a) $x = 18\,\text{tg}\,30° = 6\sqrt{3}$ b) $x = 6\sqrt{6}\,\text{tg}\,60° = 6\sqrt{6}\,.\,\sqrt{3} = 18\sqrt{2}$

50 $\cos 15° = \text{sen}\,75° = \frac{\sqrt{6}+\sqrt{2}}{4}$ e $\text{sen}\,15° = \cos 75° = \frac{\sqrt{6}-\sqrt{2}}{4}$

231 Na figura abaixo estão marcadas as imagens M_1, M_2, M_3 e M_4 dos arcos $a_1 = 40°$, $a_2 = 120°$, $a_3 = 200°$ e $a_4 = 285°$. Determine os explementos b_i $(i = 1, 2, 3, 4)$ desses arcos dados $(0° \leq b_i < 360°)$ e localize nessa mesma figura as imagens M_1', M_2', M_3' e M_4' dos arcos suplementares b_1, b_2, b_3, b_4 (utilize um compasso para esta operação)

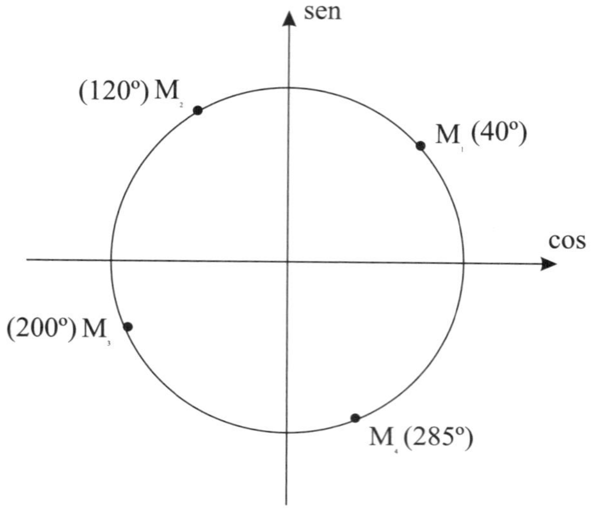

a) $\mathbf{a_1 = 40°}$

$b_1 - 40° = 180° + k \cdot 360° \Rightarrow b_1 =$

b) $\mathbf{a_2 = 120°}$

c) $\mathbf{a_3 = 200°} \Rightarrow \mathbf{b_3 = 20°}$

$b_3 - 200° = 180° + k \cdot 360° \Rightarrow b_3 = 380° + k \cdot 360°$

fazendo $k = -1 \Rightarrow b_3 = 380° - 360° = 20°$

d) $a_4 = 285°$

232 O mesmo enunciado do exercício anterior para os arcos (dados em radianos) $a_1 = \frac{\pi}{3} (M_1)$, $a_2 = \frac{3\pi}{4} (M_2)$, $a_3 = \frac{7\pi}{6} (M_3)$ e $a_4 = \frac{5\pi}{3} (M_4)$, de modo que os arcos b_i (explementares de a_i) sejam da 1ª volta $(0 \leq b_i < 2\pi)$:

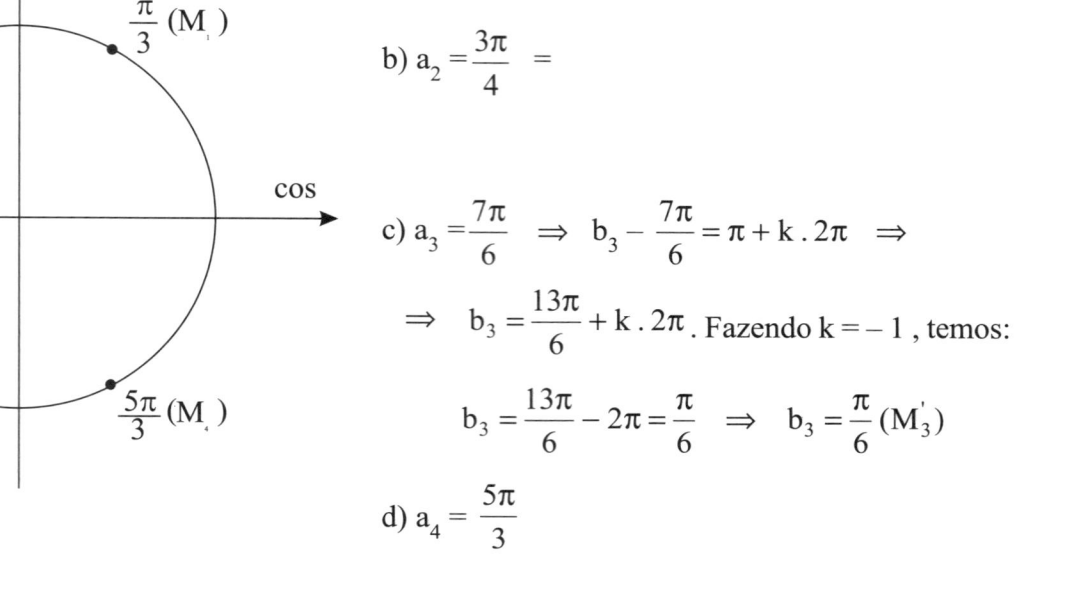

a) $a_1 = \frac{\pi}{3}$

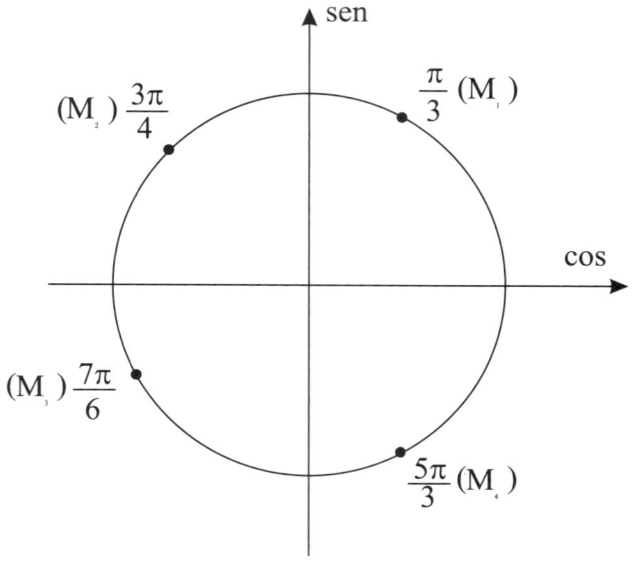

b) $a_2 = \frac{3\pi}{4} =$

c) $a_3 = \frac{7\pi}{6} \Rightarrow b_3 - \frac{7\pi}{6} = \pi + k \cdot 2\pi \Rightarrow$

$\Rightarrow b_3 = \frac{13\pi}{6} + k \cdot 2\pi$. Fazendo $k = -1$, temos:

$b_3 = \frac{13\pi}{6} - 2\pi = \frac{\pi}{6} \Rightarrow b_3 = \frac{\pi}{6} (M_3')$

d) $a_4 = \frac{5\pi}{3}$

53 Determine a área do polígono nos casos:
(A unidade das medidas é o metro)

a)
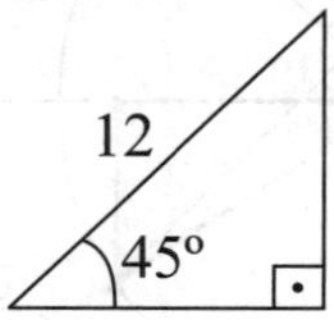

b)
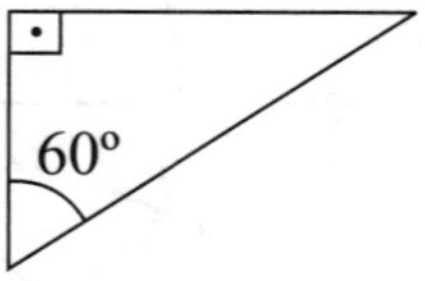

c)
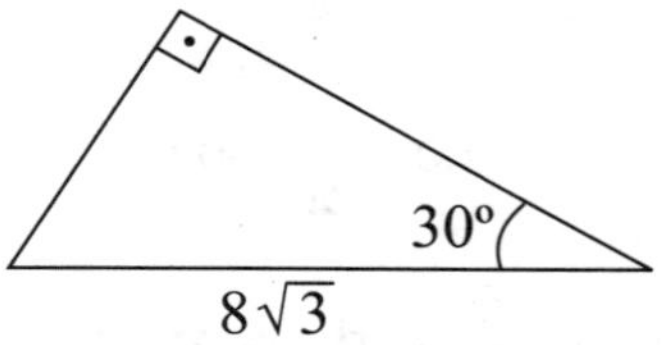

d)
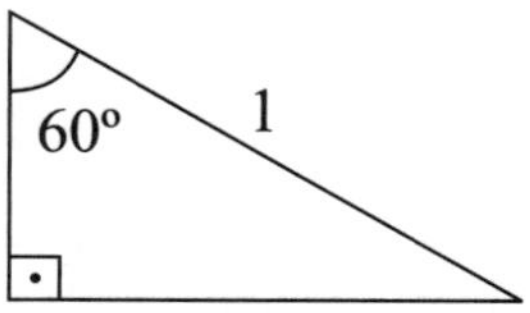

e)
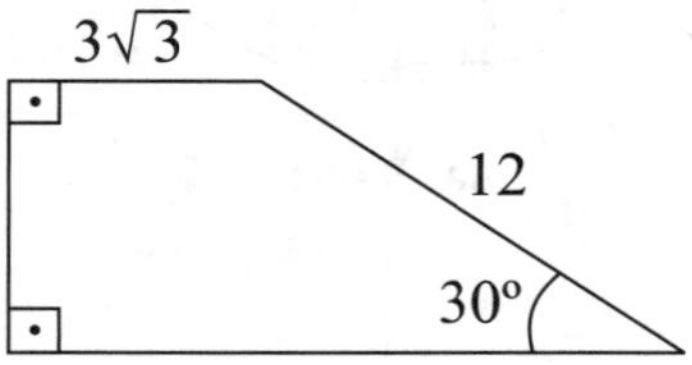

f) Trapézio isósceles
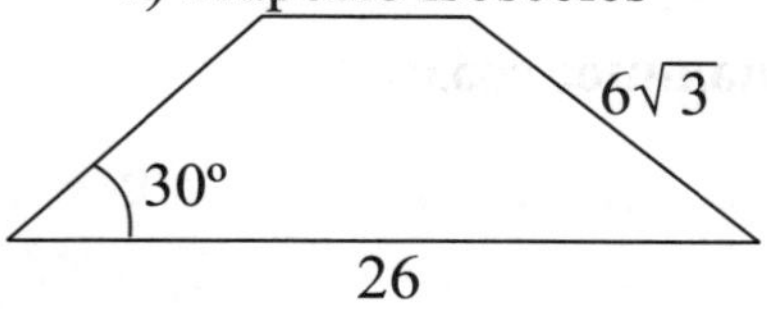

g) Trapézio
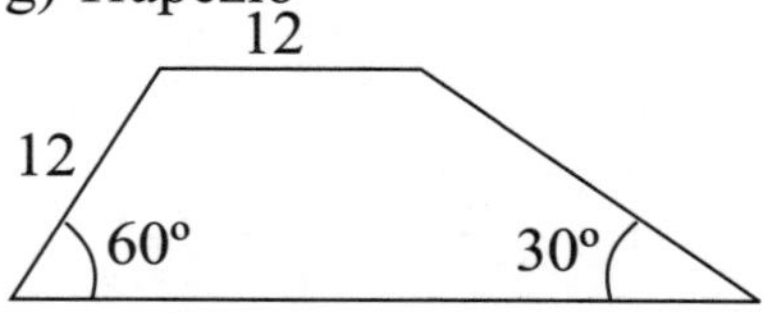

54 Mostre que a área de um

a) Triângulo com dois lado **a** e **b** que formam ângulo agudo $\boldsymbol{\theta}$ é dada por $\frac{1}{2}\mathbf{ab\ sen}\,\boldsymbol{\theta}$

b) Paralelogramo de lados **a** e **b** e ângulo agudo $\boldsymbol{\theta}$ é dada por $\mathbf{ab\ sen}\,\boldsymbol{\theta}$

c) Quadrilátero qualquer de diagonais **a** e **b** que formam um ângulo agudo $\boldsymbol{\theta}$ é dado por $\frac{1}{2}\mathbf{ab\ sen}\,\boldsymbol{\theta}$

55 Determine a área dos polígonos:

a)
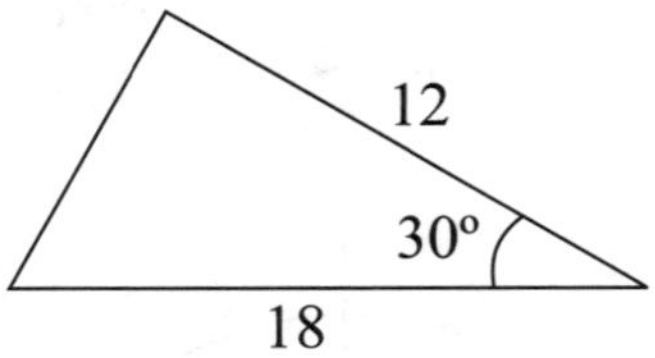

b) Paralelogramo
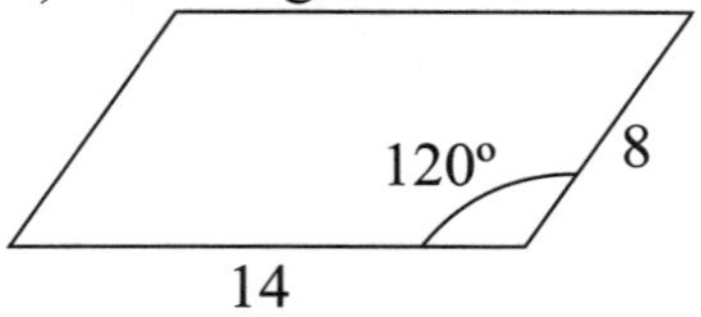

c) Com diagonais de 10 m e 16 m
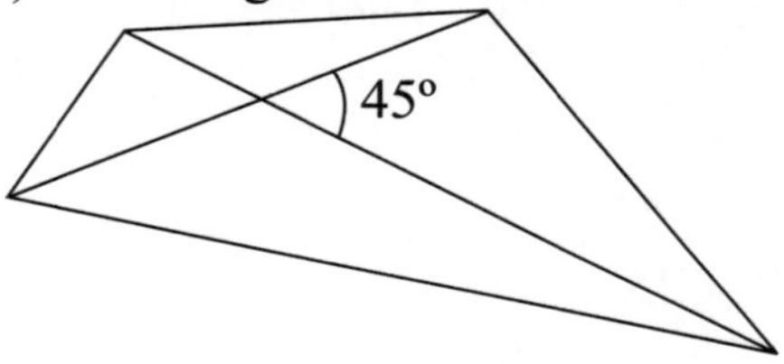

56 Mostre que um triângulo acutângulo a razão entre um lado qualquer é o seno do ângulo oposto é igual ao diâmetro da circunferência circunscrita.
(**Lei dos senos.** Mais adiante veremos que ela é válida para qualquer triângulo)

57 Mostre que em um triângulo, o quadrado do lado oposto a um ângulo agudo é igual à soma dos quadrados dos outros dois lados menos duas vezes o produtos desses lados vezes o cosseno do ângulo oposto a ele. (**Lei dos cossenos.** Mais adiante veremos que ela é válida para um triângulo qualquer)

58 Determine x nos casos:

a)
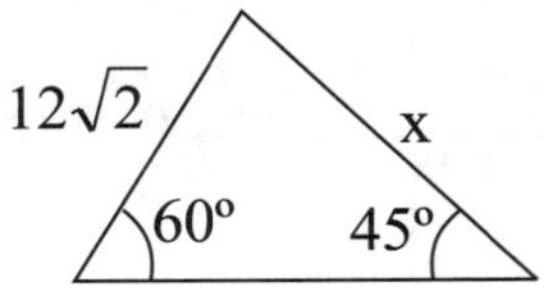

b)
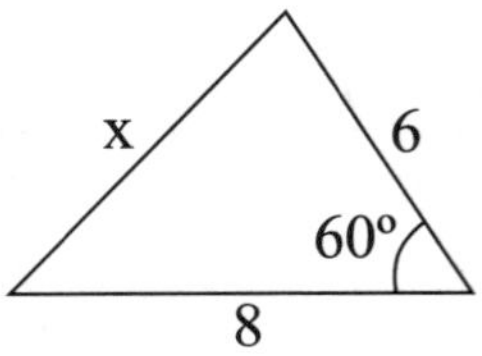

c)
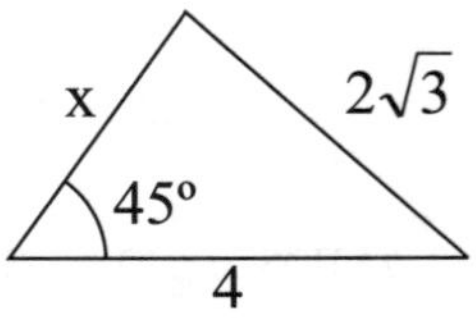

d)
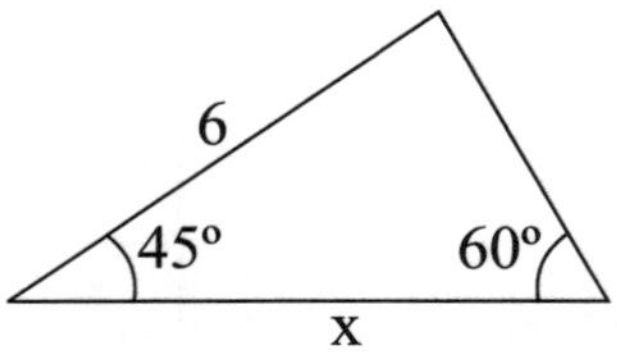

59 Determine o raio da circunferência circunscrita ao triângulo nos casos:

a)
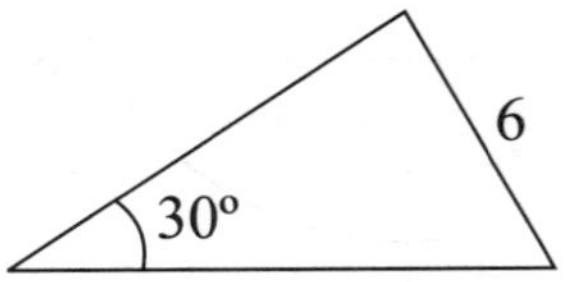

b)
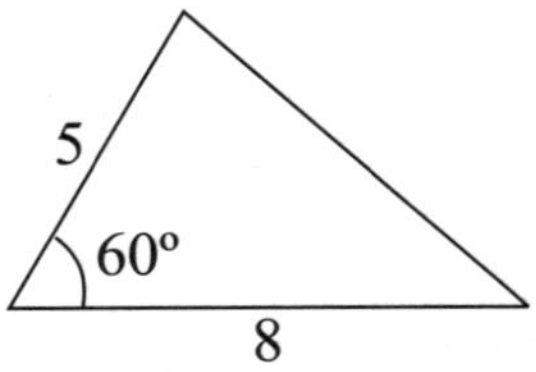

c)
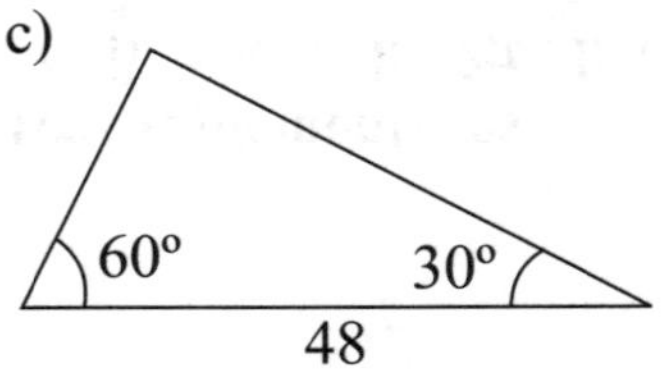

d)
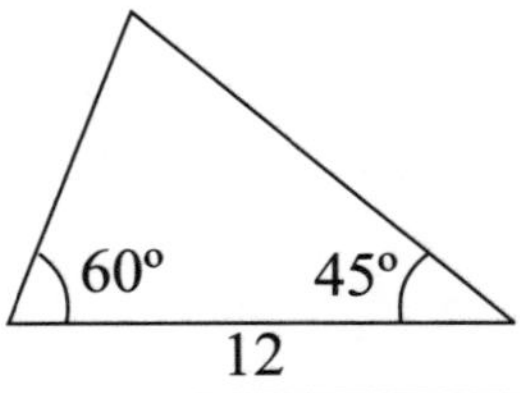

Resp: **51** cat = $(2\sqrt{3} - 3)$ a , hip. = $(3\sqrt{2} - \sqrt{6})$ a , $\cos 15° = \frac{\sqrt{6} + \sqrt{2}}{4}$, $\text{sen } 15° = \frac{\sqrt{6} - \sqrt{2}}{4}$

52 cat = a $(\sqrt{2} - 1)$, hip. = $\sqrt{4 - 2\sqrt{2}}$ a , $\text{sen } \frac{45°}{2} = \frac{\sqrt{2 - \sqrt{2}}}{2}$, $\cos \frac{45°}{2} = \frac{\sqrt{2 + \sqrt{2}}}{2}$

RESUMO

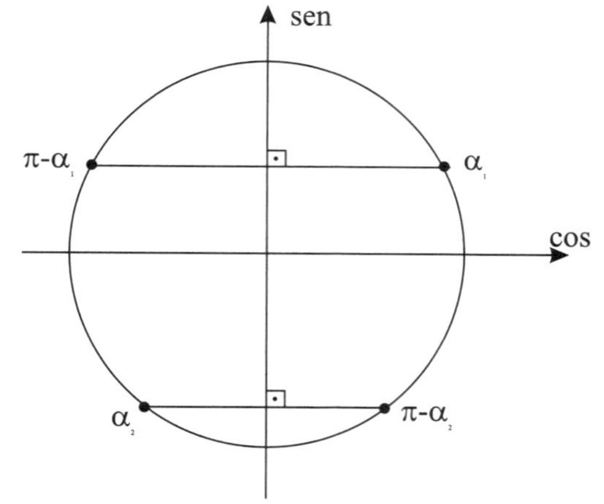

Arcos suplementares

$\boldsymbol{\alpha + \beta = \pi + k \,.\, 2\pi \,,\, k \in Z}$

$\text{sen}\,\beta = \text{sen}\,\alpha$

ou

$\text{sen}\,(\pi - \alpha) = \text{sen}\,\alpha$

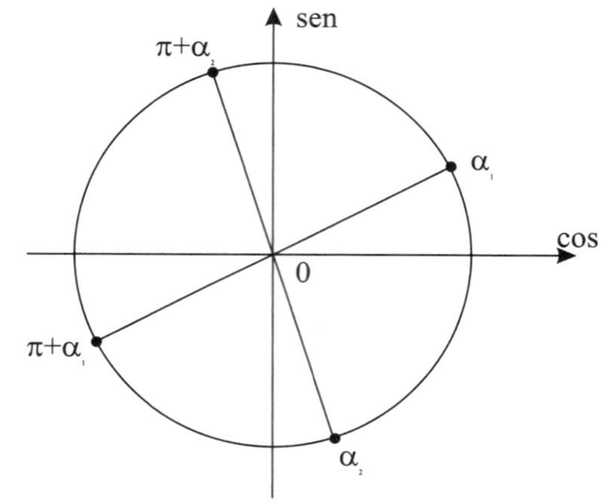

Arcos explementares

$\boldsymbol{\beta - \alpha = \pi + k \,.\, 2\pi \,,\, k \in Z}$

$\text{tg}\,\beta = \text{tg}\,\alpha$

ou

$\text{tg}\,(\pi + \alpha) = \text{tg}\,\alpha$

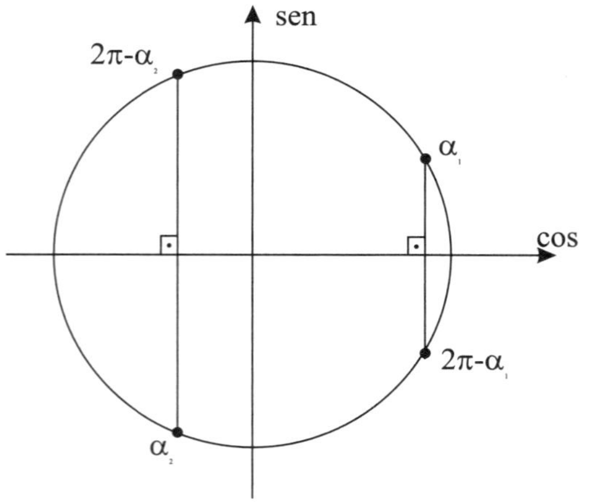

Arcos replementares

$\boldsymbol{\alpha + \beta = k \,.\, 2\pi \,,\, k \in Z}$

$\cos\beta = \cos\alpha$

ou

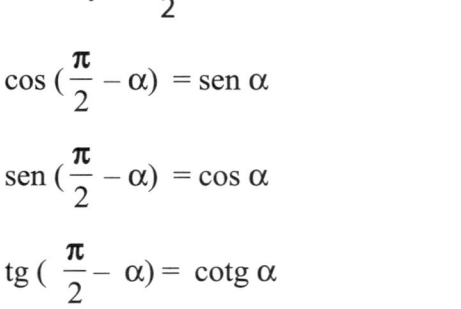

$\cos(2\pi - \alpha) = \cos\alpha$

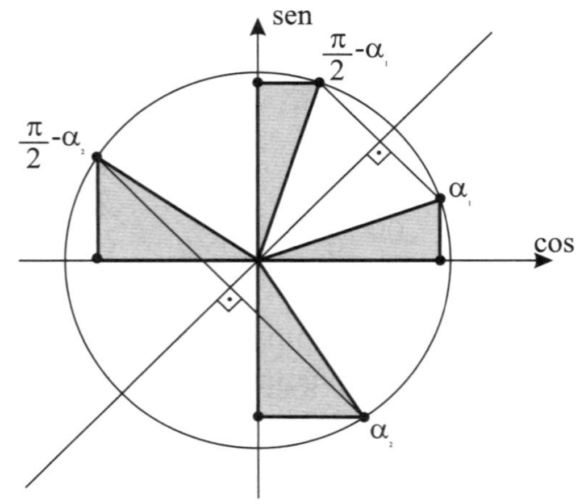

Arcos complementares

$$\boldsymbol{\alpha + \beta = \frac{\pi}{2} + k \,.\, 2\pi \,,\, k \in Z}$$

$$\cos\left(\frac{\pi}{2} - \alpha\right) = \text{sen}\,\alpha$$

$$\text{sen}\left(\frac{\pi}{2} - \alpha\right) = \cos\alpha$$

$$\text{tg}\left(\frac{\pi}{2} - \alpha\right) = \text{cotg}\,\alpha$$

60 Determine a área dos seguintes quadriláteros:

a)

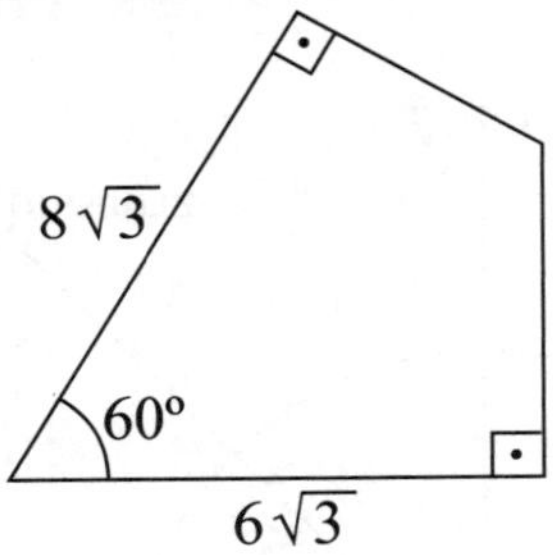

b)

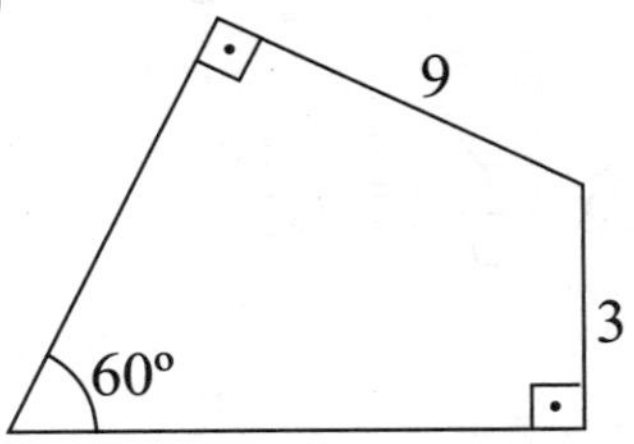

c)

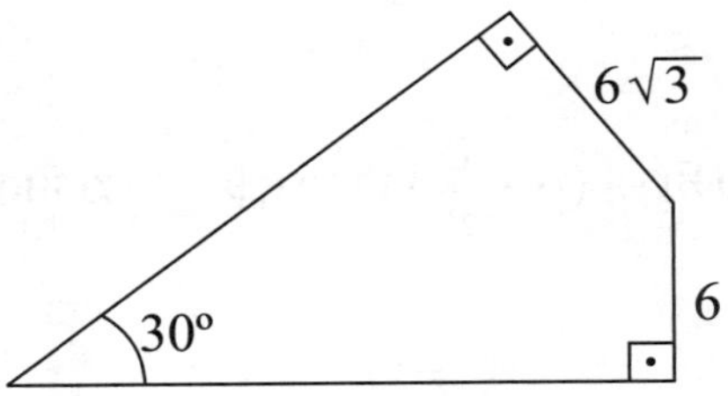

61 Determine **x** e **y** nos casos:

a)

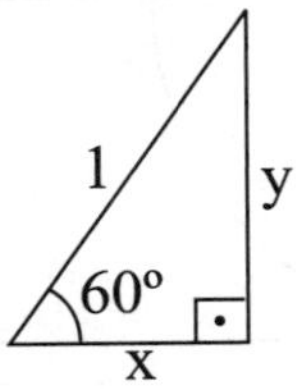

b)

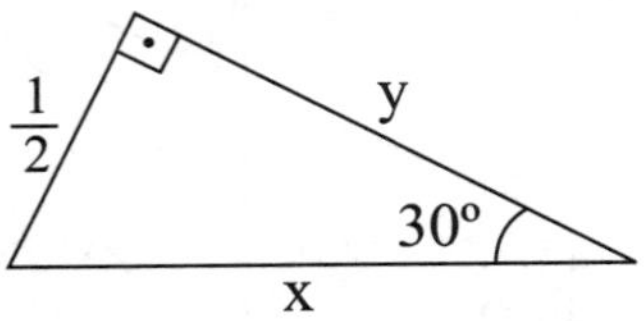

c)

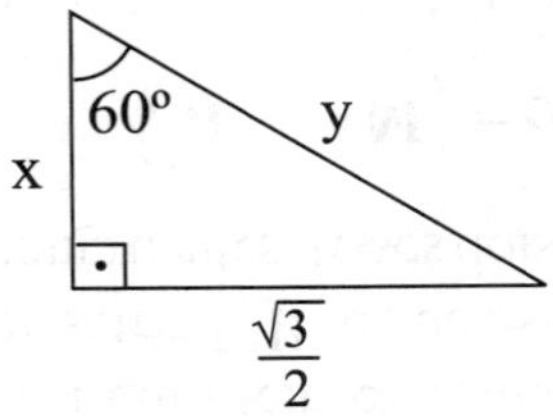

d)

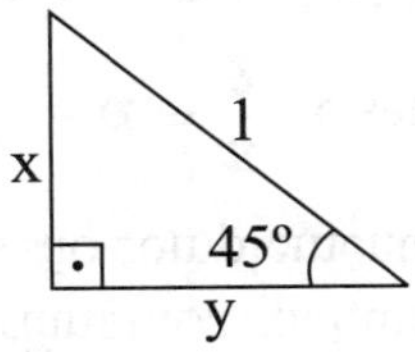

e)

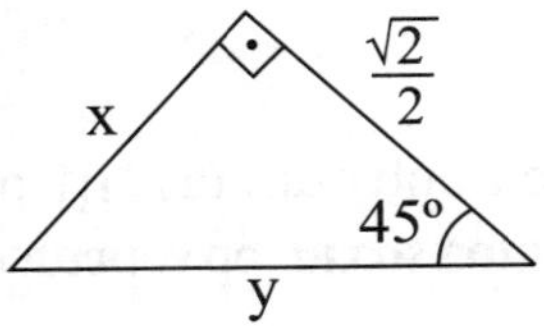

f)

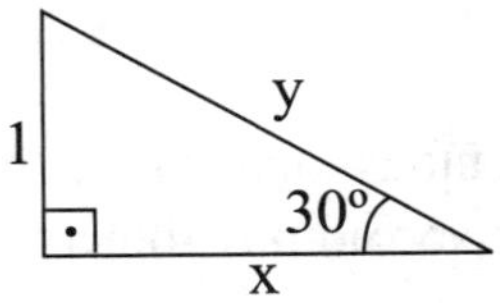

g)

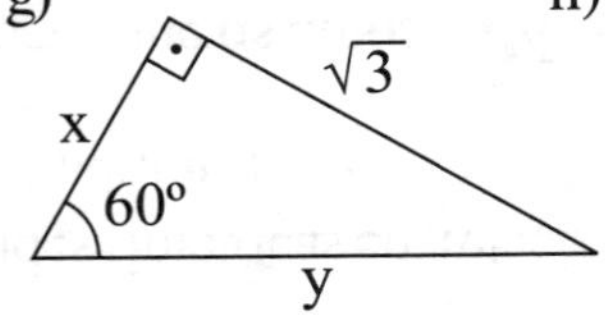

h)

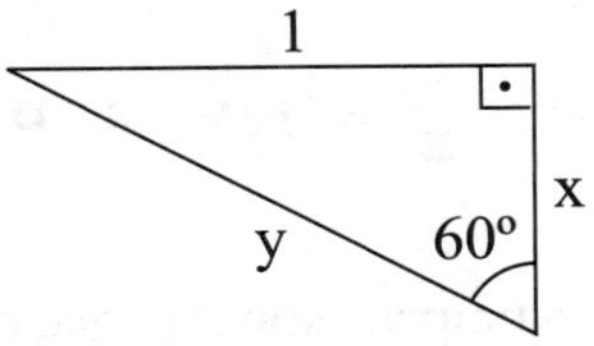

62 Determinar a área de um:

a) Triângulo onde dois lados de 12 m e 14 m formam um ângulo de 45º

b) Paralelogramo com lados 10 m e 8 m e um ângulo de 150º

c) Paralelogramo com diagonais de 12 m e 8 m que formam um ângulo de 60º

d) Quadrilátero com diagonais de 9 m e 8 m que formam um ângulo de 45º

63 Resolver

a) Um ponto dista 4 m e 12 m dos lados de um ângulo reto. Quanto ele dista da bissetriz desse ângulo?

b) Um ponto interno de ângulo de 60º dista $3\sqrt{3}$ m e $6\sqrt{3}$ m dos lados. Quanto ele dista da bissetriz desse ângulo.

c) Um ponto externo de um ângulo de 60º dista $2\sqrt{3}$ m e $10\sqrt{3}$ m dos lados. Quanto ele dista do vértice desse ângulo?

d) Um ponto interno de um ângulo de 30º dista $\sqrt{3}$ m e 3 m dos lados do ângulo. Quanto ele dista do vértice desse ângulo?

Resp: **53** a) 36 m^2 b) $18\sqrt{3} \text{ m}^2$ c) $24\sqrt{3} \text{ m}^2$ d) $\frac{\sqrt{3}}{8} \text{ m}^2$

e) $36\sqrt{3} \text{ m}^2$ f) $51\sqrt{3} \text{ m}^2$ g) $144\sqrt{3} \text{ m}^2$

54 Olhar ex - 24, 25 e 26

55 a) 54 m^2 b) $56\sqrt{3} \text{ m}^2$ c) $40\sqrt{2} \text{ m}^2$

56 Olhar ex - 32

57 Olhar ex - 33

58 a) $12\sqrt{3}$ b) $2\sqrt{13}$ c) $2(\sqrt{2} \pm 1)$ d) $3\sqrt{2} + \sqrt{6}$

59 a) 6 b) $\frac{7\sqrt{3}}{3}$ c) 24 d) $6(\sqrt{6} - \sqrt{2})$

3) **Arco $\widehat{AM}_1$ com imagem no 4º quadrante (Arcos Replementares)**

Dois arcos α e β tais que $\alpha + \beta = k \cdot 2\pi$, $k \in \mathbb{Z}$ (ou $\alpha + \beta = k \cdot 360^\circ$) são chamados de **arcos replementares** e têm, sempre, extremidades simétricas em relação ao eixo horizontal (eixo das abscissas) mesmo que a imagem de α não esteja no 1º quadrante).

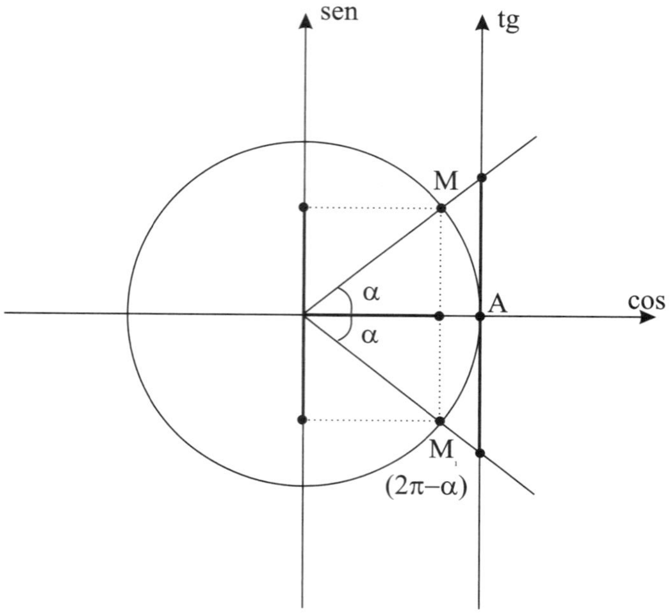

Sejam os arcos $\widehat{AM} = \alpha$ e $\widehat{AM}_1 = 2\pi - \alpha$ da figura. Observe que eles têm extremidades simétricas em relação ao eixo dos cossenos (horizontal) e que são replementares pois

$$\widehat{AM} + \widehat{AM}_1 = \alpha + 2\pi - \alpha = 2\pi \ .$$

Para arcos replementares, temos:

1ª) $\text{sen}\,(2\pi - \alpha) = -\,\text{sen}\,\alpha$ (têm senos opostos)

2ª) **$\cos(2\pi - \alpha) = \cos\alpha$ (têm cossenos iguais)**

3ª) $\text{tg}\,(2\pi - \alpha) = -\,\text{tg}\,\alpha$ (têm tangentes opostas)

Arcos replementares serão,soluções de equações da forma **$\cos x = \cos\alpha$**

4) **Arcos Complementares (Redução ao 1º octante)**

Dois arcos α e β tais que $\alpha + \beta = \dfrac{\pi}{2} + k \cdot 2\pi$, $k \in \mathbb{Z}$ (ou $\alpha + \beta = 90^\circ + k \cdot 360^\circ$) são chamados de **arcos complementares** e têm, sempre, extremidades simétricas em relação à bissetriz dos quadrantes I e III (mesmo que a extremidade de α não esteja no 1º quadrante).

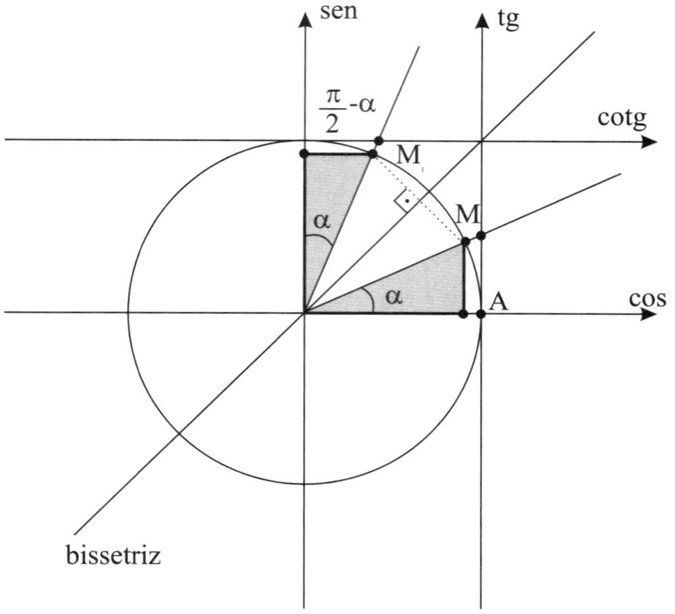

Observe que os arcos $\widehat{AM} = \alpha$ e $\widehat{AM}_1 = \dfrac{\pi}{2} - \alpha$ da figura têm extremidades simétricas em relação à bissetriz I/III e que os dois triângulos hachurados são congruentes. Esses dois arcos são complementares pois

$$\widehat{AM} + \widehat{AM}_1 = \alpha + \frac{\pi}{2} - \alpha = \frac{\pi}{2}$$ e satisfazem

às seguintes propriedades ("troca de funções"):

1ª) $\text{sen}\,(\frac{\pi}{2} - \alpha) = \cos\alpha$ 2ª) $\cos(\frac{\pi}{2} - \alpha) = \text{sen}\,\alpha$

3ª) $\text{tg}\,(\frac{\pi}{2} - \alpha) = \text{cotg}\,\alpha$ 4ª) $\text{cotg}\,(\frac{\pi}{2} - \alpha) = \text{tg}\,\alpha$

5ª) $\sec(\frac{\pi}{2} - \alpha) = \text{cossec}\,\alpha$ 6ª) $\text{cossec}\,(\frac{\pi}{2} - \alpha) = \sec\alpha$

64 Mostre que o lado de um decágono regular inscrito em uma circunferência de raio R é dado por $\frac{(\sqrt{5}-1)}{2}R$.

65 A partir do resultado do exercício anterior determine sen 18° e cos 36°

66 Determinar a diagonal de um pentágono regular de lado **a** e a partir desse resultado o sen 54°

67 Considere um triângulo retângulo com ângulos agudos de 30° e 60°. Indicando a hipotenusa por 2a, determine a bissetriz relativa ao menor ângulo e o menor segmento que ela determina no cateto oposto e determine a partir desses resultados sen 15°, cos 15° e tg 15°

Resp: 60 a) $46\sqrt{3}\ m^2$ b) $33\sqrt{3}\ m^2$ c) $144\sqrt{3}\ m^2$

61 a) $x=\frac{1}{2}, y=\frac{\sqrt{3}}{2}$ b) $x=1, y=\frac{\sqrt{3}}{2}$ c) $x=\frac{1}{2}, y=1$ d) $x=y=\frac{\sqrt{2}}{2}$

e) $x=\frac{\sqrt{2}}{2}, y=1$ f) $x=\sqrt{3}, y=2$ g) $x=1, y=2$ h) $x=\frac{\sqrt{3}}{3}, y=\frac{2\sqrt{3}}{3}$

62 a) $42\sqrt{2}\ m^2$ b) $40\ m^2$ c) $24\sqrt{3}\ m^2$ d) $18\sqrt{2}\ m^2$

63 a) $4\sqrt{2}$ m b) 3 m c) $4\sqrt{21}$ m d) $2\sqrt{21}$ m

64 Olhar ex - 41 65 $\text{sen } 18° = \frac{\sqrt{5}-1}{4}$, $\cos 36° = \frac{\sqrt{5}+1}{4}$

66 $\frac{(\sqrt{5}+1)\ a}{2}$, $\text{sen } 54° = \frac{\sqrt{5}+1}{4}$

67 $(3\sqrt{2}-\sqrt{6})\ a$, $(2\sqrt{3}-3)\ a$, $\text{sen } 15° = \frac{\sqrt{6}-\sqrt{2}}{4}$, $\cos 15° = \frac{\sqrt{6}+\sqrt{2}}{4}$, $\text{tg } 15° = 2-\sqrt{3}$

2) **Arco $\widehat{AM}_1$ com imagem no 3º quadrante (Arcos Explementares)**

Dois α e β tais que $\beta - \alpha = \pi + k \cdot 2\pi$, $k \in \mathbb{Z}$ (ou $\beta - \alpha = 180^\circ + k \cdot 360^\circ$) são chamados de **arcos explementares**. Demonstra-se que dois arcos explementares são, sempre, diametralmente opostos, isto é, têm imagens simétricas em relação à origem **O** do plano cartesiano (mesmo que a imagem de α não esteja no 1º quadrante).

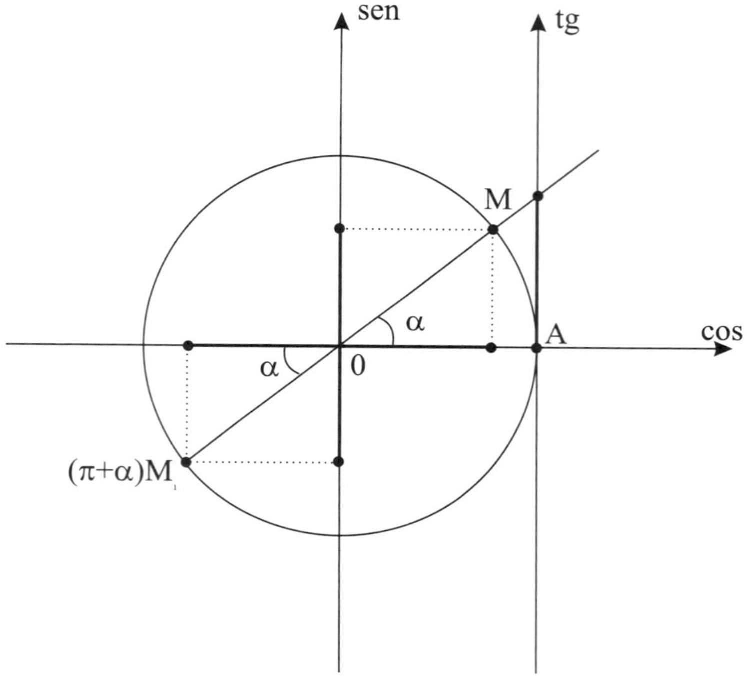

Sejam os arcos $\widehat{AM} = \alpha$ e $\widehat{AM}_1 = \pi + \alpha$. Observe na figura que eles têm extremidades simétricas em relação a **O** e que são explementares pois $\widehat{AM}_1 - \widehat{AM} = \pi + \alpha - \alpha = \pi$.

Para eles são válidas as seguintes propriedades:

1ª) $\text{sen}(\pi + \alpha) = -\text{sen}\,\alpha$ (têm senos opostos)

2ª) $\cos(\pi + \alpha) = -\cos\alpha$ (têm cossenos opostos)

3ª) $\mathbf{tg}(\pi + \alpha) = \mathbf{tg}\,\alpha$ **(têm tangentes iguais)**

Arcos explementares serão, mais adiante, utilizados na resolução de equações de forma $\mathbf{tg}\,x = \mathbf{tg}\,\alpha$

Resp: 229

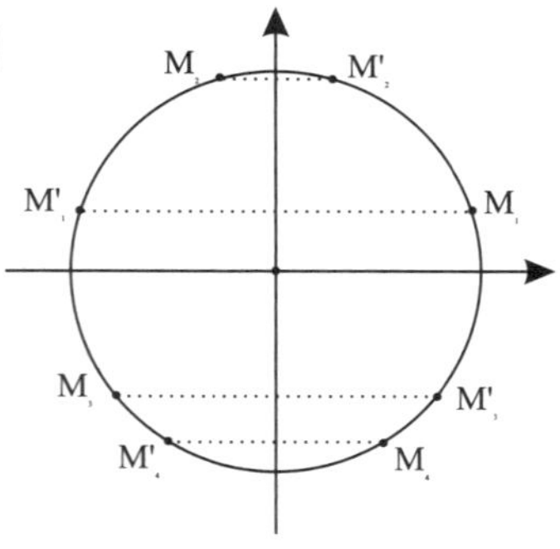

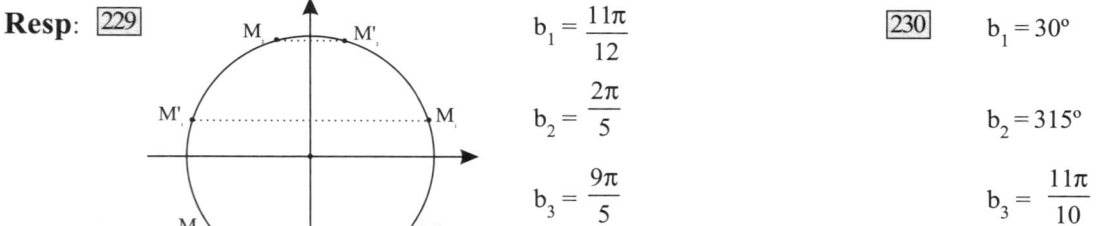

$b_1 = \dfrac{11\pi}{12}$

$b_2 = \dfrac{2\pi}{5}$

$b_3 = \dfrac{9\pi}{5}$

$b_4 = \dfrac{13\pi}{10}$

230

$b_1 = 30^\circ$

$b_2 = 315^\circ$

$b_3 = \dfrac{11\pi}{10}$

$b_4 = \dfrac{5\pi}{12}$

II RELAÇÕES FUNDAMENTAIS

1) Cotangente, secante e cossecante

Além das razões já definidas, seno, cosseno e tangente, da mesma forma definimos cotangente, secante e cossecante de um ângulo agudo de um triângulo retângulo.

Sendo α a medida de um ângulo agudo de um triângulo retângulo, indicaremos **cotangente de α** por **cotg α**, **secante de α** por **sec α** e **cossecante de α** por **cossec α**. Essas razões serão assim definidas:

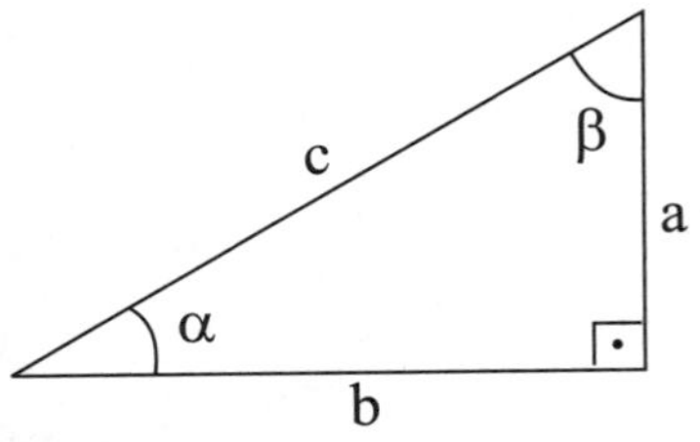

$$\text{cotangente de } \alpha = \frac{\text{cateto adjacente a } \alpha}{\text{cateto oposto a } \alpha} \Rightarrow \boxed{\text{cotg } \alpha = \frac{b}{a}}$$

$$\text{secante de } \alpha = \frac{\text{hipotenusa}}{\text{cateto adjacente a } \alpha} \Rightarrow \boxed{\sec \alpha = \frac{c}{b}}$$

$$\text{cossecante de } \alpha = \frac{\text{hipotenusa}}{\text{cateto oposto a } \alpha} \Rightarrow \boxed{\text{cossec } \alpha = \frac{c}{a}}$$

Da mesma forma obtemos:

$$\boxed{\text{cotg } \beta = \frac{a}{b}, \quad \sec \beta = \frac{c}{a} \quad \text{e} \quad \text{cossec } \beta = \frac{c}{b}}$$

Generalizando, se α e β forem ângulos agudos de um triângulo retângulo, temos:

$$\boxed{\alpha + \beta = 90^\circ, \ \sec \alpha = \text{cossec } \beta, \ \text{cossec } \alpha = \sec \beta \quad \text{e} \quad \text{cotg } \alpha = \frac{1}{\text{cotg } \beta}}$$

2) Relações Fundamentais

Vamos agora identificar as relações entre as razões trigonométricas, que serão chamadas **relações fundamentais** entre as razões trigonométricas. Quando definirmos as funções trigonométricas, onde serão definidos seno, cosseno, ... de um arco que não seja a medida de um ângulo agudo de um triângulo retângulo, vamos verificar que estas relações também serão válidas para qualquer x do domínio dessas funções.

Primeiramente olhe as seis razões:

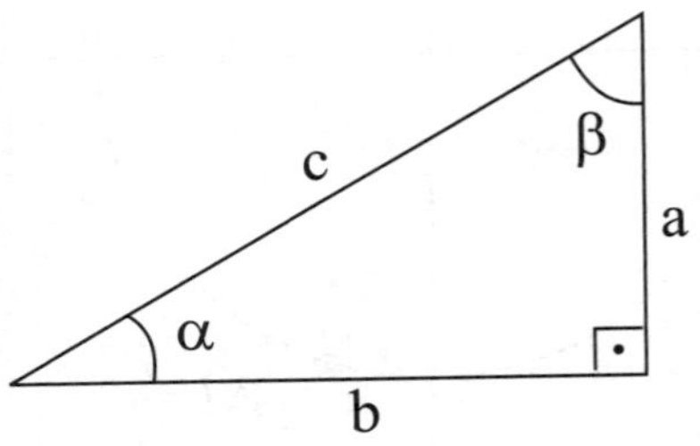

$$\boxed{\begin{array}{lll} \text{sen } \alpha = \dfrac{a}{c}, & \cos \alpha = \dfrac{b}{c}, & \text{tg } \alpha = \dfrac{a}{b} \\ \text{cotg } \alpha = \dfrac{b}{a}, & \sec \alpha = \dfrac{c}{b}, & \text{cossec } \alpha = \dfrac{c}{a} \end{array}}$$

I) De $\text{sen } \alpha = \dfrac{a}{c}$ e $\text{cossec } \alpha = \dfrac{c}{a}$ obtemos:

$$\text{sen } \alpha \cdot \text{cossec } \alpha = 1 \quad \text{ou} \quad \text{sen } \alpha = \frac{1}{\text{cossec } \alpha} \quad \text{ou} \quad \boxed{\text{cossec } \alpha = \frac{1}{\text{sen } \alpha}}$$

229 Determine os suplementos b_i (i = 1 , 2 , 3 , 4) , $0 \leq b_i < 2\pi$, dos seguintes arcos:

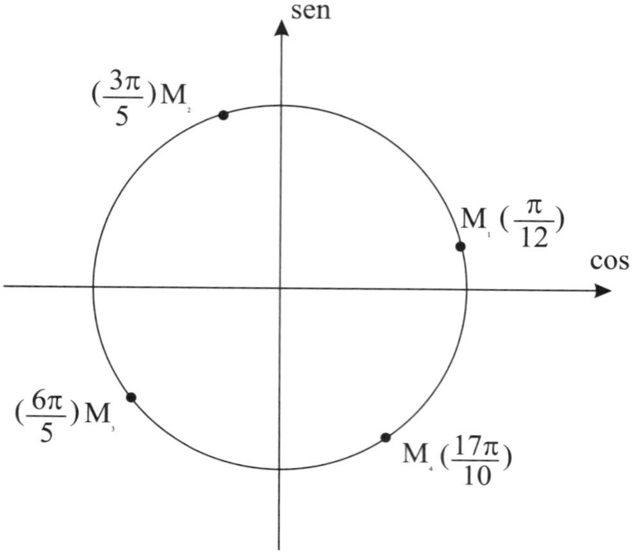

a) $(M_1)\ a_1 = \frac{\pi}{12}$

$\frac{\pi}{12} + b_1 = \pi + k\,.\,2\pi \Rightarrow$

b) $(M_2)\ a_2 = \frac{3\pi}{5}$

c) $(M_3)\ a_3 = \frac{6\pi}{5}$

d) $(M_4)\ a_4 = \frac{17\pi}{10}$

230 Determine os suplementos b_i (i = 1 , 2 , 3) , arcos da 1ª volta ($0° \leq bi < 360°$) , dos seguintes arcos (responda na mesma unidade do arco dado):

a) $\mathbf{a_1 = 870°}$

$870° + b_1 = 180° + k\,.\,360° \Rightarrow$

$\Rightarrow b_1 = -690° + k\,.\,360°$ então para k = 2

teremos : $b_1 = -690° + 720° = 30°$

b) $\mathbf{a_2 = -1215°}$

c) $\mathbf{a_3 = \frac{59\pi}{10}}$

d) $\mathbf{a_4 = -\frac{41\pi}{12}}$

Resp: 227

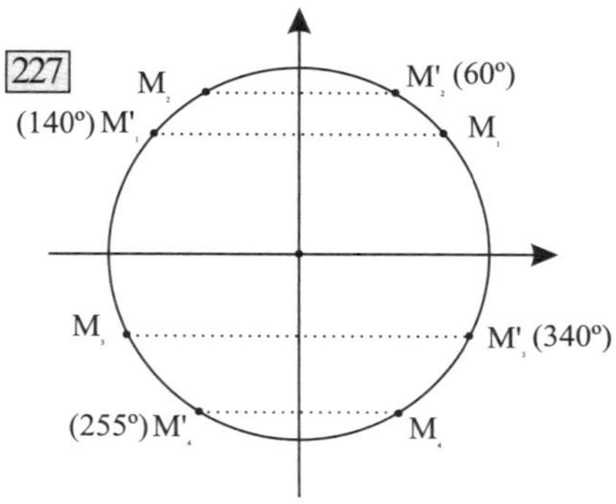

$b_1 = 140°$

$b_2 = 60°$

$b_3 = 340°$

$b_4 = 255°$

228

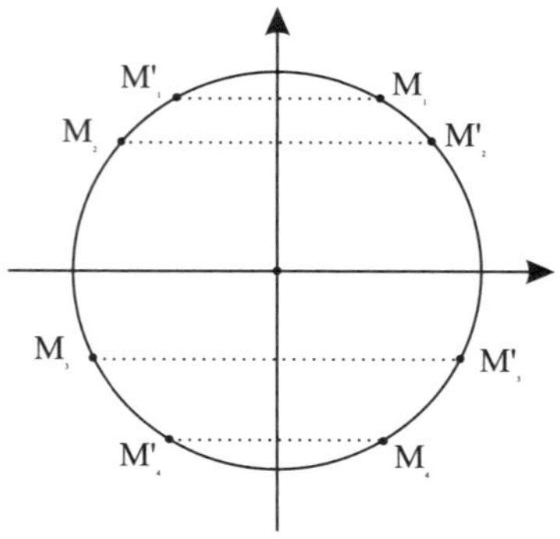

$b_1 = \frac{2\pi}{3}$

$b_2 = \frac{\pi}{4}$

$b_3 = \frac{11\pi}{6}$

$b_4 = \frac{4\pi}{3}$

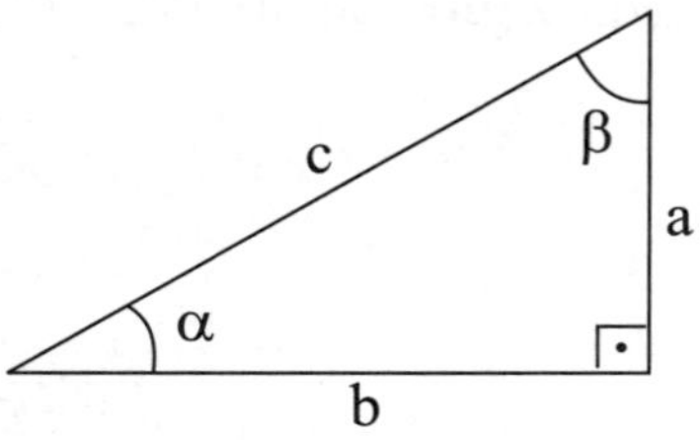

$$\text{sen}\,\alpha = \frac{a}{c}\ ,\ \cos\alpha = \frac{b}{c}\ ,\ \text{tg}\,\alpha = \frac{a}{b}$$

$$\text{cotg}\,\alpha = \frac{b}{a}\ ,\ \sec\alpha = \frac{c}{b}\ ,\ \text{cossec}\ \alpha = \frac{c}{a}$$

II) De $\cos\alpha = \frac{b}{c}$ e $\sec\alpha = \frac{c}{b}$ obtemos:

$\cos\alpha \,.\, \sec\alpha = 1$ ou $\cos\alpha = \frac{1}{\sec\alpha}$ ou $\boxed{\sec\alpha = \frac{1}{\cos\alpha}}$

III) De $\text{tg}\,\alpha = \frac{a}{b}$ e $\text{cotg}\,\alpha = \frac{b}{a}$ obtemos:

$\text{tg}\,\alpha \,.\, \text{cotg}\,\alpha = 1$ ou $\text{tg}\,\alpha = \frac{1}{\text{cotg}\,\alpha}$ ou $\boxed{\text{cotg}\,\alpha = \frac{1}{\text{tg}\,\alpha}}$

IV) De $\text{sen}\,\alpha = \frac{a}{c}$, $\cos\alpha = \frac{b}{c}$ e $\text{tg}\,\alpha = \frac{a}{b}$ obtemos:

$$\text{tg}\,\alpha = \frac{a}{b} = \frac{a:c}{b:c} = \frac{\frac{a}{c}}{\frac{b}{c}} = \frac{\text{sen}\,\alpha}{\cos\alpha} \Rightarrow \boxed{\text{tg}\,\alpha = \frac{\text{sen}\,\alpha}{\cos\alpha}}$$

V) De $\text{tg}\,\alpha = \frac{\text{sen}\,\alpha}{\cos\alpha}$ e $\text{cotg}\,\alpha = \frac{1}{\text{tg}\,\alpha}$ obtemos: $\boxed{\text{cotg}\,\alpha = \frac{\cos\alpha}{\text{sen}\,\alpha}}$

VI) Identidades Pitagóricas:

i) Já sabemos que $\boxed{\text{sen}^2\,\alpha + \cos^2\alpha = 1}$

ii) Dividindo a identidade acima por **$\cos^2\alpha$** obtemos:

$$\frac{\text{sen}^2\,\alpha}{\cos^2\alpha} + \frac{\cos^2\alpha}{\cos^2\alpha} = \frac{1}{\cos^2\alpha} \Rightarrow \text{tg}^2\,\alpha + 1 = \sec^2\alpha \Rightarrow \boxed{\sec^2\alpha = \text{tg}^2\,\alpha + 1}$$

iii) Dividido a identidade do item **i** por **$\text{sen}^2\alpha$** obtemos:

$$\frac{\text{sen}^2\,\alpha}{\text{sen}^2\,\alpha} + \frac{\cos^2\alpha}{\text{sen}^2\,\alpha} = \frac{1}{\text{sen}^2\,\alpha} \Rightarrow 1 + \text{cotg}^2\,\alpha = \text{cossec}^2\,\alpha \Rightarrow \boxed{\text{cossec}^2\,\alpha = \text{cotg}^2\,\alpha + 1}$$

VII) Conseqüências imediatas

i) De $\sec^2\alpha = \text{tg}^2\,\alpha + 1$ e $\sec\alpha = \frac{1}{\cos\alpha}$ obtemos:

$$\cos\alpha = \frac{1}{\sec\alpha} \Rightarrow \cos^2\alpha = \frac{1}{\sec^2\alpha} \Rightarrow \boxed{\cos^2\alpha = \frac{1}{\text{tg}^2\,\alpha + 1}}$$

ii) De $\text{tg}\,\alpha = \frac{\text{sen}\,\alpha}{\cos\alpha}$ e do item acima obtemos:

$$\text{sen}\,\alpha = \text{tg}\,\alpha \,.\, \cos\alpha \Rightarrow \text{sen}^2\,\alpha = \text{tg}^2\,\alpha \,.\, \cos^2\alpha = \text{tg}^2\,\alpha \,.\, \frac{1}{\text{tg}^2\,\alpha + 1} \Rightarrow \boxed{\text{sen}^2\,\alpha = \frac{\text{tg}^2\,\alpha}{\text{tg}^2\,\alpha + 1}}$$

227 Na figura abaixo estão marcadas as imagens M_1, M_2, M_3 e M_4 dos arcos $a_1 = 40°$, $a_2 = 120°$, $a_3 = 200°$ e $a_4 = 285°$. Determine os suplementos b_i ($i = 1, 2, 3, 4$) desses arcos dados ($0° \leq b_i < 360°$) e localize nessa mesma figura as imagens M_1', M_2', M_3' e M_4' dos arcos suplementares b_1, b_2, b_3, b_4 (utilize um compasso para esta operação)

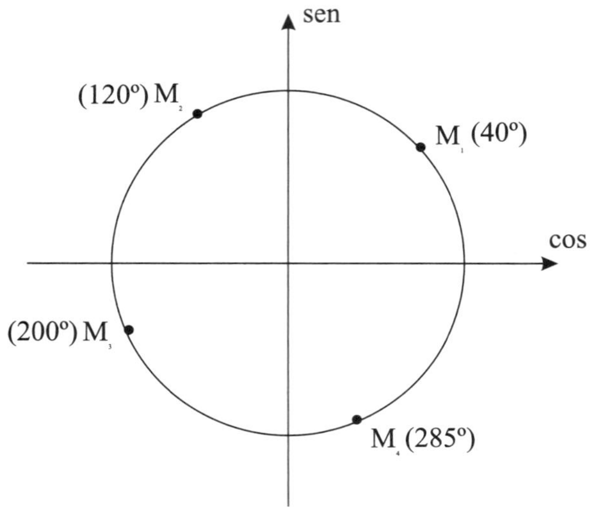

a) $\mathbf{a_1 = 40°}$

$40° + b_1 = 180° + k \cdot 360° \Rightarrow b_1 =$

b) $\mathbf{a_2 = 120°}$

c) $\mathbf{a_3 = 200°}$

$200° + b_3 = 180° + k \cdot 360° \Rightarrow b_3 = -20° + k \cdot 360°$

fazendo $k = 1 \Rightarrow b_3 = 20° + 360° = 340°$ (M_3')

d) $a_4 = 285°$

228 O mesmo enunciado do exercício anterior para os arcos (dados em radianos) $a_1 = \frac{\pi}{3}(M_1)$, $a_2 = \frac{3\pi}{4}(M_2)$, $a_3 = \frac{7\pi}{6}(M_3)$ e $a_4 = \frac{5\pi}{3}(M_4)$, respondendo com arcos b_i da 1ª volta ($0 \leq b_i < 2\pi$) suplementares de a_i:

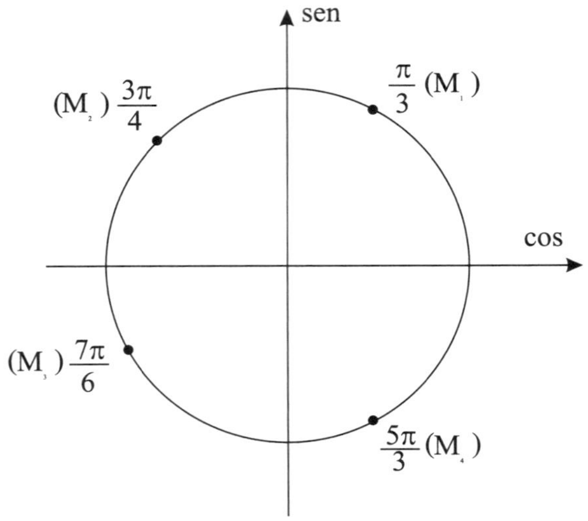

a) $\mathbf{a_1 = \frac{\pi}{3}}$

b) $\mathbf{a_2 = \frac{3\pi}{4}} =$

c) $\mathbf{a_3 = \frac{7\pi}{6}} \Rightarrow b_3 =$

$\frac{7\pi}{6} + b_3 = \pi + k \cdot 2\pi \Rightarrow b_3 = -\frac{\pi}{6} + k \cdot 2\pi$

fazendo $k = 1 \Rightarrow b_3 = -\frac{\pi}{6} + 2\pi = \frac{11\pi}{6}$ (M_3')

d) $\mathbf{a_4 = \frac{5\pi}{3}} \Rightarrow b_4 =$

Resumindo:

$$\mathbf{tg}\,\alpha = \frac{\mathbf{sen}\ \alpha}{\mathbf{cos}\ \alpha}, \quad \mathbf{cotg}\alpha = \frac{\mathbf{cos}\ \alpha}{\mathbf{sen}\ \alpha}, \quad \mathbf{sec}\ \alpha = \frac{1}{\mathbf{cos}\ \alpha}, \quad \mathbf{cossec}\ \alpha = \frac{1}{\mathbf{sen}\ \alpha}$$

$$\mathbf{cotg}\ \alpha = \frac{1}{\mathbf{tg}\ \alpha}, \quad \mathbf{sen}^2\ \alpha + \mathbf{cos}^2\ \alpha = 1, \quad \mathbf{sec}^2\ \alpha = \mathbf{tg}^2\ \alpha + 1, \quad \mathbf{cossec}^2\ \alpha = \mathbf{cotg}^2\ \alpha + 1$$

conseqüências imediatas: $\mathbf{cos}^2\ \alpha = \dfrac{1}{\mathbf{tg}^2\ \alpha + 1}$, $\mathbf{sen}^2\ \alpha = \dfrac{\mathbf{tg}^2\alpha}{\mathbf{tg}^2\ \alpha + 1}$

Observações:

1)

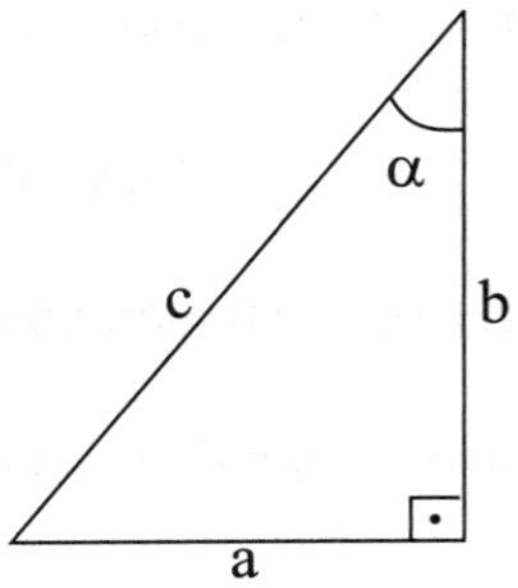

Como o seno e o cosseno de um **ângulo agudo** são iguais a razões entre um cateto e hipotenusa, $\text{sen}\ \alpha = \dfrac{a}{c}$ e $\cos\alpha = \dfrac{b}{c}$, note que

$$\text{sen}\ \alpha < 1 \qquad \text{e} \qquad \cos\alpha < 1$$

Como a secante e a cossecante de um ângulo agudo são iguais a razões entre hipotenusa e um cateto, $\sec\alpha = \dfrac{c}{b}$ e $\text{cossec}\ \alpha = \dfrac{c}{a}$, note que

$$\sec\alpha > 1 \qquad \text{e} \qquad \text{cossec}\ \alpha > 1$$

2) Considere um triângulo retângulo inscrito em um círculo de raio R. (a hipotenusa medirá 2R), como ao maior arco, até 180°, subtende a maior corda, podemos afirmar que quanto **maior for o ângulo maior será o seno** e **menor será o cosseno** e **maior será a secante** e **menor será a cossecante**.

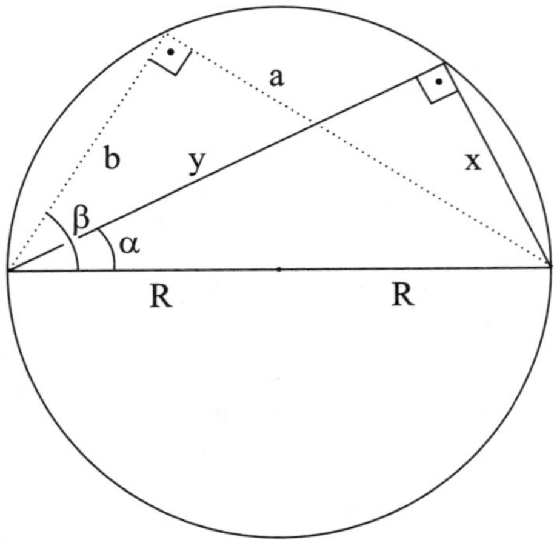

Como $\dfrac{x}{2R} < \dfrac{a}{2R}$ *e* $\dfrac{y}{2R} > \dfrac{b}{2R}$, temos:

$$\alpha < \beta \Rightarrow \text{sen}\ \alpha < \text{sen}\ \beta \quad \text{e} \quad \cos\alpha > \cos\beta$$

Como $\dfrac{2R}{y} < \dfrac{2R}{b}$ e $\dfrac{2R}{x} > \dfrac{2R}{a}$, temos:

$$\alpha < \beta \Rightarrow \sec\alpha < \sec\beta \quad \text{e} \quad \text{cossec}\ \alpha > \text{cossec}\ \beta$$

3) Se a hipotenusa de um triângulo retângulo tem módulo 1, cada cateto, em módulo, representa o **seno do ângulo oposto** e **cosseno do ângulo adjacente**.

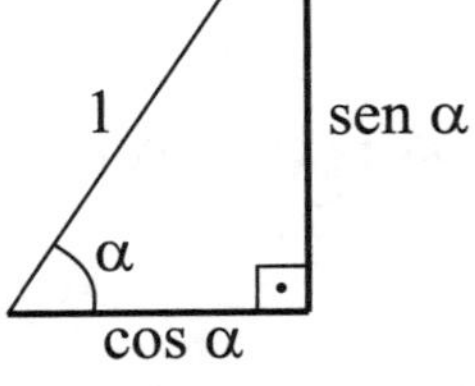

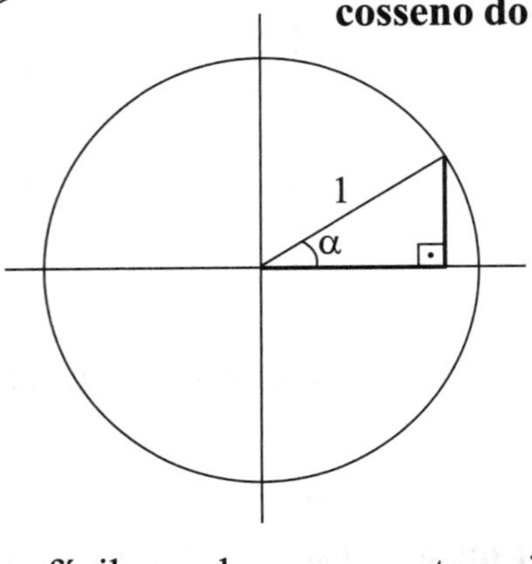

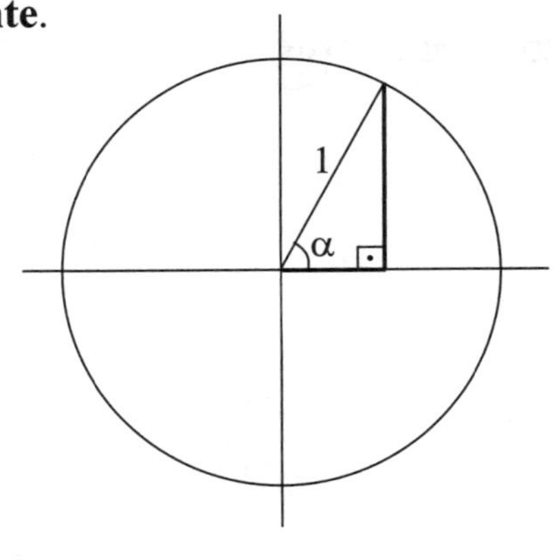

Note que desta forma fica fácil perceber que quanto maior for o ângulo agudo, maior será o seno e menor o seu cosseno. E também que $\text{sen}^2\ \alpha + \cos^2\ \alpha = 1$.

5) Redução ao 1º Quadrante $(0 < x < \frac{\pi}{2})$ e ao 1º Octante $(0 < x < \frac{\pi}{4})$

1)Arco $\widehat{AM}$ com imagem no 2º quadrante (Arcos Suplementares)

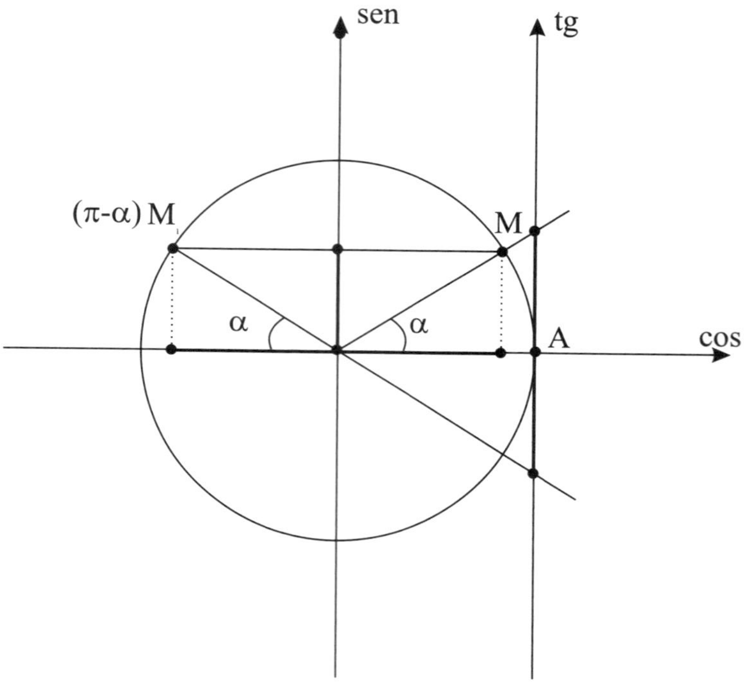

$\widehat{AM} = \boldsymbol{\alpha}$ e $\widehat{AM}_1 = \boldsymbol{\pi - \alpha}$

têm extremidades simétricas em relação ao eixo dos senos (eixo das ordenadas)

Para eles são válidas as seguintes propriedades:

1ª) $\text{sen}\,(\pi - \alpha) = \text{sen}\,\alpha$ (têm senos iguais)

2º) $\cos\,(\pi - \alpha) = -\cos\alpha$ (têm cossenos opostos)

3º) $\text{tg}\,(\pi - \alpha) = -\,\text{tg}\,\alpha$ (têm tangentes opostas)

4ª) Para cotangente , secante e cossante não há necessidade de escrever-se propriedades pois através das relações fundamentais $\text{cotg}x = \frac{1}{\text{tg}\,x}$, $\sec x = \frac{1}{\cos x}$ e $\text{cossec}\,x = \frac{1}{\text{sen}\,x}$ recairemos nas três primeiras propriedades vistas.

5ª) Dois arcos $\boldsymbol{\alpha}$ e $\boldsymbol{\beta}$ tais que $\boldsymbol{\alpha + \beta = \pi + k\,.\,2\pi\,,\,k \in}$ **Z**, (ou $\alpha + \beta = 180^\circ + k\,.\,360^\circ$) são chamados de arcos suplementares. Demonstra-se que dois arcos α e β suplementares têm sempre imagens simétricas em relação ao eixo vertical (eixo dos senos) , seja qual for o quadrante em que estiver a imagem de α . **Arcos suplementares**, portanto, satisfazem às três propriedades vistas acima. Retomremos esta nomenclatura quando estivermos resolvendo equações da forma **sen x = sen** $\boldsymbol{\alpha}$.

Note que se dois arcos α e β forem suplementares, poderemos ter $\alpha + \beta = 180^\circ, 540^\circ, 900^\circ, -180^\circ, -540^\circ, \ldots$, ou, em radianos, $\alpha + \beta = \pi, 3\pi, 5\pi, -\pi, -3\pi, \ldots$

4) Se um cateto de um triângulo retângulo tem módulo 1, a hipotenusa e o outro cateto, em módulos, representam respectivamente, a secante e a tangente do ângulo adjacente ao cateto unitário.

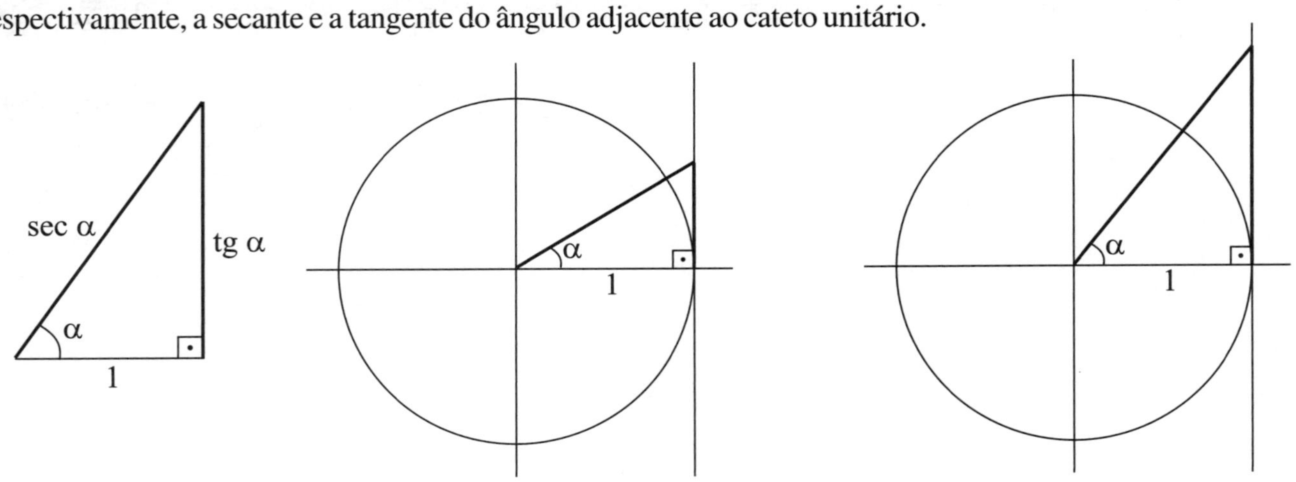

Desta forma fica fácil perceber que quanto maior for o ângulo agudo, maior será a sua tangente e a sua secante. E também que **$\sec^2 \alpha = tg^2 \alpha + 1$**.

5) Se um cateto de um triângulo retângulo tem módulo 1, a hipotenusa e o outro cateto, em módulos, representam respectivamente, a cossecante e a cotangente do ângulo oposto ao cateto unitário.

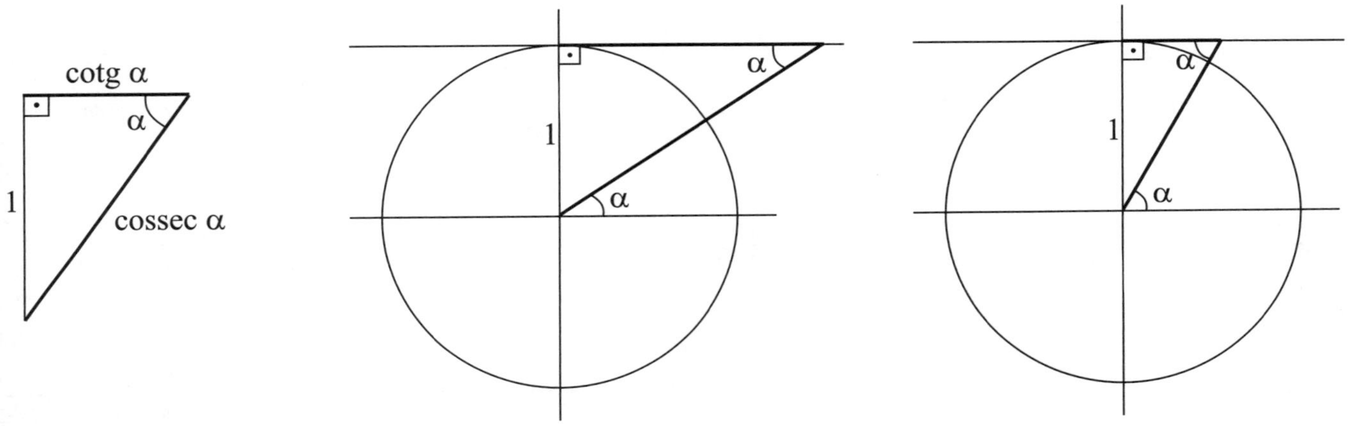

Desta forma fica fácil perceber que quanto maior for o ângulo agudo, menor será a sua cotangente e a sua cossecante. E também que **$cossec^2 \alpha = cotg^2 \alpha + 1$**.

Exemplo 1: Sendo α um ângulo agudo e $sen\,\alpha = \frac{1}{3}$, determine as outras razões trigonométricas.

1º) $sen^2 \alpha + \cos^2 \alpha = 1 \Rightarrow \frac{1}{9} + \cos^2 \alpha = 1 \Rightarrow \cos^2 \alpha = \frac{8}{9} \Rightarrow \cos \alpha = \pm \frac{2\sqrt{2}}{3} \Rightarrow$ $\boxed{\cos \alpha = \frac{2\sqrt{2}}{3}}$

2º) $\sec \alpha = \frac{1}{\cos \alpha} \Rightarrow \sec \alpha = \frac{3}{2\sqrt{2}} \Rightarrow$ $\boxed{\sec \alpha = \frac{3\sqrt{2}}{4}}$

$cossec\,\alpha = \frac{1}{sen\,\alpha} \Rightarrow$ $\boxed{cossec\,\alpha = 3}$

3º) $tg\,\alpha = \frac{sen\,\alpha}{\cos \alpha} = \frac{\frac{1}{3}}{\frac{2\sqrt{2}}{3}} = \frac{1}{2\sqrt{2}} \Rightarrow$ $\boxed{tg\,\alpha = \frac{\sqrt{2}}{4}}$

$cotg\,\alpha = \frac{1}{tg\,\alpha} \Rightarrow$ $\boxed{cotg\,\alpha = 2\sqrt{2}}$

224 Mostre que se $\text{tg}\,\frac{x}{2} = a$, então

$$\text{sen}\,x = \frac{2a}{1+a^2}\ \cos x = \frac{1-a^2}{1+a^2},\ \text{tg}\,x = \frac{2a}{1-a^2} \quad \text{e} \quad \text{cotg}\,x = \frac{1-a^2}{2a}$$

225 Se $\text{tg}\,\frac{x}{2} = \frac{1}{2}$, determine sen x , cos x e tg x

226 Se $0 < x < \frac{\pi}{6}$ e $\text{sen}\,x + \cos x = \frac{\sqrt{7}}{2}$, determine $\text{tg}\,\frac{x}{2}$

Resp: 221 $\text{sen}\,2x = \frac{-24}{25}$, $\cos 2x = \frac{7}{25}$, $\text{tg}\,2x = \frac{-24}{7}$

222 $\cos\frac{x}{2} = -\frac{\sqrt{6}}{6}$, $\text{sen}\,\frac{x}{2} = \frac{\sqrt{30}}{6}$, $\text{tg}\,\frac{x}{2} = -\sqrt{5}$

223 $\text{tg}\,2x = -\frac{8}{15}$, $\text{sen}\,2x = \frac{8}{17}$, $\cos 2x = -\frac{15}{17}$

225 $\text{sen}\,x = \frac{4}{5}$, $\cos x = \frac{3}{5}$, $\text{tg}\,x = \frac{4}{3}$

226 $\frac{\sqrt{7}-2}{3}$

Exemplo 2: Se α é um ângulo agudo e $\text{tg}\,\alpha = 4$, determine as outras razões trigonométricas de α

1º) $\cos^2\alpha = \dfrac{1}{1+\text{tg}^2\alpha} = \dfrac{1}{1+4^2} \Rightarrow \cos\alpha = \dfrac{1}{\sqrt{17}} \Rightarrow \boxed{\cos\alpha = \dfrac{\sqrt{17}}{17}} \Rightarrow \boxed{\sec\alpha = \sqrt{17}}$

2º) $\text{sen}^2\alpha = \dfrac{\text{tg}^2\alpha}{1+\text{tg}^2\alpha} \Rightarrow \text{sen}^2\,\alpha = \dfrac{4^2}{1+4^2} \Rightarrow \text{sen}\,\alpha = \dfrac{4}{\sqrt{17}} \Rightarrow \boxed{\text{sen}\,\alpha = \dfrac{4\sqrt{17}}{17}} \Rightarrow \boxed{\text{cossec}\,\alpha = \dfrac{\sqrt{17}}{4}}$

3º) $\text{tg}\,\alpha = 4 \Rightarrow \boxed{\text{cotg}\,\alpha = \dfrac{1}{4}}$

Podemos resolver do seguinte modo:

1º) $\sec^2\alpha = 1 + \text{tg}^2\alpha \Rightarrow \sec^2\alpha = 1+4^2 = 17 \Rightarrow \sec\alpha = \sqrt{17} \Rightarrow \boxed{\cos\alpha = \dfrac{1}{\sqrt{17}}} \Rightarrow \boxed{\cos\alpha = \dfrac{\sqrt{17}}{17}}$

2º) $\text{cotg}\,\alpha = \dfrac{1}{\text{tg}\,\alpha} \Rightarrow \boxed{\text{cotg}\,\alpha = \dfrac{1}{4}}$

3º) $\text{cossec}^2\alpha = 1 + \text{cotg}^2\alpha = 1 + \dfrac{1}{16} = \dfrac{17}{16} \Rightarrow \boxed{\text{cossec}\,\alpha = \dfrac{\sqrt{17}}{4}} \Rightarrow \text{sen}\,\alpha = \dfrac{4}{\sqrt{17}} \Rightarrow \boxed{\text{sen}\,\alpha = \dfrac{4\sqrt{17}}{17}}$

3) Identidades Trigonométricas

Se $f(x)$ e $g(x)$ são expressões definidas por relações entre razões trigonométricas de um mesmo ângulo x e $f(x) = g(x)$ para cada ângulo x para os quais f e g estão definidas, dizemos que $f(x) = g(x)$ é uma identidade trigonométrica.

Para provarmos que uma igualdade $f(x) = g(x)$ é uma identidade, podemos fazer de um dos seguintes modos:

1º)Partimos de **f** e simplificando-a obtemos **g**. Ou vice-versa.

2º) Mostramos que **f** e **g** são iguais a uma terceira expressão **h**.

3º) Mostramos que $f - g = 0$

4º) Mostramos que $\dfrac{f}{g} = 1$

Para simplificarmos as expressões, usamos as relações fundamentais e outras identidades pré estabelecidas.

Exemplo: Mostre que a igualdade é uma identidade, nos casos:

1º) $\mathbf{sen^4x - cos^4x = sen^2x - cos^2x}$

(1º membro) $= \text{sen}^4x - \cos^4x = (\text{sen}^2x + \cos^2x)(\text{sen}^2x - \cos^2x) = 1(\text{sen}^2x - \cos^2x) = \text{sen}^2x - \cos^2x$

2º) $\mathbf{\cos x = \dfrac{\cos x + \text{cotg}\,x}{1 + \text{cossec}\,x}}$

(2º Membro) $= \dfrac{\cos x + \dfrac{\cos x}{\text{sen}\,x}}{1 + \dfrac{1}{\text{sen}\,x}} = \dfrac{\dfrac{\text{sen}\,x\cos x + \cos x}{\text{sen}\,x}}{\dfrac{\text{sen}\,x + 1}{\text{sen}\,x}} = \dfrac{\cos x\,(\text{sen}\,x + 1)}{(\text{sen}\,x + 1)} = \cos x$

221 Se $\frac{\pi}{2} < x < \pi$ e $\cos x = -\frac{4}{5}$, determine $\text{sen}\, 2x$, $\cos 2x$ e $\text{tg}\, 2x$.

222 Se $\pi < x < \frac{3\pi}{2}$ e $\cos x = -\frac{2}{3}$, determine $\text{sen}\,\frac{x}{2}$, $\cos\frac{x}{2}$ e $\text{tg}\,\frac{x}{2}$

223 Se $\text{tg}\, x = 4$ determine, $\text{sen}\, 2x$, $\cos 2x$ e $\text{tg}\, 2x$.

Resp: **218** $\cos x = -\frac{4}{5}$, $\sec x = -\frac{5}{4}$, $\text{cossec}\, x = -\frac{5}{3}$, $\text{tg}\, x = \frac{3}{4}$, $\text{cotg}\, x = \frac{4}{3}$

219 $\cos x = -\frac{1}{3}$, $\text{sen}\, x = \frac{2\sqrt{2}}{3}$, $\text{cossec}\, x = \frac{3\sqrt{2}}{4}$, $\text{tg}\, x = -2\sqrt{2}$, $\text{cotg}\, x = -\frac{\sqrt{2}}{4}$

220 $\cos x = \pm\frac{\sqrt{5}}{5}$

3º) **$2(\text{sen}^6x + \cos^6x) = 3(\text{sen}^4x + \cos^4x) - 1$**

(1º Membro) = f(x) , (2º Membro) = g(x)

$$f(x) - g(x) = 2(\text{sen}^6x + \cos^6x) - 3(\text{sen}^4x + \cos^4x) + 1$$

$$= 2(\text{sen}^2x + \cos^2x)(\text{sen}^4x - \text{sen}^2x \,.\, \cos^2x + \cos^4x) - 3\,\text{sen}^4x - 3\cos^4x + 1 =$$

$$= 2\text{sen}^4x - 2\text{sen}^2x\cos^2x + 2\cos^4x - 3\text{sen}^4x - 3\cos^4x + 1 =$$

$$= -\text{sen}^4x - 2\,\text{sen}^2\cos^2x - \cos^4 + 1 = -(\text{sen}^2x + \cos^2x)^2 + 1 = -1 + 1 = 0$$

$$f(x) - g(x) = 0 \Rightarrow f(x) = g(x)$$

4º) $\mathbf{\dfrac{1 - 2\cos^2 x}{\text{sen}\, x \;.\cos x} = tg\, x - cotg\, x}$

$$(1^\circ \text{ Membro}) = f(x) = \frac{1 - 2\cos^2 x}{\text{sen } x \ \cos x} = \frac{\text{sen}^2 x + \cos^2 x - 2\cos^2 x}{\text{sen } x \ \cos x} = \frac{\text{sen}^2 x - \cos^2 x}{\text{sen } x \ \cos x} = h(x)$$

$$(2^\circ \text{ Membro}) = g(x) = \text{tg } x - \text{cotg } x = \frac{\text{sen } x}{\cos x} - \frac{\cos x}{\text{sen } x} = \frac{\text{sen}^2 x - \cos^2 x}{\text{sen } x \ \cos x} = h(x)$$

$$f(x) = h(x) \text{ e } g(x) = h(x) \Rightarrow f(x) = g(x)$$

5º) $\mathbf{\dfrac{1 - sen\, x}{\cos x} + \dfrac{\cos x}{1 - sen\, x} = 2\sec x}$

$$(1^\circ \text{ Membro}) = f(x) = \frac{1 - \text{sen } x}{\cos x} + \frac{\cos x}{1 - \text{sen } x} = \frac{(1 - \text{sen } x)^2 + \cos^2 x}{\cos x(1 - \text{sen } x)} =$$

$$= \frac{1 - 2\text{sen } x + 1}{\cos x(1 - \text{sen } x)} = \frac{2(1 - \text{sen } x)}{\cos x(1 - \text{sen } x)} = \frac{2}{\cos x} = 2.\frac{1}{\cos x} = \boxed{2\sec x}$$

6º) $\mathbf{\dfrac{tg^3x}{sen^2x} - \dfrac{1}{sen\, x \cos x} + \dfrac{cotg^3x}{\cos^2x} = tg^3x + cotg^3x}$

1º Modo:
$$(1^\circ \text{ Membro}) = \frac{\dfrac{\text{sen}^3x}{\cos^3 x}}{\text{sen}^2x} - \frac{1}{\text{sen x } \cos x} + \frac{\dfrac{\cos^3 x}{\text{sen}^3x}}{\cos^2 x} = \frac{\text{sen x}}{\cos^3 x} - \frac{1}{\text{sen x } \cos x} + \frac{\cos x}{\text{sen}^3x} =$$

$$= \frac{\text{sen}^4 x - \text{sen}^2 x \ \cos^2 x + \cos^4 x}{\text{sen}^3 x \ \cos^3 x} = \frac{(\text{sen}^2 x + \cos^2 x)(\text{sen}^4 x - \text{sen}^2 x \cos^2 x + \cos^4 x)}{(\text{sen}^2 x + \cos^2 x)(\text{sen}^3 x \,.\, \cos^3 x)} = \frac{\text{sen}^6 x + \cos^6 x}{\text{sen}^3 x \ \cos^3 x} =$$

$$= \frac{\text{sen}^6 x}{\text{sen}^3 x \ \cos^3 x} + \frac{\cos^6 x}{\text{sen}^3 x \ \cos^3 x} = \frac{\text{sen}^3 x}{\cos^3 x} + \frac{\cos^3 x}{\text{sen}^3 x} = \boxed{\text{tg}^3 x + \text{cotg}^3 x}$$

2º Modo:
$$(1^\circ \text{ Membro}) = \text{tg}^3x \,.\, \frac{1}{\text{sen}^2x} + \text{cotg}^3 x \,.\, \frac{1}{\cos^2 x} - \frac{1}{\text{sen x } \cos x}$$

$$= \text{tg}^3x(\text{cossec}^2x) - \frac{1}{\text{sen x } \cos x} + \text{cotg}^3x(\sec^2x) = \text{tg}^3x(1 + \text{cotg}^2x) - \frac{1}{\text{sen x } \cos x} + \text{cotg}^3 x(1 + \text{tg}^2x) =$$

$$= \text{tg}^3x + \text{tg x} - \frac{1}{\text{sen x } \cos x} + \text{cotg}^3x + \text{cotg x} = \text{tg}^3x + \text{cotg}^3x + \frac{\text{sen x}}{\cos x} + \frac{\cos x}{\text{sen x}} - \frac{1}{\text{sen } x \ \cos x} =$$

$$= \text{tg}^3x + \text{cotg}^3x + \frac{\text{sen}^2x + \cos^2 x - 1}{\text{sen x } \cos x} = \text{tg}^3x + \text{cotg}^3x + \frac{1 - 1}{\text{sen x } \cos x} = \boxed{\text{tg}^3x + \text{cotg}^3x}$$

Exercícios:

218 Se $\pi < x < \frac{3\pi}{2}$ e $\text{sen}\ x = -\frac{3}{5}$, determine $\cos x$, $\text{tg}\ x$, $\text{cotg}\ x$, $\sec x$ e $\text{cossec}\ x$.

219 Se $\sec x = -3$ e $\frac{\pi}{2} < x < \pi$, determine as demais funções trigonométricas de **x**.

220 Se $\text{tg}\ x + \text{cotg}\ x = \frac{5}{2}$ e $\text{tg}\ x > \text{cotg}\ x$, determine $\cos x$.

EXERCÍCIOS

68 Sabemos que cotangente (cotg) , secante (sec) e cossante (cossec) de um ângulo agudo α de um triângulo retângulo são razões definidas da seguinte forma:

$$\text{cotg } \alpha = \frac{\text{cat. adj. a } \alpha}{\text{cat. op. a } \alpha} \quad , \quad \sec \alpha = \frac{\text{hipotenusa}}{\text{cat. adj. a } \alpha} \quad , \quad \text{cossec } \alpha = \frac{\text{hipotenusa}}{\text{cat. op. a } \alpha}$$

Nestas condições, escreva as seguintes razões:

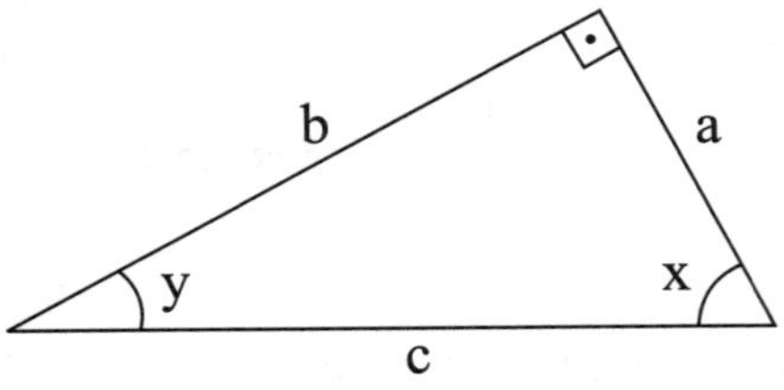

a) cotg y = b) sec y = c) cossec y =

d) cotg x = e) sec x = f) cossec x =

69 Determine as seguintes razões:

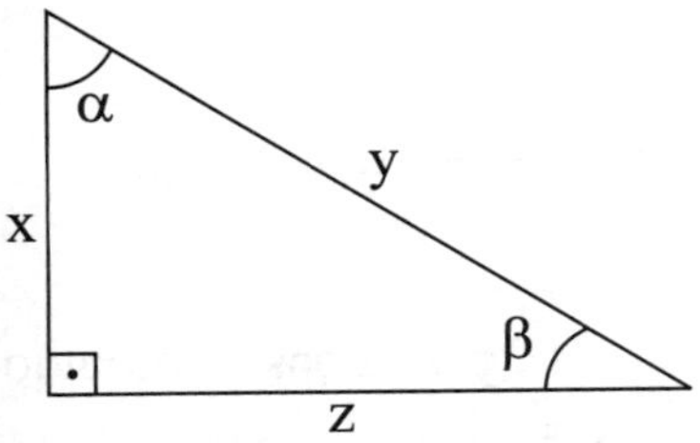

a) sen α = , cossec α = b) cos α = , sec α =

c) tg α = , cotg α = d) sen β = , cossec β =

e) cos β = , sec β = f) tg β = , cotg β =

70 Escreva as razões pedidas e depois uma relação entre as razões:

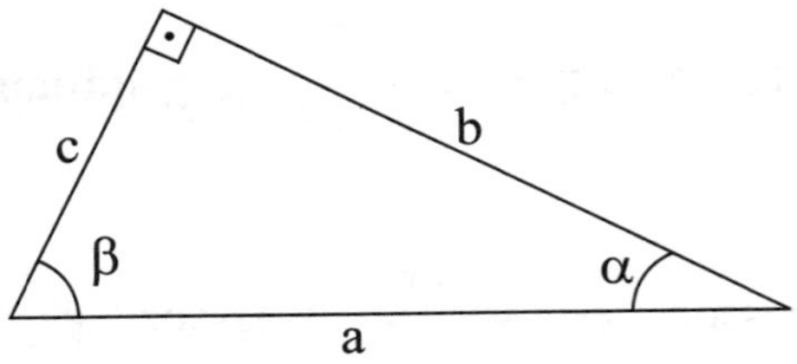

a) sen α = , cossec α = $\Rightarrow$ cossec α =

b) cos α = , sec α = $\Rightarrow$ sec α =

c) tg α = , cotg α = $\Rightarrow$ cotg α =

71 Após colocar o valor da razão pedida, divida o numerador e o denominador da fração pela hipotenusa e determine uma relação entre as razões obtidas:

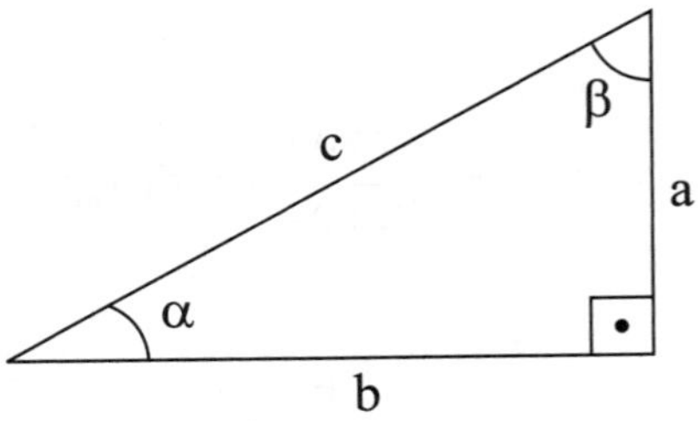

a) tg α = ―――― = ―――― $\Rightarrow$ tg α =

cotg α = ―――― = ―――― $\Rightarrow$ cotg α =

72 Mostre que $\text{sen}^2\alpha + \cos^2\alpha = 1$

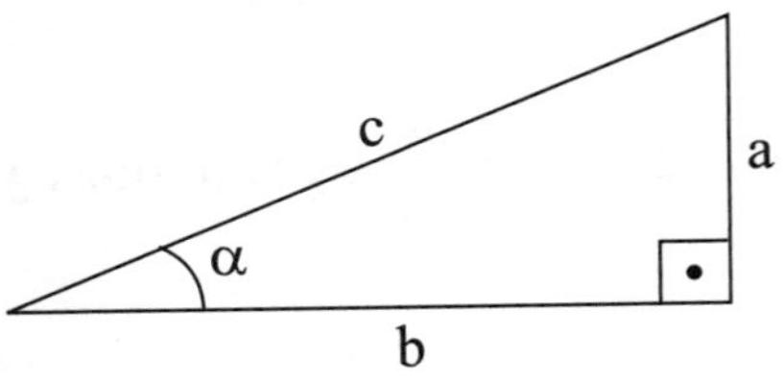

Exemplo 1: Se $\frac{\pi}{2} < x < \pi$ e $\text{sen } x = \frac{1}{4}$, determine os valores da demais funções trigonométricas de x.

1º) $\text{sen}^2 x + \cos^2 x = 1 \Rightarrow \frac{1}{16} + \cos^2 = 1 \Rightarrow \cos^2 x = \frac{15}{16} \Rightarrow$

$\cos x = \pm \frac{\sqrt{15}}{4}$ .Como x é do segundo quadrante, obtemos: $\cos x = -\frac{\sqrt{15}}{4}$

2º) $\text{tg } x = \frac{\text{sen } x}{\cos x} \Rightarrow \text{tg } x = \frac{\frac{1}{4}}{-\frac{\sqrt{15}}{4}} \Rightarrow \text{tg } x = -\frac{1}{\sqrt{15}} \Rightarrow \text{tg } x = -\frac{\sqrt{15}}{15}$ e $\text{cotg } x = -\sqrt{15}$

3º) $\sec x = \frac{1}{\cos x} \Rightarrow \sec x = \frac{1}{-\frac{\sqrt{15}}{4}} = -\frac{4}{\sqrt{15}} \Rightarrow \sec x = -\frac{4\sqrt{15}}{15}$

4º) $\text{cossec } x = \frac{1}{\text{sen } x} \Rightarrow \text{cossec } x = \frac{1}{\frac{1}{4}} \Rightarrow \text{cossec} = 4$

Exemplo 2: Se $\frac{3\pi}{2} < x < 2\pi$ e $\text{tg } x = -2\sqrt{6}$, determine as demais funções trigonométricas de **x**

1º) $\text{tg } x = -2\sqrt{6} \Rightarrow \text{cotg } x = -\frac{1}{2\sqrt{6}} \Rightarrow \text{cotg } x = -\frac{\sqrt{6}}{12}$

2º) $\sec^2 x = 1 + \text{tg}^2 x \Rightarrow \sec^2 x = 1 + (-2\sqrt{6})^2 = 25 \Rightarrow \sec x = \pm 5$ .Como x es tá no 4º quadrante obtemos: $\sec x = 5$

3º) $\sec x = \frac{1}{\cos x} \Rightarrow 5 = \frac{1}{\cos x} \Rightarrow \cos x = \frac{1}{5}$

4º) $\text{sen}^2 x + \cos^2 x = 1 \Rightarrow \text{sen}^2 x + \frac{1}{25} = 1 \Rightarrow \text{sen}^2 x = \frac{24}{25} \Rightarrow \text{sen } x = \pm \frac{2\sqrt{6}}{5}$

Como x é do 4º quadrante obtemos: $\text{sen } x = -\frac{2\sqrt{6}}{5}$

5º) $\text{cossec } x = \frac{1}{\text{sen } x} \Rightarrow \text{cossec } x = \frac{1}{\frac{-2\sqrt{6}}{5}} = -\frac{5}{2\sqrt{6}} \Rightarrow \text{cossec } x = -\frac{5\sqrt{6}}{12}$

Exemplo 3: Se $\text{tg } x = 4\sqrt{3}$, determine sen x

$$\text{sen}^2 x = \frac{\text{tg}^2 x}{1 + \text{tg}^2 x} \Rightarrow \text{sen}^2 x = \frac{(4\sqrt{3})^2}{1 + (4\sqrt{3})^2} = \frac{48}{49} \Rightarrow \boxed{\text{sen } x = \pm \frac{4\sqrt{3}}{7}}$$

Obs: Como $\text{tg } x > 0$, a extremidade de x está no 1º ou 3º quadrante. Se estiver no 1º, $\text{sen } x = \frac{4\sqrt{3}}{7}$ e se estiver no 3º, $\text{sen } x = -\frac{4\sqrt{3}}{7}$

73 Escreva seis igualdades relacionado as razões trigonométricas recíprocas.

74 Partindo das razões seno e cosseno podemos definir as outras razões. Escreva as relações que as definem.

75 Aplicando o Pitágoras e depois dividindo pelo quadrado de um cateto e depois pelo quadrado do outro cateto mostre que

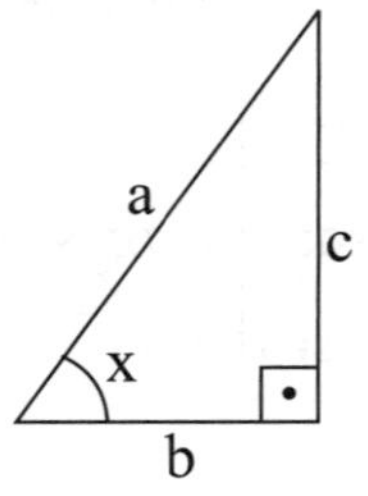

$$\sec^2 x = 1 + tg^2 x \quad e \quad cossec^2 x = 1 + cotg^2 x$$

76 Dividindo os membros da equação $sen^2\alpha + \cos^2\alpha = 1$ por $sen^2\alpha$ e depois por $\cos^2\alpha$, mostre as mesmas relações do problema anterior.

77 Determine $\cos^2\alpha$ e $sen^2\alpha$ em função de $tg^2\alpha$

78 Complete:

a) $sen\ \alpha = \frac{1}{7} \Rightarrow cossec\ \alpha =$

b) $\cos \alpha = \frac{5}{9} \Rightarrow \sec \alpha =$

c) $tg\ \alpha = \frac{7}{3} \Rightarrow cotg\ \alpha =$

d) $\sec \alpha = \frac{11}{5} \Rightarrow \cos \alpha =$

e) $cotg\ \alpha = \frac{8}{3} \Rightarrow tg\ \alpha =$

f) $cossec\ \alpha = \frac{4}{3} \Rightarrow sen\ \alpha =$

g) $sen\ \alpha = \frac{\sqrt{3}}{5} \Rightarrow cossec\ \alpha =$

h) $\cos \alpha = \frac{3\sqrt{2}}{8} \Rightarrow \sec \alpha =$

i) $tg\ \alpha = \frac{\sqrt{6}}{2} \Rightarrow cotg\ \alpha =$

Resp: 68 a) $\frac{b}{a}$ b) $\frac{c}{b}$ c) $\frac{c}{a}$ d) $\frac{a}{b}$ e) $\frac{c}{a}$ f) $\frac{c}{b}$

69 a) $\frac{z}{y}, \frac{y}{z}$ b) $\frac{x}{y}, \frac{y}{x}$ c) $\frac{z}{x}, \frac{x}{z}$ d) $\frac{x}{y}, \frac{y}{x}$ e) $\frac{z}{y}, \frac{y}{z}$ f) $\frac{x}{z}, \frac{z}{x}$

70 a) $\frac{c}{a}, \frac{a}{c}$, $cossec\ \alpha = \frac{1}{sen\ \alpha}$ b) $\frac{b}{a}, \frac{a}{b}$, $\sec \alpha = \frac{1}{\cos \alpha}$ c) $\frac{c}{b}, \frac{b}{c}$, $cotg\ \alpha = \frac{1}{tg\ \alpha}$

71 a) $tg\ \alpha = \frac{sen\ \alpha}{\cos \alpha}$ b) $cotg\ \alpha = \frac{\cos \alpha}{sen\ \alpha}$

72 Determine as razões $sen\ \alpha$ e $\cos\ \alpha$ e aplique Pitágoras

III) $\mathbf{sec\ x = \dfrac{1}{cos\ x}}$ **e** $\mathbf{cossec\ x = \dfrac{1}{sen\ x}}$

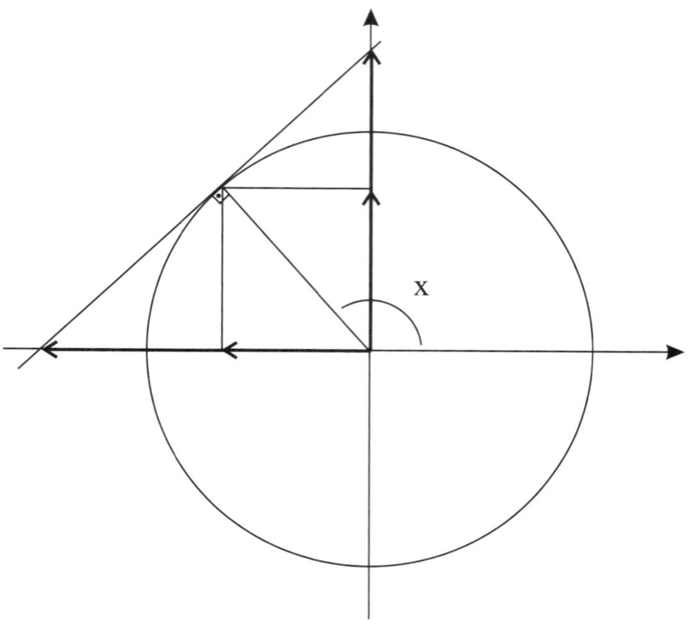

Note que para x no 2º quadrante, usando relações métricas no triângulo retângulo, obtemos:

1º) $1^2 = \cos x \cdot \sec x \Rightarrow \sec x = \dfrac{1}{\cos x}$

2º) $1^2 = \sec x \cdot \operatorname{cossec} x \Rightarrow \operatorname{cossec} x = \dfrac{1}{\operatorname{sen} x}$

Quando x estiver em outros quadrantes chegamos às mesmas relações.

Da mesma forma confirmamos que:

$$\mathbf{sec^2x = 1 + tg^2x} \quad \textbf{e} \quad \mathbf{cossec^2x = 1 + cotg^2x}$$

Para $x = 0, \dfrac{\pi}{2}, \pi, \dfrac{3\pi}{2}$ e 2π, desde que as funções estejam definidas, verificamos diretamente a validade das relações.

Arco duplo e arco metade

Em outro capítulo vamos verificar que as fórmulas

$\operatorname{sen} 2\alpha = 2\operatorname{sen}\alpha \cdot \cos\alpha$

$$\cos 2\alpha = \begin{cases} \cos^2\alpha - \operatorname{sen}^2\alpha \\ 2\cos^2\alpha - 1 \\ 1 - 2\operatorname{sen}^2\alpha \end{cases} \qquad \operatorname{tg} 2\alpha = \frac{2\operatorname{tg}\alpha}{1 - \operatorname{tg}^2\alpha}$$

são válidas para α em qualquer quadrante.

Já as fórmulas do arco metade serão:

$$\cos\alpha = \pm\sqrt{\frac{1+\cos\alpha}{2}} \quad , \quad \operatorname{sen}\frac{\alpha}{2} = \pm\sqrt{\frac{1-\cos\alpha}{2}} \quad \text{e} \quad \operatorname{tg}\frac{\alpha}{2} = \pm\sqrt{\frac{1-\cos\alpha}{1+\cos\alpha}}$$

onde os sinais $+$ ou $-$ serão determinados pelo quadrante de $\dfrac{\alpha}{2}$.

As seguintes fórmulas também serão válidas para x em qualquer quadrante:

$$\operatorname{sen} x = \frac{2\operatorname{tg}\frac{x}{2}}{1+\operatorname{tg}^2\frac{x}{2}} \quad , \quad \cos x = \frac{1-\operatorname{tg}^2\frac{x}{2}}{1+\operatorname{tg}^2\frac{x}{2}} \quad \text{e} \quad \operatorname{tg} x = \frac{2\operatorname{tg}\frac{x}{2}}{1-\operatorname{tg}^2\frac{x}{2}}$$

79 Determine **cos x** nos casos, sendo **x** a medida de um ângulo agudo.
Obs: Neste capítulo os ângulos das razões trigonométricas são sempre agudos.

a) $\text{sen } x = \frac{1}{5}$ b) $\text{sen } x = \frac{\sqrt{3}}{4}$ c) $\sec x = \frac{5}{2}$

80 Determine **sen x** nos casos:

a) $\cos x = \frac{3}{7}$ b) $\cos x = \frac{\sqrt{5}}{10}$ c) $\text{cossec } x = \frac{7}{3}$

81 Complete:
(Lembre-se de que os ângulos são agudos e as razões são positivas)

a) $\text{sen } x = \frac{3}{5} \Rightarrow \cos x =$ b) $\cos x = \frac{5}{13} \Rightarrow \text{sen } x =$

c) $\text{sen } x = \frac{11}{21} \Rightarrow \text{cossec } x =$ d) $\cos x = \frac{9}{16} \Rightarrow \sec x =$

82 Determine **sec x** nos casos:

a) $\text{tg} x = 7$ b) $\text{tg } x = \frac{\sqrt{3}}{2}$ c) $\cos x = \frac{1}{10}$

83 Determine **cossec y** nos casos:

a) $\text{cotg } y = 5$ b) $\text{cotg } y = 3\sqrt{7}$ c) $\text{sen } y = \frac{2}{9}$

84 Determine **tg y** nos casos:

a) $\sec y = 11$ b) $\sec y = \sqrt{37}$ c) $\text{cotg } y = \frac{3}{11}$

Resp: **73** $\sec x = \frac{1}{\cos x}$, $\text{cossec } x = \frac{1}{\text{sen } x}$, $\cos x = \frac{1}{\sec x}$, $\text{sen } x = \frac{1}{\text{cossec } x}$, $\text{tg } x = \frac{1}{\text{cotg } x}$, $\text{cotg } x = \frac{1}{\text{tg } x}$

74 $\sec x = \frac{1}{\cos x}$, $\text{cos sec} = \frac{1}{\text{sen } x}$, $\text{tg } x = \frac{\text{sen } x}{\cos x}$, $\text{cot g } x = \frac{\cos x}{\text{sen } x}$ **77** Partir das relações

$\cos x = \frac{1}{\sec x}$ e $\text{sen } x = \cos x \cdot \text{tg } x$ **78** a) 7 b) $\frac{9}{5}$ c) $\frac{3}{7}$ d) $\frac{5}{11}$

e) $\frac{3}{8}$ f) $\frac{3}{4}$ g) $\frac{5\sqrt{3}}{3}$ h) $\frac{4\sqrt{2}}{3}$ i) $\frac{\sqrt{6}}{3}$

4) **Relações Fundamentais entre funções trigonométricas**

Já vimos em capítulo anterior que se α for um ângulo agudo, então são válidas as seguintes relações

$$\text{tg}\,\alpha = \frac{\text{sen}\,\alpha}{\cos\alpha}\ ,\quad \text{cotg}\,\alpha = \frac{\cos\alpha}{\text{sen}\,\alpha}\ ,\quad \sec\alpha = \frac{1}{\cos\alpha}\ ,\quad \text{cossec}\,\alpha = \frac{1}{\text{sen}\,\alpha}\ ,$$

$\text{sen}^2\alpha + \cos^2\alpha = 1$, $\sec^2\alpha = 1 + \text{tg}^2\alpha$ e $\text{cossec}^2\alpha = 1 + \text{cotg}^2\alpha$

Agora, como já definimos sen x , cos x , tg x , ... para um arco x qualquer, podemos mostrar que essas relações são válidas para x em qualquer quadrante. Vejamos alguns casos:

I) $\mathbf{sen^2x + cos^2x = 1}$

Quando $x = 0, \frac{\pi}{2}, \pi, \frac{3\pi}{2}$ e 2π podemos verificar diretamente que $\text{sen}^2x + \cos^2x = 1$. Vejamos o que acontece quando **x** está no 2º quadrante.

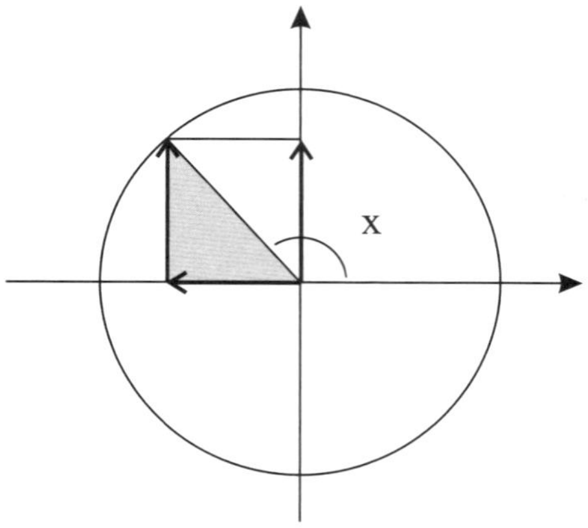

Note que os módulos de sen x e cos x são catetos de um triângulo de hipotenusa 1

Então: $\text{sen}^2x + \cos^2x = 1$

Como sen x > 0 e cos x < 0 para x no segundo quadrante, quando usarmos esta relação devemos optar pelo sinal correto.

Então $\text{sen}\,x = \sqrt{1-\cos^2 x}$ e $\cos x = -\sqrt{1-\text{sen}^2 x}$.

Quando x estiver nos outros quadrantes, verificamos que a relação também é válida.

II) $\mathbf{tg\,x = \dfrac{sen\,x}{cos\,x}}$ e $\mathbf{cotg\,x = \dfrac{cos\,x}{sen\,x}}$

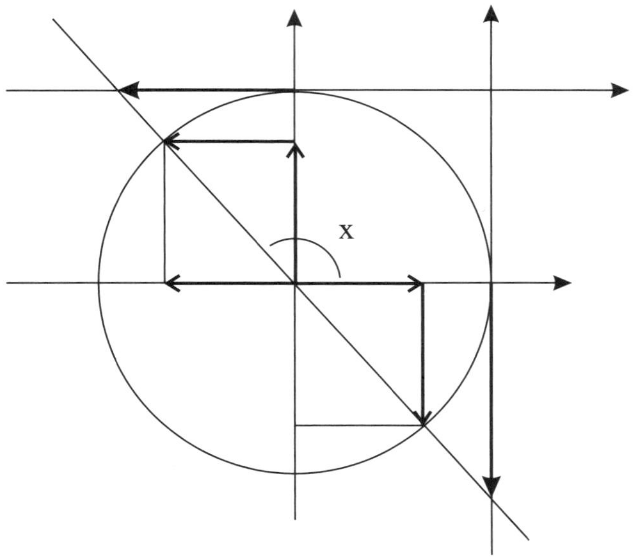

Note que para x no 2º quadrante, por semelhança, inclusive analisando os sinais de sen x , cos x , tg x e cotg x , obtemos:

1º) $\dfrac{\cos x}{1} = \dfrac{\text{sen}\,x}{\text{tg}\,x} \Rightarrow \text{tg}\,x = \dfrac{\text{sen}\,x}{\cos x}$

2º) $\dfrac{\text{sen}\,x}{1} = \dfrac{\cos x}{\text{cotg}\,x} \Rightarrow \text{cotg}\,x = \dfrac{\cos x}{\text{sen}\,x}$

Verificamos facilmente que essas relações também são válidas para x nos outros quadrantes.

85 Determine **cotg x** nos casos:

a) cossec x = $\sqrt{5}$ b) cossec x = 19 c) tg x = $\frac{6\sqrt{5}}{5}$

86 Determine **tg x** nos casos:

a) sen x = $\frac{\sqrt{3}}{3}$ b) cos x = $\frac{1}{4}$ c) cossec x = $\frac{5}{2}$

d) sec x = $\sqrt{17}$

e) cotg x = $\frac{7}{19}$

87 Determine **cotg x** nos casos:

a) sen x = $\frac{5}{6}$ b) cos x = $\frac{\sqrt{5}}{7}$ c) sec x = $\frac{7}{2}$

d) cossec x = 15

e) tg x = $\frac{9}{25}$

88 Determine **sec x** nos casos:

a) sen x = $\frac{5}{11}$ b) cossec x = 8 c) cotg x = $\frac{\sqrt{10}}{2}$

d) tg x = $5\sqrt{3}$

e) cos x = $\frac{6}{13}$

89 Determine **cossec x** nos casos:

a) cos x = $\frac{2\sqrt{2}}{5}$ b) sec x = 6 c) tg x = $6\sqrt{2}$

d) cotg x = $4\sqrt{5}$

e) sen x = $\frac{3}{8}$

Resp: 79 a) $\frac{2\sqrt{6}}{5}$ b) $\frac{\sqrt{13}}{4}$ c) $\frac{2}{5}$ 80 a) $\frac{2\sqrt{10}}{7}$ b) $\frac{\sqrt{95}}{10}$ c) $\frac{3}{7}$ 81 a) $\frac{4}{5}$ b) $\frac{12}{13}$ c) $\frac{21}{11}$ d) $\frac{16}{9}$ 82 a) $5\sqrt{2}$ b) $\frac{\sqrt{7}}{2}$ c) 10 83 a) $\sqrt{26}$ b) 8 c) $\frac{9}{2}$

84 a) $2\sqrt{30}$ b) 6 c) $\frac{11}{3}$

Resp: 216 a) secante não se define para $a_k = \frac{\pi}{2} + k \cdot \pi$, $k \in Z$

b) cossecante não se define para $a_k = k \cdot \pi$, $k \in Z$

217 a) a secante cresce de 1 até $+\infty$ e é positiva .

b) cresce de $-\infty$ até -1 e é negativa .

c) decresce de -1 até $-\infty$ e é negativa .

d) decresce de $+\infty$ até 1 e é positiva .

90 Determine **sen x** nos casos:

a) $\cos x = \dfrac{7}{25}$

b) $\sec x = 10$

c) $tg\, x = 2\sqrt{6}$

d) $cotg\, x = \dfrac{2\sqrt{5}}{5}$

e) $cossec\, x = \dfrac{17}{2}$

91 Determine **cos x** nos casos:

a) $sen\, x = \dfrac{\sqrt{6}}{3}$

b) $cossec\, x = \dfrac{4\sqrt{10}}{5}$

c) $cotg\, x = \dfrac{\sqrt{3}}{21}$

d) $tg\, x = \sqrt{15}$

e) $\sec x = \dfrac{\sqrt{21}}{3}$

92 Mostre que $\cos^2 x = \dfrac{1}{1 + tg^2 x}$ e dado $tg\, x = 4\sqrt{3}$, determine $\cos x$.

93 Mostre que $sen^2 x = \dfrac{tg^2 x}{1 + tg^2 x}$ e dado $tg\, x = 3\sqrt{3}$, determine $sen\, x$.

94 Determine:

a) cotg 30º

b) cotg 45º

c) cotg 60º

95 Determine:

a) sec 30º

b) sec 45º

c) sec 60º

Resp: **85** a) 2 b) $6\sqrt{10}$ c) $\dfrac{\sqrt{5}}{6}$ **86** a) $\dfrac{\sqrt{2}}{2}$ b) $\sqrt{15}$ c) $\dfrac{2\sqrt{21}}{21}$ d) 4 e) $\dfrac{19}{7}$

87 a) $\dfrac{\sqrt{11}}{5}$ b) $\dfrac{\sqrt{55}}{22}$ c) $\dfrac{2\sqrt{5}}{15}$ d) $4\sqrt{14}$ e) $\dfrac{25}{9}$ **88** a) $\dfrac{11\sqrt{6}}{24}$ b) $\dfrac{8\sqrt{7}}{21}$

c) $\dfrac{\sqrt{35}}{5}$ d) $2\sqrt{19}$ e) $\dfrac{13}{6}$ **89** a) $\dfrac{5\sqrt{17}}{17}$ b) $\dfrac{6\sqrt{35}}{35}$ c) $\dfrac{\sqrt{146}}{12}$ d) 9 e) $\dfrac{8}{3}$

216 Determine os conjuntos a_k de todos os números reais que são as medidas (em radianos) dos arcos para os quais **não se define**:

a) sec (a_k)

b) cossec (a_k)

217 Diga se **sec a** ($\widehat{AM} = a$) cresce ou decresce e se é positiva ou negativa quando (M percorre o ciclo no sentido anti-horário) :

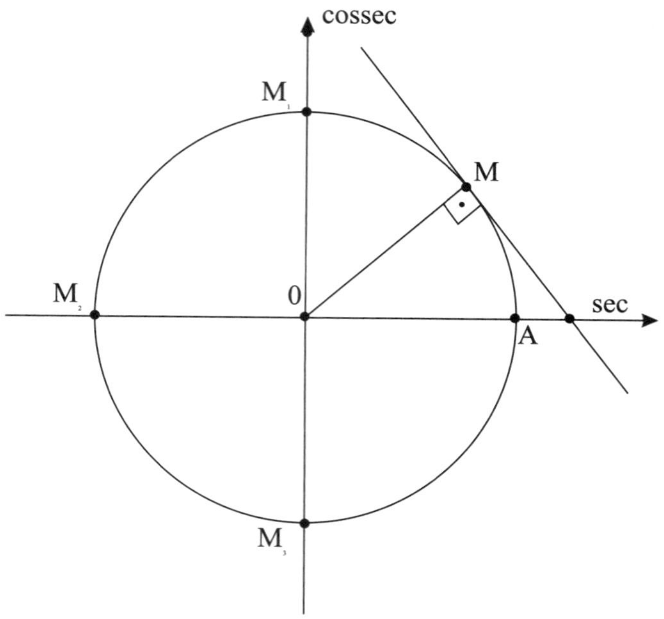

a) M varia de A até M_1.

b) M varia de M_1 até M_2.

c) M varia de M_2 até M_3.

d) M varia de M_3 até A .

Resp: 215 a) 1 b) $\frac{2\sqrt{3}}{3}$ c) $\sqrt{2}$ d) 2 e) $\nexists$ f) -2

g) $\sqrt{2}$ h) $-\frac{2\sqrt{3}}{3}$ i) -1 j) $-\frac{2\sqrt{3}}{3}$ k) $-\sqrt{2}$ l) -2

m) $\nexists$ n) 2 o) $\sqrt{2}$ p) $\frac{2\sqrt{3}}{3}$ q) 1 r) $\sqrt{2}$

s) $-\frac{2\sqrt{3}}{3}$ t) $\nexists$ u) -1 v) 2 w) -2 x) $\frac{2\sqrt{3}}{3}$

y) $\nexists$ z) 1

96 Determine:

a) cossec 30º

b) cossec 45º

c) cossec 60º

97 Dado $\operatorname{sen} x = \dfrac{\sqrt{5}}{3}$, determine as outras razões trigonométricas de x.

98 Dado $\cos x = \dfrac{5}{13}$, determine as outras razões.

99 Dado $\sec x = \dfrac{17}{8}$, determine as outras razões.

100 Dado $\operatorname{cossec} x = \dfrac{4}{3}$, determine as outras razões.

101 Dado $\operatorname{tg} x = \dfrac{4}{3}$, determine as outras razões.

Resp: **90** a) $\dfrac{24}{25}$ b) $\dfrac{3\sqrt{11}}{10}$ c) $\dfrac{2\sqrt{6}}{5}$ d) $\dfrac{\sqrt{5}}{3}$ e) $\dfrac{2}{17}$ **91** a) $\dfrac{\sqrt{3}}{3}$ b) $\dfrac{3\sqrt{6}}{8}$

c) $\dfrac{\sqrt{37}}{74}$ d) $\dfrac{1}{4}$ e) $\dfrac{\sqrt{21}}{7}$ **92** Partir de $\cos x = \dfrac{1}{\sec x}$, $\cos x = \dfrac{1}{7}$

93 Partir de $\operatorname{tg} x = \dfrac{\operatorname{sen} x}{\cos x} \Rightarrow \operatorname{sen} x = \operatorname{tg} x \cdot \cos x$, $\operatorname{sen} x = \dfrac{3\sqrt{21}}{14}$

94 a) $\sqrt{3}$ b) 1 c) $\dfrac{\sqrt{3}}{3}$ **95** a) $\dfrac{2\sqrt{3}}{3}$ b) $\sqrt{2}$ c) 2

215

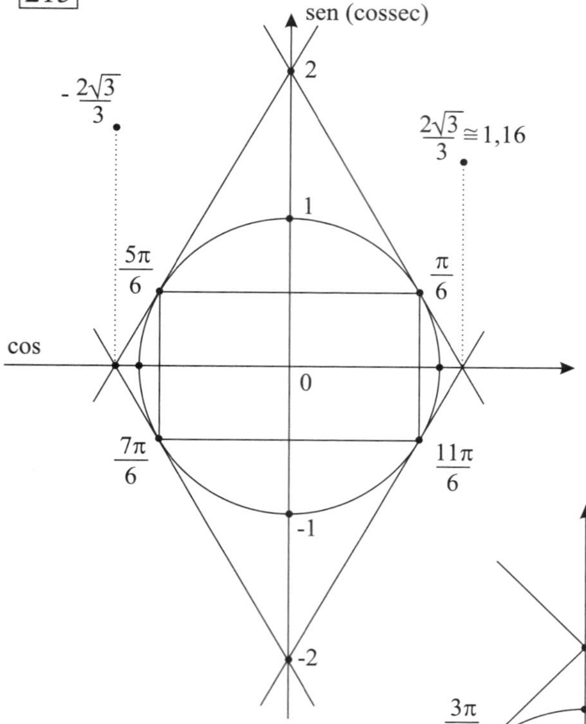

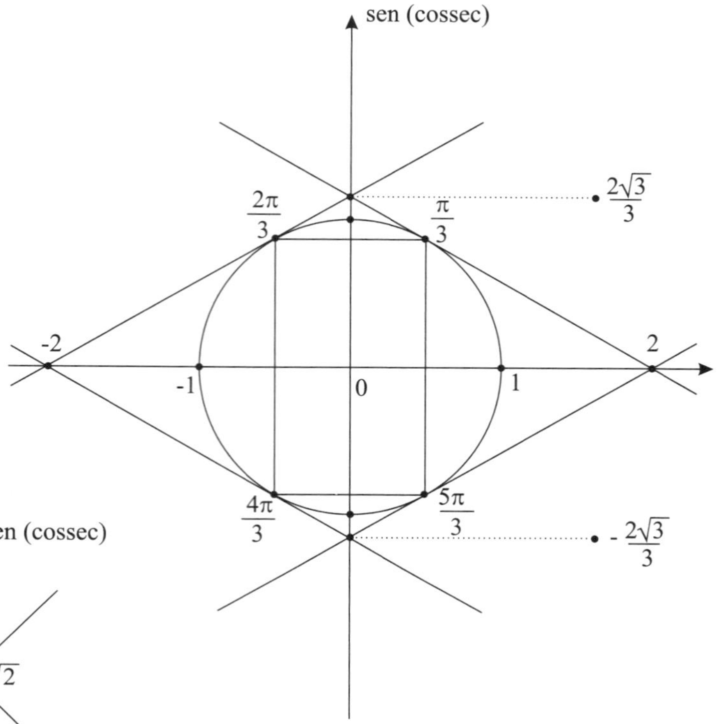

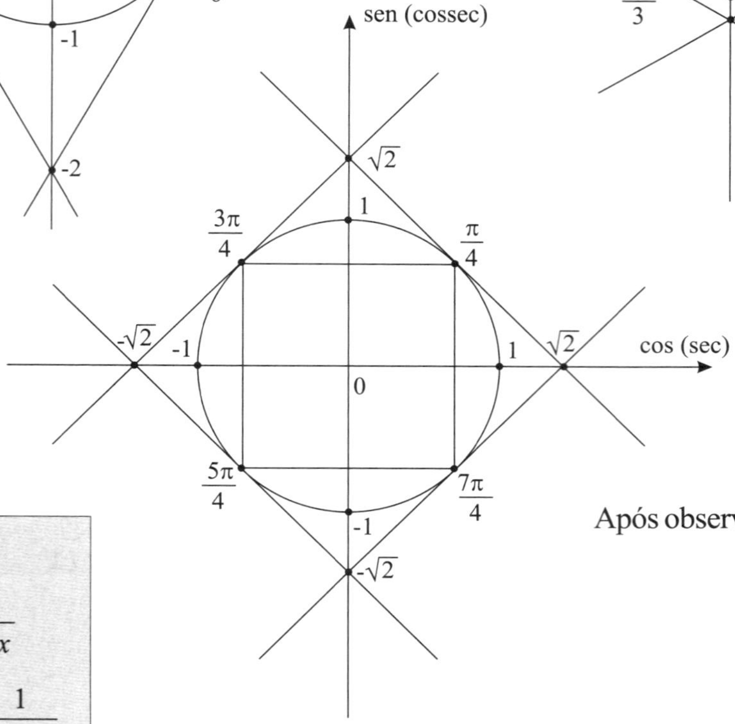

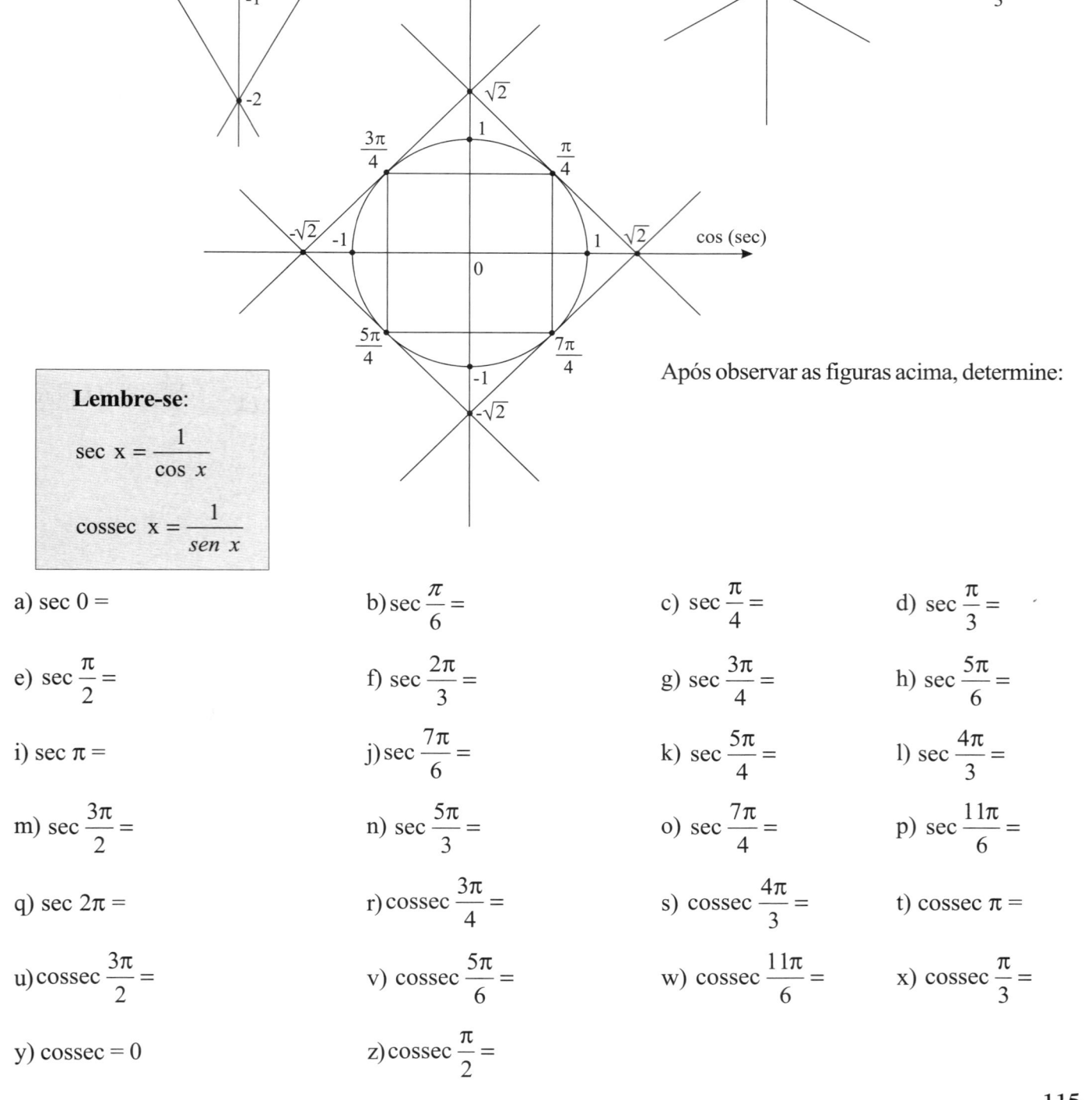

Após observar as figuras acima, determine:

Lembre-se:

$$\sec x = \frac{1}{\cos x}$$

$$\text{cossec } x = \frac{1}{sen\ x}$$

a) $\sec 0 =$ b) $\sec \frac{\pi}{6} =$ c) $\sec \frac{\pi}{4} =$ d) $\sec \frac{\pi}{3} =$

e) $\sec \frac{\pi}{2} =$ f) $\sec \frac{2\pi}{3} =$ g) $\sec \frac{3\pi}{4} =$ h) $\sec \frac{5\pi}{6} =$

i) $\sec \pi =$ j) $\sec \frac{7\pi}{6} =$ k) $\sec \frac{5\pi}{4} =$ l) $\sec \frac{4\pi}{3} =$

m) $\sec \frac{3\pi}{2} =$ n) $\sec \frac{5\pi}{3} =$ o) $\sec \frac{7\pi}{4} =$ p) $\sec \frac{11\pi}{6} =$

q) $\sec 2\pi =$ r) $\text{cossec } \frac{3\pi}{4} =$ s) $\text{cossec } \frac{4\pi}{3} =$ t) $\text{cossec } \pi =$

u) $\text{cossec } \frac{3\pi}{2} =$ v) $\text{cossec } \frac{5\pi}{6} =$ w) $\text{cossec } \frac{11\pi}{6} =$ x) $\text{cossec } \frac{\pi}{3} =$

y) $\text{cossec} = 0$ z) $\text{cossec } \frac{\pi}{2} =$

102 Dado $\text{cotg } x = \dfrac{\sqrt{2}}{4}$, determine as outras razões

103 Determine tg x sabendo que $5 \text{ sen} x - 5 \cos x = \sqrt{5}$.

104 Se $\text{sen } x = \dfrac{m-1}{m}$ *e* $\cos x = \dfrac{m-2}{m}$, determine tg x .

105 Se $\text{tg } x + \text{cotg } x = m$, determine $\text{tg}^3 x + \text{cotg}^3 x$.

Resp: **96** a) 2 b) $\sqrt{2}$ c) $\dfrac{2\sqrt{3}}{3}$ **97** $\text{cossec } x = \dfrac{3\sqrt{5}}{5}$, $\cos x = \dfrac{2}{3}$, $\sec x = \dfrac{3}{2}$, $\text{tg } x = \dfrac{\sqrt{5}}{2}$, $\text{cotg } x = \dfrac{2\sqrt{5}}{5}$

98 $\sec x = \dfrac{13}{5}$, $sen\, x = \dfrac{12}{13}$, $\text{cossec}\, x = \dfrac{13}{12}$, $\text{tg}\, x = \dfrac{12}{5}$, $\text{cotg}\, x = \dfrac{5}{12}$

99 $\cos x = \dfrac{8}{17}$, $sen\, x = \dfrac{15}{17}$, $\text{cossec}\, x = \dfrac{17}{15}$, $\text{tg}\, x = \dfrac{15}{8}$, $\text{cotg}\, x = \dfrac{8}{15}$

100 $\text{sen}\, x = \dfrac{3}{4}$, $\cos x = \dfrac{\sqrt{7}}{4}$, $\sec x = \dfrac{4\sqrt{7}}{7}$, $\text{tg}\, x = \dfrac{3\sqrt{7}}{7}$, $\text{cotg}\, x = \dfrac{\sqrt{7}}{3}$

101 $\text{cotg}\, x = \dfrac{3}{4}$, $\sec x = \dfrac{5}{3}$, $\cos x = \dfrac{3}{5}$, $sen\, x = \dfrac{4}{5}$, $\text{cossec}\, x = \dfrac{5}{4}$

Seja M a imagem do arco $\widehat{AM}$ = a (medido em graus ou radianos) e seja **r** a reta tangente ao ciclo trigomométrico no ponto M e, conseqüêntemente, perpendicular ao raio OM . Chamando de **P** e **Q** , respectivamente, as interseções da **reta r** com o eixo horizontal (cossenos) e vertical (senos) podemos, então, definir:

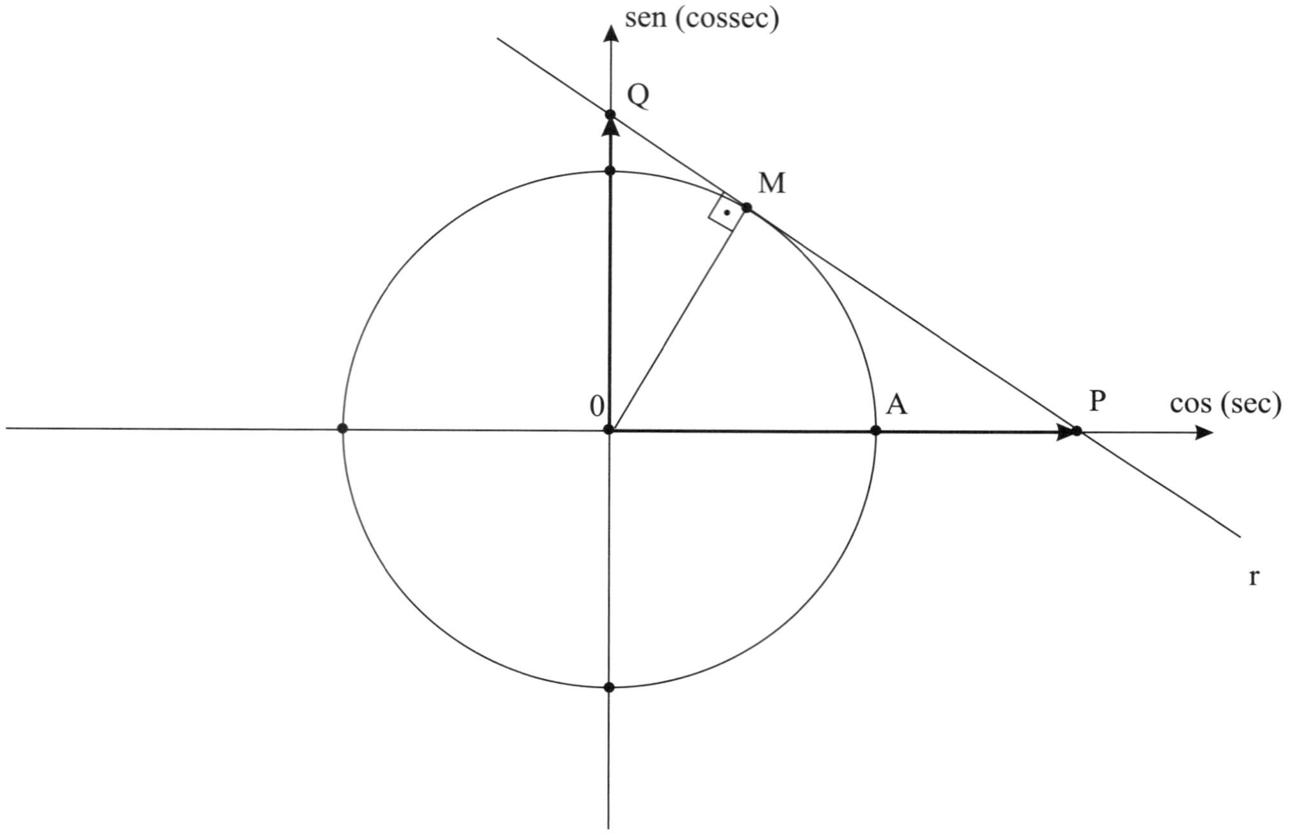

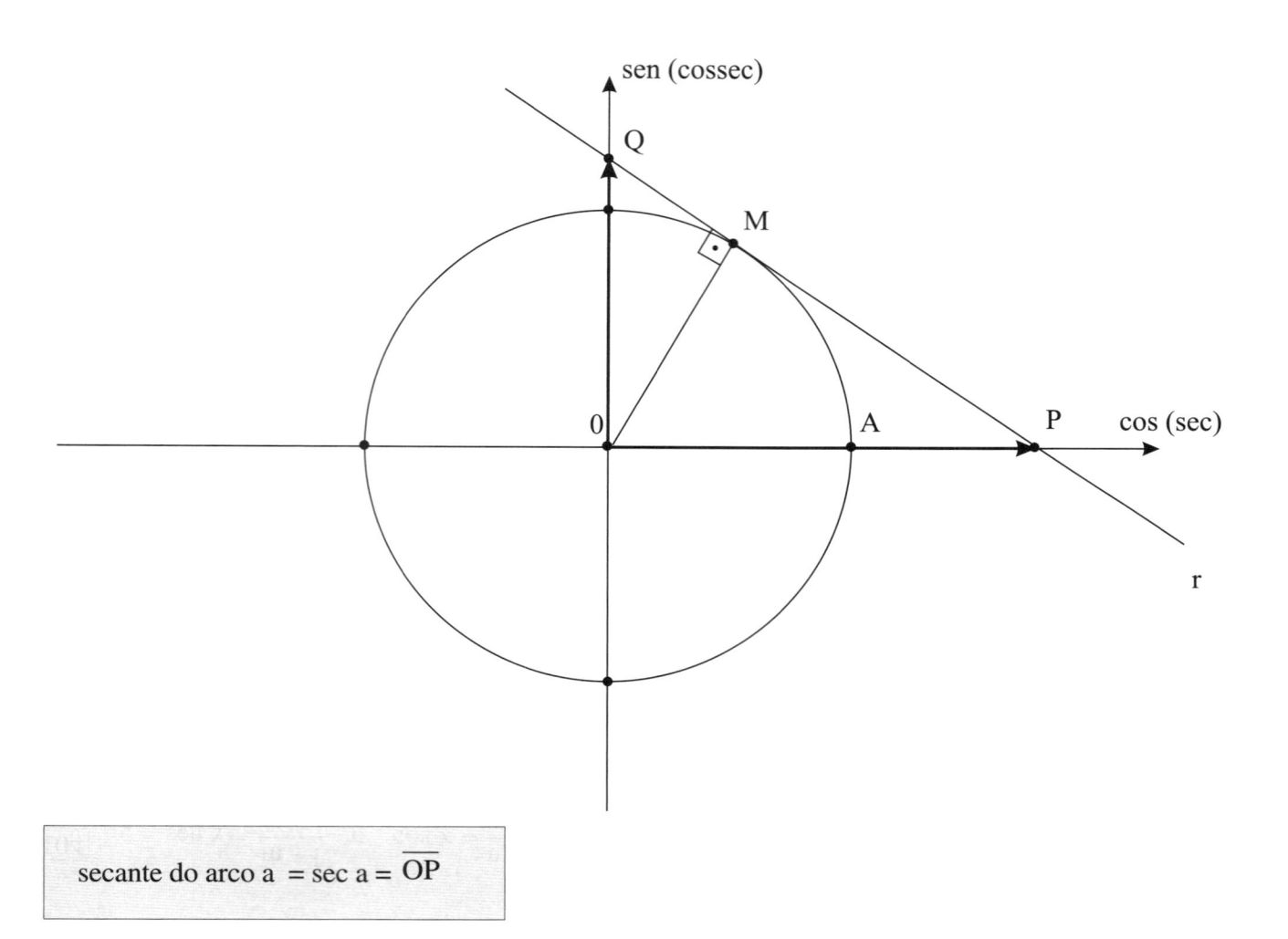

secante do arco a = sec a = $\overline{OP}$

onde $\overline{OP}$ é a medida algébrica do segmento $\overrightarrow{OP}$

e

cossecante do arco a = cossec a = $\overline{OQ}$

onde $\overline{OQ}$ é a medida algébrica do segmento $\overrightarrow{OQ}$

Resp: $\sec\frac{\pi}{4}=\sqrt{2}$ $\sec\frac{\pi}{3}=2$ $\sec\frac{\pi}{2}=\nexists$ $\text{cossec}\,0=\nexists$

$\text{cossec}\frac{\pi}{6}=2$ $\text{cossec}\frac{\pi}{4}=\sqrt{2}$ $\text{cossec}\frac{\pi}{3}=\frac{2\sqrt{3}}{3}$ $\text{cossec}\frac{\pi}{2}=1$

106 Se $\text{tg}\,\alpha = \dfrac{4}{3}$, determine o valor de $y = \dfrac{6\,\text{sen}\,\alpha - 4\cos\alpha}{\cos\alpha - 3\,\text{sen}\,\alpha}$

107 Simplifique as seguintes expressões: (x é a medida de um ângulo agudo)

a) $y = \dfrac{1}{1+\text{tg}^2 x}$

b) $y = \dfrac{\text{tg}^2 x}{1+\text{tg}^2 x}$

c) $y = \text{tg}\,x \,.\, (\text{cossec}\,x + 1)(\text{cossec}\,x - 1)$

d) $y = \dfrac{\text{cossec}\,x}{\cos x} - \dfrac{\text{sen}\,x}{\cos x}$

e) $y = \dfrac{1}{\sec x - \text{tg}\,x} + \dfrac{1}{\sec x + \text{tg}\,x}$

f) $y = \dfrac{\text{tg}\,x\,(1+\text{cotg}^2\,x)}{1+\text{tg}^2\,x}$

108 Mostre que a igualdade é uma identidade nos casos:

a) $1 - \cos^2 x - \text{sen}^2 x\cos^2 x = \text{sen}^4 x$

b) $\dfrac{1}{\text{sen}\,x+1} - \dfrac{1}{\text{sen}\,x-1} = 2\sec^2 x$

Resp: 102 $\text{tg}\,x = 2\sqrt{2}$, $\sec x = 3$, $\cos x = \dfrac{1}{3}$, $\text{sen}\,x = \dfrac{2\sqrt{2}}{3}$, $\text{cossec}\,x = \dfrac{3\sqrt{2}}{4}$ 103 2

104 $\dfrac{4}{3}$ 105 $m^3 - 3m$

3) Funções secante e cossecante

Como veremos a seguir a **função secante** (y = sec x) será definida no **eixo dos cossenos** (Ox) e a **função cossecante** (y = cossec x) no **eixo dos senos** (Oy). Antes, entretanto, vamos relembrar as secantes e cossecantes de arcos notáveis do 1º quadrante.

Lembrando que $\mathbf{sec\ x} = \dfrac{\mathbf{1}}{\mathbf{cos\ x}}$ e que $\mathbf{cossec\ x} = \dfrac{\mathbf{1}}{\mathbf{sen\ x}}$

podemos calcular: $\sec 0 = \dfrac{1}{\cos 0} = \dfrac{1}{1} = 1$

$$\sec \frac{\pi}{6} = \frac{1}{\cos \frac{\pi}{6}} = \frac{1}{\frac{\sqrt{3}}{2}} = \frac{2}{\sqrt{3}} = \frac{2\sqrt{3}}{3}$$

Complete, agora, os seguintes valores:

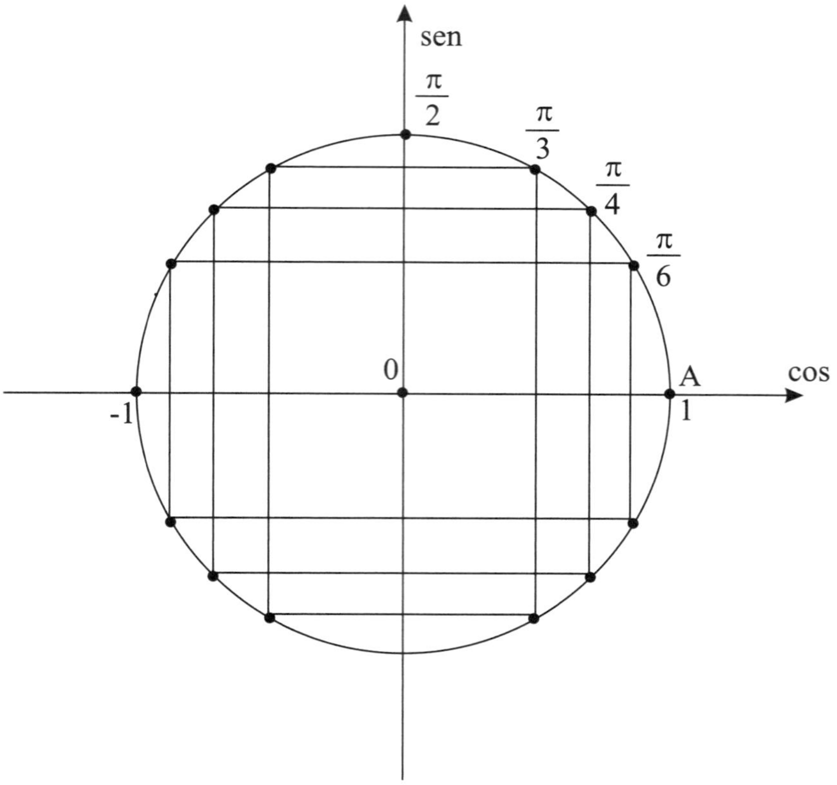

$\sec \dfrac{\pi}{4} =$

$\sec \dfrac{\pi}{3} =$

$\sec \dfrac{\pi}{2} =$

$\text{cossec } 0 =$

$\text{cossec } \dfrac{\pi}{6} =$

$\text{cossec } \dfrac{\pi}{4} =$

$\text{cossec } \dfrac{\pi}{3} =$

$\text{cossec } \dfrac{\pi}{2} =$

Resp: 214 a) $S = \{ x \in R \mid x = \frac{\pi}{4} + k.\pi, k \in Z \}$ b) $S = \{ x \in R \mid x = \frac{2\pi}{3} + k.\pi, k \in Z \}$

c) $S = \{ x \in R \mid x = k.\pi, k \in Z \}$ d) $S = \{ x \in R \mid x = \frac{\pi}{6} + k.\pi, k \in Z \}$

e) $S = \{ x \in R \mid x = \frac{2\pi}{3} + k.\pi, k \in Z \}$

109 Demonstre as seguintes identidades:

a) $\dfrac{\cos x}{1-\text{tg } x}+\dfrac{\text{sen } x}{1-\text{cotg } x}=\cos x+\text{sen } x$

b) $\dfrac{\cos x}{1+\text{cossec } x}-\dfrac{\cos x}{1-\text{cossec } x}=2\ \text{tg } x$

c) $\dfrac{1-\cos x}{\text{sen } x}+\dfrac{\text{sen } x}{1-\cos x}=2\ \text{cossec } x$

d) $(\text{sen } x-\text{cotg } x)\,(\text{sen } x+\text{cotg } x)=1-\dfrac{\cos^2 x(\text{sen}^2 x+1)}{\text{sen}^2 x}$

e) $\dfrac{1-\text{sen } x}{\sec x}=\dfrac{\cos^3 x}{1+\text{sen } x}$

Resp: **106** $-\dfrac{4}{3}$ **107** a) $\cos^2 x$ b) $\text{sen}^2 x$ c) cotg x d) cotg x e) 2 sec x f) cotg x

214 Observando a figura, determine os conjuntos de todos os arcos $x \in R$ em radianos tais que:

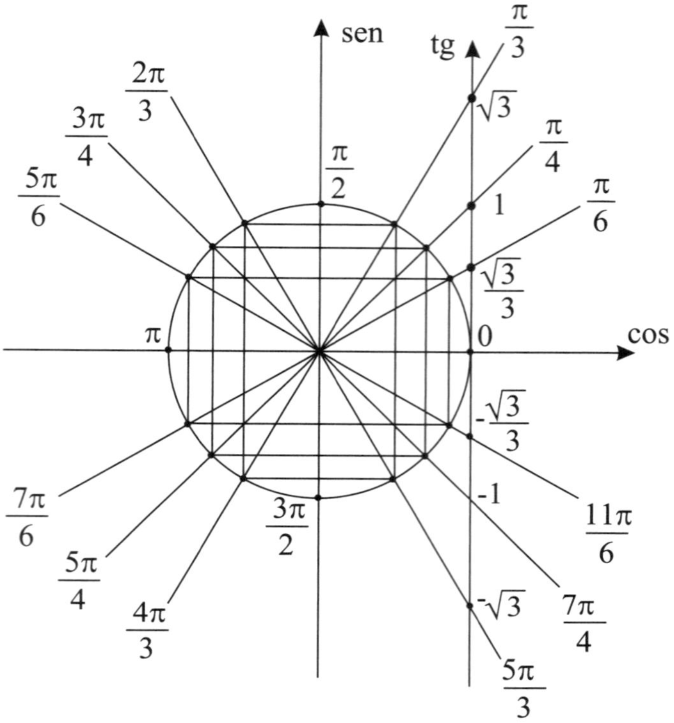

a) $tg\ x = 1$

b) $tg\ x = -\sqrt{3}$

c) $tg\ x = 0$

d) $tg\ x = \frac{\sqrt{3}}{3}$

e) $cotg\ x = -\frac{\sqrt{3}}{3}$

110 Demonstre as seguintes identidades:

a) $\cos x - \operatorname{sen} x = \dfrac{\operatorname{cossec} x - \sec x}{\operatorname{cossec} x \sec x}$

b) $\dfrac{\operatorname{cossec} x + \operatorname{cotg} x}{\operatorname{cossec} x + \operatorname{cotg} x - \operatorname{sen} x} = \sec x$

c) $\sec^2 x + \operatorname{cossec}^2 x = \sec^2 x \,.\, \operatorname{cossec}^2 x$

d) $\operatorname{tg}^2 x - \operatorname{sen}^2 x = \operatorname{tg}^2 x \,.\, \operatorname{sen}^2 x$

e) $\dfrac{\operatorname{cotg} x - \operatorname{tg} x}{\operatorname{sen} x \cos x} = \operatorname{cossec}^2 x - \sec^2 x$

f) $\dfrac{\operatorname{sen} x}{1 - \cos x} = \dfrac{1 + \cos x}{\operatorname{sen} x}$

g) $\dfrac{\operatorname{sen} x + \operatorname{tg} x}{\operatorname{cotg} x + \operatorname{cossec} x} = \operatorname{sen} x \operatorname{tg} x$

213 Observando atentamente as figuras deste exercício, esboce o gráfico da função tangente $y = \text{tg}\,x$ no intervalo $[0\ ,2\pi]$ excluindo os valores em que $\text{tg}\,x$ não está definida:

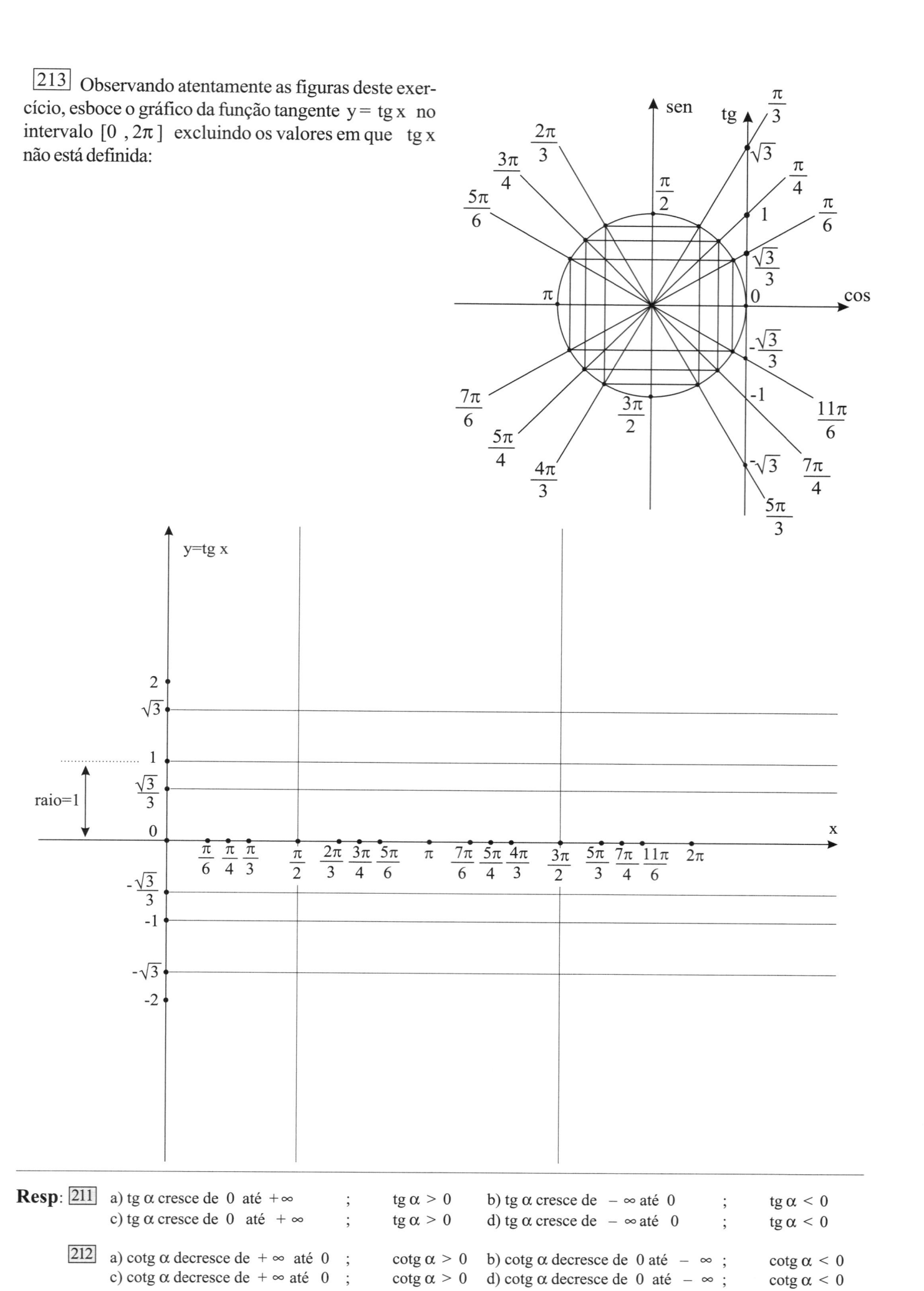

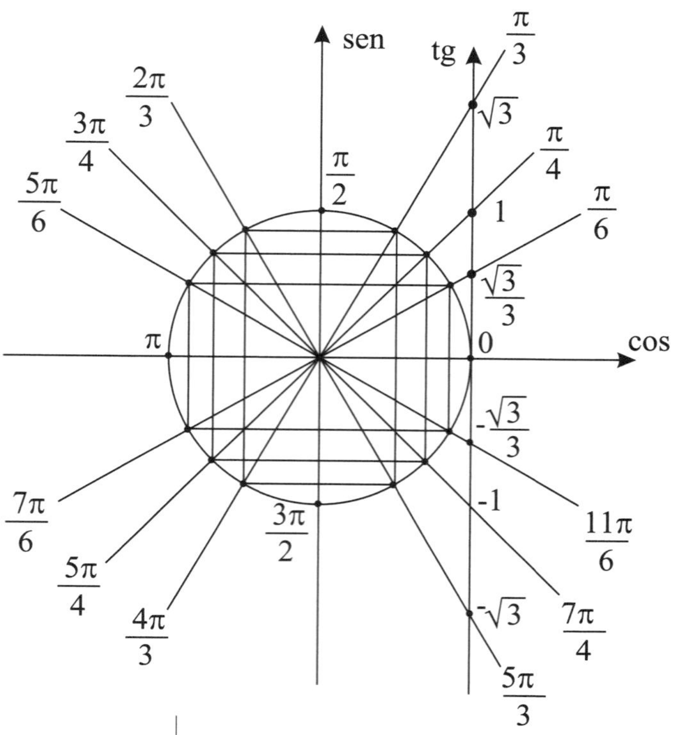

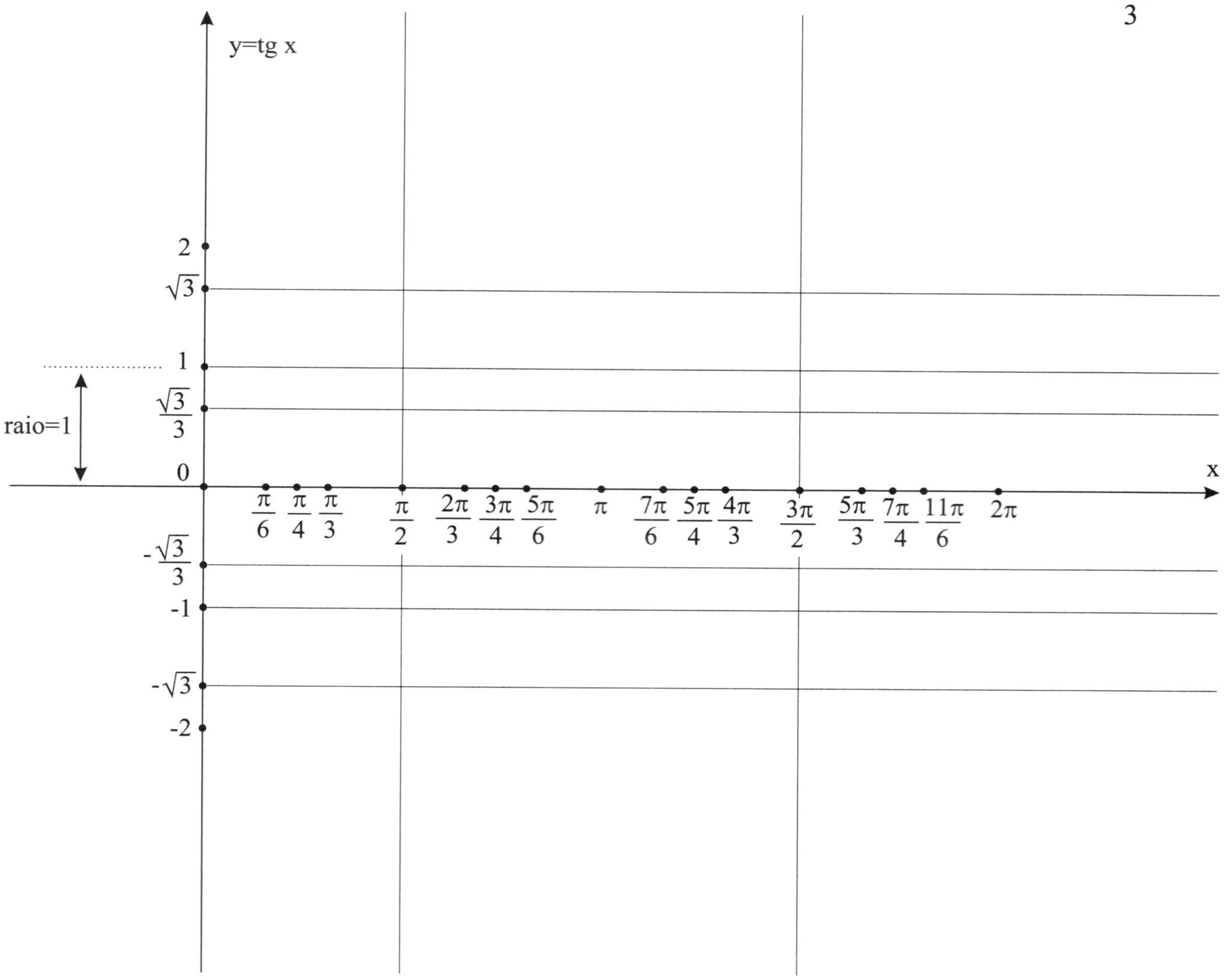

Resp: 211 a) $\text{tg}\,\alpha$ cresce de 0 até $+\infty$; $\text{tg}\,\alpha > 0$ b) $\text{tg}\,\alpha$ cresce de $-\infty$ até 0 ; $\text{tg}\,\alpha < 0$
c) $\text{tg}\,\alpha$ cresce de 0 até $+\infty$; $\text{tg}\,\alpha > 0$ d) $\text{tg}\,\alpha$ cresce de $-\infty$ até 0 ; $\text{tg}\,\alpha < 0$

212 a) $\text{cotg}\,\alpha$ decresce de $+\infty$ até 0 ; $\text{cotg}\,\alpha > 0$ b) $\text{cotg}\,\alpha$ decresce de 0 até $-\infty$; $\text{cotg}\,\alpha < 0$
c) $\text{cotg}\,\alpha$ decresce de $+\infty$ até 0 ; $\text{cotg}\,\alpha > 0$ d) $\text{cotg}\,\alpha$ decresce de 0 até $-\infty$; $\text{cotg}\,\alpha < 0$

111 Dada uma razão trigonométrica determine as outras razões nos casos:
Obs: Neste capítulo os ângulos são sempre agudos e como as razões são entre lados de triângulo, são sempre positivas.

a) $\text{sen } x = \frac{\sqrt{3}}{6}$ b) $\cos x = \frac{\sqrt{5}}{5}$ c) $\text{tg } x = \frac{\sqrt{6}}{6}$ d) $\text{cotg } x = \frac{\sqrt{2}}{2}$ e) $\sec x = \frac{4}{3}$ f) $\text{cossec} = 4$

112 Dado $\text{tg } x = \frac{2\sqrt{3}}{3}$, determine cos x e dado $\text{cotg } y = \frac{\sqrt{2}}{8}$, determine sen y .

113 Sabendo que:

a) $\text{tg } x = 4$, determine $\frac{5\,\text{sen}^2 x - 8\cos^2 x}{3\,\text{sen}^2 x + 6\cos^2 x}$

b) $\text{tg } x = \frac{2}{3}$, determine $\frac{9\,\text{sen}^2 x - 6\,\text{sen } x \cos x - 4}{3\cos^2 x + 2\,\text{sen } x \cos x + 2}$

114 Simplificar as seguintes expressões:

a) $y = \text{sen}^2 x + \text{tg}^2 x + \cos^2 x$

b) $y = \text{sen}^4 x - \cos^4 x + \cos^2 x$

c) $y = \frac{\text{tg } x}{1 - \text{tg}^2 x} + \frac{\text{cotg } x}{1 - \text{cotg}^2 x}$

d) $y = \frac{\text{sen } x}{1 + \cos x} + \frac{\text{sen } x}{1 - \cos x}$

e) $y = \text{tg}^2 x \cos^2 x + \text{cotg}^2 x\, \text{sen}^2 x$

f) $y = \cos^4 x + \text{sen}^2 x \cos^2 x + \text{sen}^2 x$

g) $y = \text{cotg}^2 x - \cos^2 x \,.\, \text{cotg}^2 x - \cos^2 x$

$\sqrt{\frac{1 + \cos x}{1 - \cos x}} - \sqrt{\frac{1 - \cos x}{1 + \cos x}}$

115 Se $\text{tg } x = 2$, determine

a) $\text{sen}^4 x + \cos^4 x$ b) $\text{sen}^6 x + \cos^6 x$ c) $\frac{\text{sen}^4 x - \cos^4 x}{\text{sen}^6 x - \cos^6 x}$ d) $\frac{\text{sen}^3 x - 2\cos^3 x + 3\cos x}{3\,\text{sen } x + 2\cos x}$

116 Prove as seguintes identidades:

a) $\frac{\text{sen}^2 x}{\text{sen } x - \cos} + \frac{\text{sen } x + \cos x}{1 - \text{tg}^2 x} = \text{sen } x + \cos x$

b) $\text{tg}^2 x - \text{sen}^2 x = \text{sen}^2 x \,.\, \text{tg}^2 x$

c) $\text{sen}^3 x\,(1 + \text{cotg } x) + \cos^3 x\,(1 + \text{tg } x) = \text{sen } x + \cos x$

d) $\frac{1}{1 + \text{tg}^2 x} + \frac{1}{1 + \text{cotg}^2 x} = 1$

e) $\frac{\text{tg } x + \text{tg } y}{\text{cotg } x + \text{cotg } y} = \text{tg } x \,.\, \text{tg } y$

f) $\frac{\text{sen } x}{1 + \text{cotg } x} + \frac{\cos x}{1 + \text{tg } x} = \frac{1}{\text{sen } x + \cos x}$

g) $\frac{\text{tg}^2 x}{1 + \text{tg}^2 x} \,.\, \frac{1 + \text{cotg}^2 x}{\text{cotg}^2 x} = \text{tg}^2 x$

h) $\frac{1 - (\text{sen } x + \cos x)^2}{\text{sen } x \cos x - \text{cotg } x} = 2\,\text{tg}^2 x$

i) $1 - \text{sen}^6 y - \cos^6 y = 3\,\text{sen}^2 y \,.\, \cos^2 y$

j) $\cos^2 x\,(1 - \text{tg } x)(1 + \text{tg } x) = \cos^4 x - \text{sen}^4 x$

211 Imagine um ponto M (imagem do arco $\widehat{AM} = \alpha$) percorrendo o ciclo trigonométrico no sentido anti-horário. Diga, em cada caso, se **tg α cresce** ou **decresce** e **se tg α > 0** ou **tg α < 0** (excluindo os pontos A, M_1, M_2 e M_3 do ciclo).

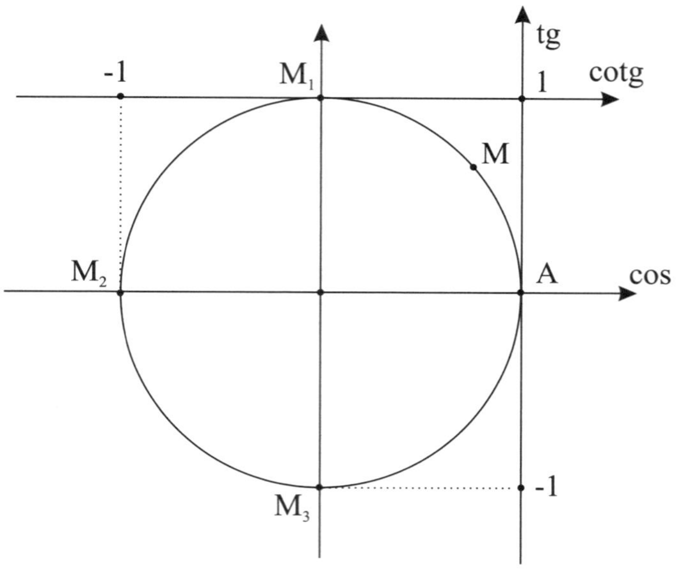

a) M varia de A até M_1.

b) M varia de M_1 até M_2.

c) M varia de M_2 até M_3.

d) M varia de M_3 até A.

212 Observando a figura do exercício anterior, diga o que acontece com cotg α ($\widehat{AM} = \alpha$) quando:

a) M varia de A até M_1.

b) M varia de M_1 até M_2.

c) M varia de M_2 até M_3.

d) M varia de M_3 até A.

Resp: 210 a) 0 b) 1 c) ∄ d) – 1 e) 0 f) 1
g) ∄ h) – 1 i) 0 j) – 1 k) 0 l) 1
m) ∄ n) 0 o) ∄ p) – 1 q) 1 r) – 1

117 Prove as identidades:

a) $\frac{\cos x}{\text{tg } x} + \frac{\text{sen } x}{\text{cotg } x} = (\text{sen } x + \cos x)(\text{tg } x + \text{cotg } x - 1)$

b) $2\,\text{sen}^2 y - \cos^2 y\ (\text{tg}^2 y + \text{cotg}^2 y) + (\text{tg} y - \text{cotg } y)^2 + 1 = \text{tg}^2 y$

c) $(1 + 2\,\text{sen } y \cos y)(\text{tg } y - 1) = (\text{sen}^2 y - \cos^2 y)(\text{tg } y + 1)$

d) $(\text{tg } x + \text{cotg } x)(1 + \cos x)(1 - \cos x) = \text{tg } x$

e) $2(\cos^6 y + \text{sen}^6 y) - 3(\cos^4 y + \text{sen}^4 y) = -1$

f) $\frac{\cos^2 x - \cos^2 x\,\text{sen}^2 y}{\text{sen}^2 x\,.\,\text{sen}^2 y} = \text{cotg}^2 x\,.\,\text{cotg}^2 y$

g) $\text{sen}^2 x\ \text{sen}^2 y + \text{sen}^2 x \cos^2 y + \cos^2 x = 1$

h) $\frac{1 + \cos x}{1 - \cos x} - \frac{\text{cossec } x - \text{cotg } x}{\text{cossec } x + \text{cotg } x} = \frac{4 \sec x}{\sec^2 x - 1}$

i) $\frac{\text{tg}^3 x + \text{sen } x \sec x - \text{sen } x \cos x}{\sec x - \cos x} = \text{sen } x + \sec x\ \text{tg } x$

118 Mostre que as seguintes igualdades são identidades

a) $\frac{\text{tg } y\,(\text{sen } x - \cos y) + \text{sen } y\,(1 + \cos x\,.\sec y)}{\text{sen } x + \cos x} = \text{tg } y$

b) $\frac{(\text{sen } x + \cos y)^2 + (\cos y - \text{sen } x)(\cos y\,.\,\text{sen } x)}{\cos y + \text{sen } x} = 2 \cos y$

c) $\frac{\cos x - \text{sen } x + 1}{\cos x + \text{sen } x - 1} = \frac{\text{sen } x}{1 - \cos x}$

d) $(x\ \text{sen}\ \alpha - y \cos \alpha)^2 + (x \cos \alpha + y\ \text{sen}\ \alpha)^2 = x^2 + y^2$

e) $\frac{\cos x\,.\,\text{cotg } x - \text{sen } x\,.\,\text{tg } x}{\text{cossec } x - \sec x} = 1 + \text{sen } x \cos x$

Resp: **111** a) $\text{cossec } x = 2\sqrt{3}$, $\cos x = \frac{\sqrt{33}}{6}$, $\sec x = \frac{2\sqrt{33}}{11}$, $\text{tg } x = \frac{\sqrt{11}}{11}$, $\text{cotg } x = \sqrt{11}$

b) $\text{sen} = \frac{2\sqrt{5}}{5}$, $\sec x = \sqrt{5}$, $\text{cossec } x = \frac{\sqrt{5}}{2}$, $\text{tg } x = 2$, $\text{cotg } x = \frac{1}{2}$

c) $\text{cotg } x = \sqrt{6}$, $\sec x = \frac{\sqrt{42}}{6}$, $\cos x = \frac{\sqrt{42}}{7}$, $\text{sen } x = \frac{\sqrt{7}}{7}$, $\text{cossec } x = \sqrt{7}$

d) $\text{tg } x = \sqrt{2}$, $\sec x = \sqrt{3}$, $\cos x = \frac{\sqrt{3}}{3}$, $\text{sen } x = \frac{\sqrt{6}}{3}$, $\text{cossec } x = \frac{\sqrt{6}}{2}$

e) $\cos x = \frac{3}{4}$, $\text{sen } x = \frac{\sqrt{7}}{4}$, $\text{cossec } x = \frac{4\sqrt{7}}{7}$, $\text{tg } x = \frac{\sqrt{7}}{3}$, $\text{cotg } x = \frac{3\sqrt{7}}{7}$

f) $\text{sen } x = \frac{1}{4}$, $\cos x = \frac{\sqrt{15}}{4}$, $\text{cotg } x = \sqrt{15}$, $\text{tg } x = \frac{\sqrt{15}}{15}$, $\sec x = \frac{4\sqrt{15}}{15}$

112 $\cos x = \frac{\sqrt{21}}{7}$, $\text{sen } y = \frac{4\sqrt{66}}{33}$ **113** a) $\frac{4}{3}$ b) $-\frac{4}{5}$

114 a) $\sec^2 x$ b) $\text{sen}^2 x$ c) 0 d) 2 cossec x e) 1 f) 1 g) 0 h) 2 cotg x

115 a) $\frac{17}{25}$ b) $\frac{13}{25}$ c) $\frac{25}{21}$ d) $\frac{21}{40}$

210 Após observar a figura,

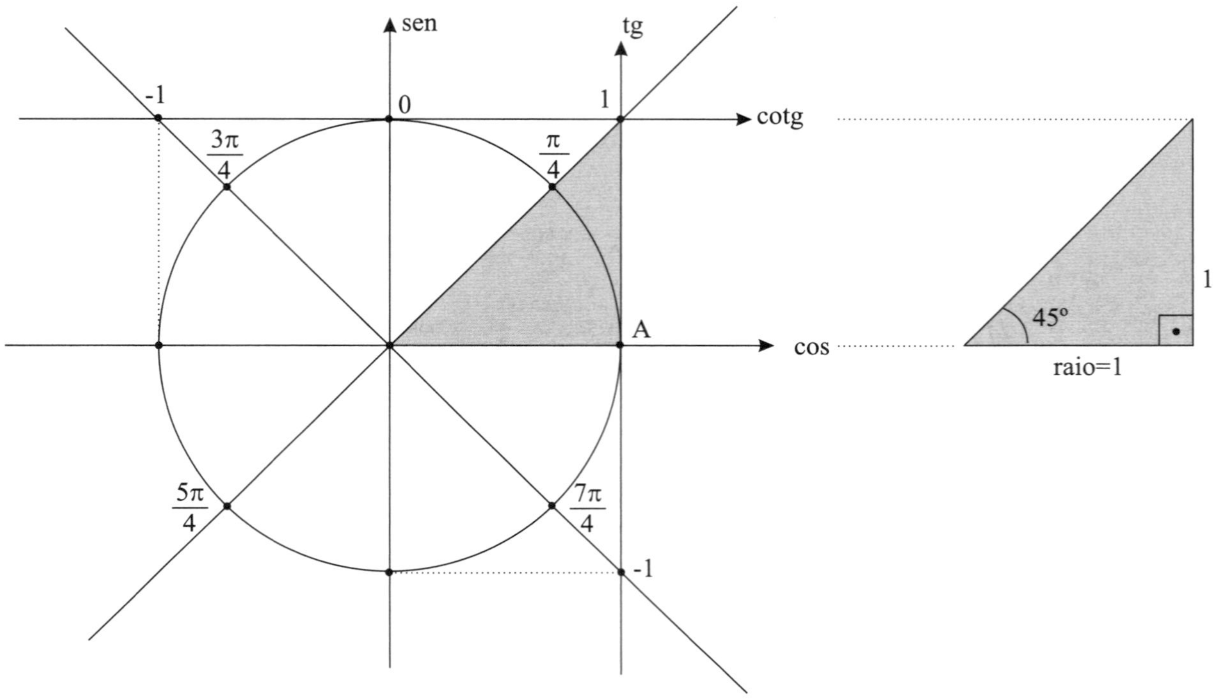

determine:

a) $tg\ 0 =$ b) $tg\ \frac{\pi}{4} =$ c) $tg\ \frac{\pi}{2} =$

d) $tg\ \frac{3\pi}{4} =$ e) $tg\ \pi =$ f) $tg\ \frac{5\pi}{4} =$

g) $tg\ \frac{3\pi}{2} =$ h) $tg\ \frac{7\pi}{4} =$ i) $tg\ 2\pi =$

j) $cotg\ \frac{27\pi}{4} =$ k) $cotg\ \frac{39\pi}{2} =$ l) $cotg\ (-\frac{31\pi}{4}) =$

m) $cotg\ 33\pi =$ n) $cotg\ (-\frac{51\pi}{2}) =$ o) $cotg\ (-42\pi) =$

p) $cotg\ \frac{47\pi}{4} =$ q) $cotg\ \frac{37\pi}{4} =$ r) $cotg\ (-\frac{25\pi}{4}) =$

Resp: 209 a) 0 b) $\frac{\sqrt{3}}{3}$ c) $-\frac{\sqrt{3}}{3}$ d) 0 e) $\frac{\sqrt{3}}{3}$ f) $-\frac{\sqrt{3}}{3}$

g) ∄ h) $\sqrt{3}$ i) 0 j) $-\sqrt{3}$ k) $\sqrt{3}$ l) $-\sqrt{3}$

m) ∄ n) $\sqrt{3}$ o) $\frac{\sqrt{3}}{3}$ p) ∄ q) $\frac{\sqrt{3}}{3}$ r) $-\sqrt{3}$

III SENO, COSSENO E TANGENTE DO ARCO DUPLO

1) **Arco duplo**

Sendo $\boldsymbol{\alpha}$ um ângulo agudo de um triângulo retângulo, oposto ao cateto **a**, **c** a hipotenusa e **b** o outro cateto, com $a < b$, concluimos que $\boldsymbol{\alpha}$ é menor que 45° e 2α é agudo. Vamos apresentar algum modos para o cálculo de sen 2α, cos 2α e tg 2α em função de sen α, cos α e tg α.

Quando definirmos seno, cosseno e tangente de uma arco qualquer, vamos verificar que as fórmulas obtidas aqui continuam válidas.

1º Modo — Considere um ângulo congruente e adjacente a α com **c** comum, cujo lado determina com a reta do cateto **a** um outro triângulo retângulo.

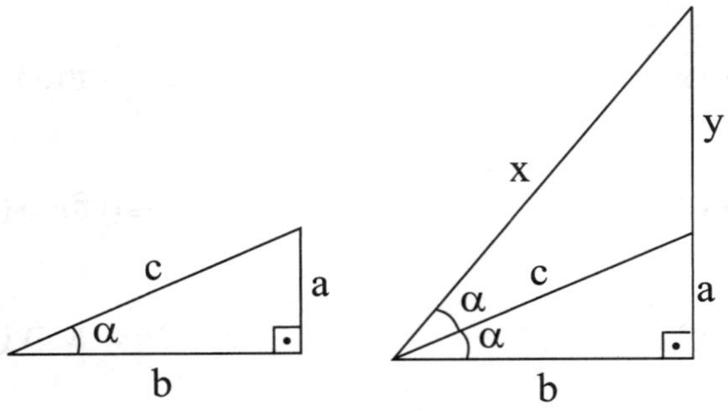

(Veja figura)

Sabemos que $\text{sen}\,\alpha = \dfrac{a}{b}$, $\cos\alpha = \dfrac{b}{c}$ e $\text{tg}\,\alpha = \dfrac{a}{b}$

Vamos calcular **x** e **y** em função de **a**, **b** e **c** :

1º) **Bissetriz interna** $\Rightarrow \dfrac{x}{b} = \dfrac{y}{a} \Rightarrow y = \dfrac{ax}{b}$

2º) **Pitagóras** $\Rightarrow x^2 = (a + y)^2 + b^2 \Rightarrow$

$$\Rightarrow x^2 = \left(a + \frac{ax}{b}\right)^2 + b^2 \Rightarrow x^2 = a^2 + \frac{2a^2x}{b} + \frac{a^2x^2}{b^2} + b^2 \Rightarrow$$

$$\Rightarrow b^2x^2 = a^2b^2 + 2a^2bx + a^2x^2 + b^4 \Rightarrow (b^2 - a^2)\,x^2 - 2a^2bx - a^2b^2 - b^4 = 0$$

$$\Rightarrow (b^2 - a^2)\,x^2 - 2a^2bx - b^2(a^2 + b^2) = 0$$

$$\Delta = 4a^4b^2 + 4b^2(b^2 - a^2)(a^2 + b^2) = 4a^4b^2 + 4b^2(b^4 - a^4) = 4a^4b^2 + 4b^6 - 4a^4b^2$$

$$\Delta = 4b^6$$

$$x = \frac{2a^2b \pm 2b^3}{2(b^2 - a^2)} \Rightarrow x = \frac{2b(a^2 + b^2)}{2(b^2 - a^2)} \Rightarrow \boxed{x = \frac{b(a^2 + b^2)}{b^2 - a^2}} \Rightarrow y = \frac{a}{b}\cdot\frac{b(a^2 + b^2)}{b^2 - a^2} \Rightarrow \boxed{y = \frac{a(a^2 + b^2)}{b^2 - a^2}}$$

$$\text{i) sen}\,2\alpha = \frac{a + y}{x} = \frac{a + \dfrac{a(a^2 + b^2)}{b^2 - a^2}}{\dfrac{b(a^2 + b^2)}{b^2 - a^2}} = \frac{ab^2 - a^3 + a^3 + ab^2}{b(a^2 + b^2)} = \frac{2ab^2}{b.c^2} = 2.\frac{a\,b}{c^2} = 2.\frac{a}{c}.\frac{b}{c}$$

$$\text{sen}\,2\alpha = 2.\frac{a}{c}.\frac{b}{c} \Rightarrow \boxed{\text{sen}\,2\alpha = 2\,\text{sen}\,\alpha\,.\cos\alpha}$$

$$\text{ii) } \cos 2\alpha = \frac{b}{x} = \frac{b}{\dfrac{b(a^2 + b^2)}{b^2 - a^2}} = \frac{b^2 - a^2}{a^2 + b^2} = \frac{b^2 - a^2}{c^2} = \frac{b^2}{c^2} - \frac{a^2}{c^2} = \left(\frac{b}{c}\right)^2 - \left(\frac{a}{c}\right)^2$$

$$\cos 2\alpha = \left(\frac{b}{c}\right)^2 - \left(\frac{a}{c}\right)^2 \Rightarrow \boxed{\cos 2\alpha = \cos^2\alpha - \text{sen}^2\alpha}$$

Observação importante: A função tangente **y = tg x** está definida no domínio $D = \{x \in R \mid x \neq \frac{\pi}{2} + k.\pi, k \in Z\}$ com conjunto - imagem $Im = R$.

A função cotangente **y = cotg x** por sua vez está definida no domínio. $D = \{x \in R \mid x \neq k.\pi, k \in Z\}$ com conjunto - imagem $Im = R$.

209 Determine as tangentes e cotangentes pedidas abaixo:

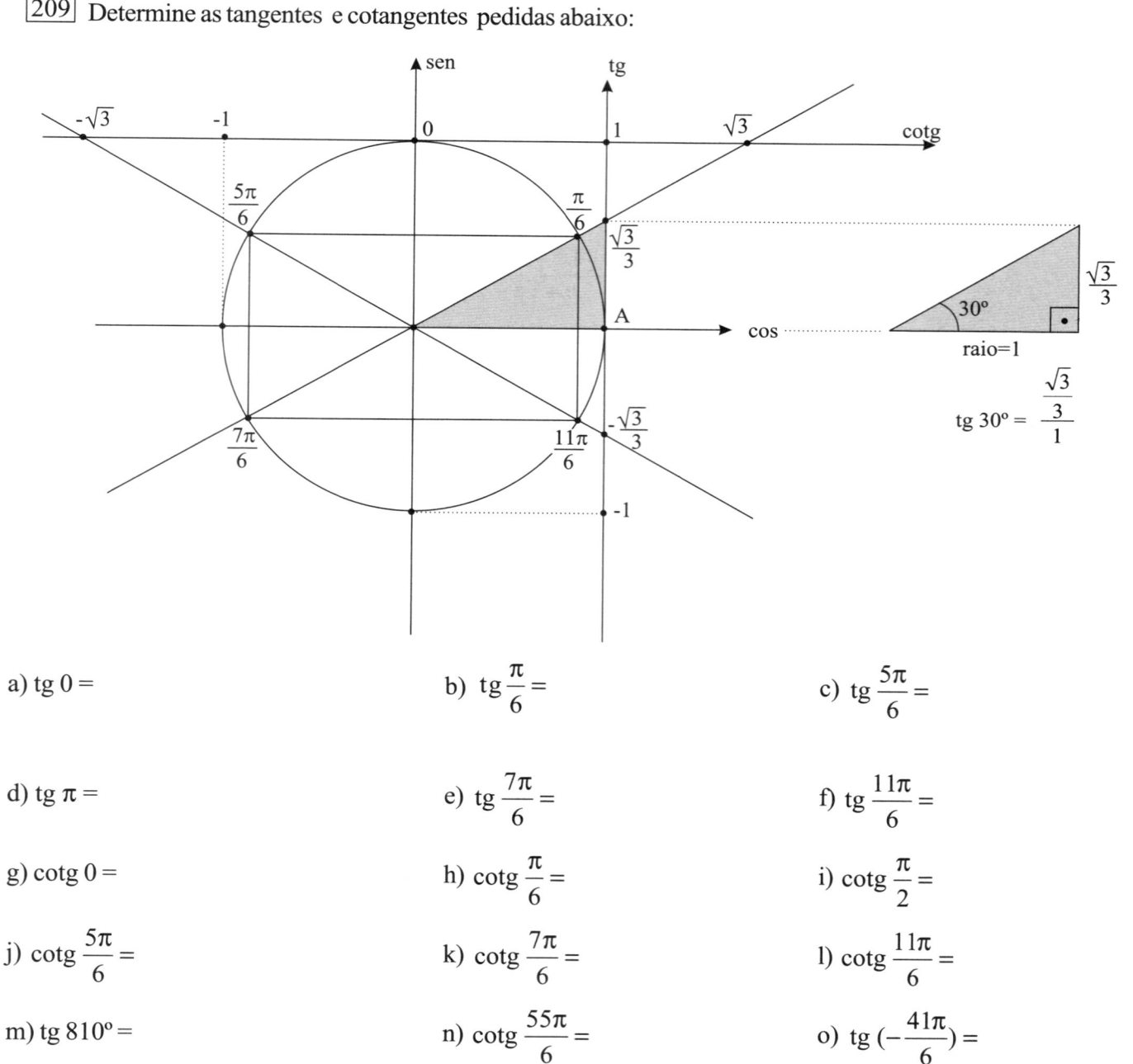

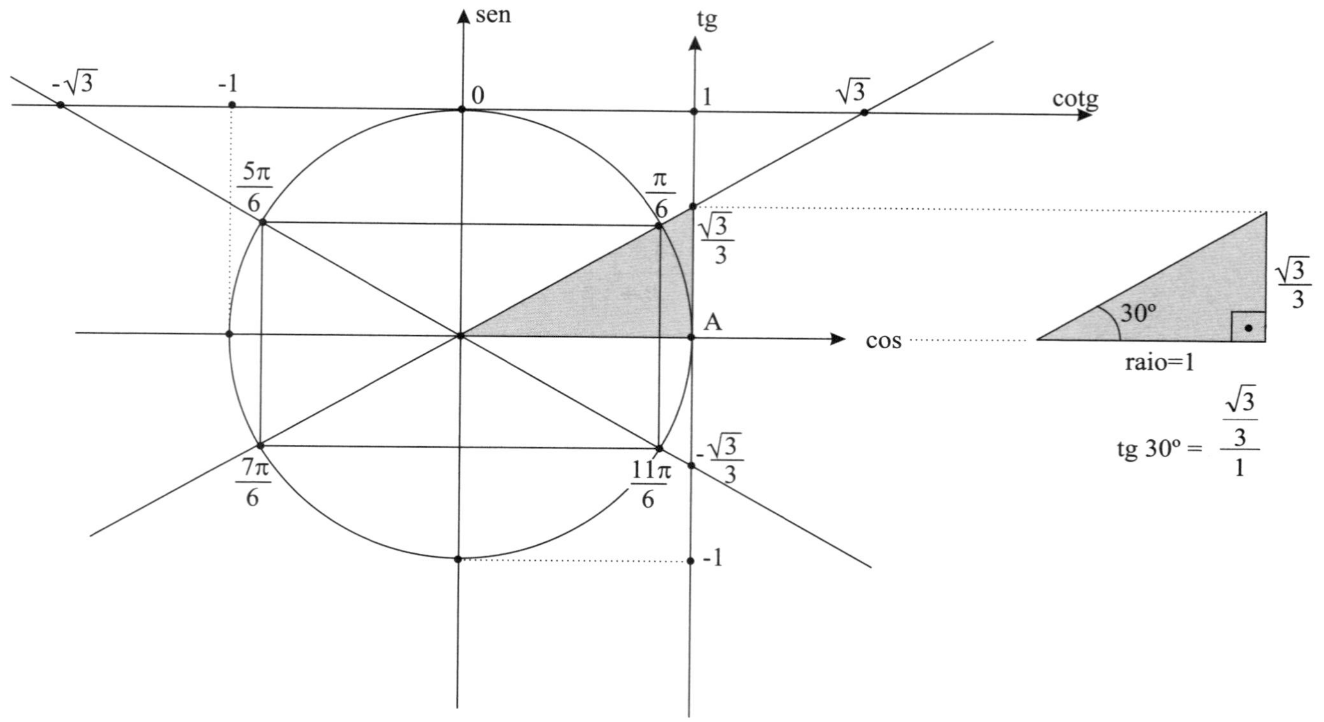

a) $tg\ 0 =$ b) $tg\ \frac{\pi}{6} =$ c) $tg\ \frac{5\pi}{6} =$

d) $tg\ \pi =$ e) $tg\ \frac{7\pi}{6} =$ f) $tg\ \frac{11\pi}{6} =$

g) $cotg\ 0 =$ h) $cotg\ \frac{\pi}{6} =$ i) $cotg\ \frac{\pi}{2} =$

j) $cotg\ \frac{5\pi}{6} =$ k) $cotg\ \frac{7\pi}{6} =$ l) $cotg\ \frac{11\pi}{6} =$

m) $tg\ 810° =$ n) $cotg\ \frac{55\pi}{6} =$ o) $tg\ (-\frac{41\pi}{6}) =$

p) $cotg\ (-7\pi) =$ q) $tg\ (-\frac{71\pi}{6}) =$ r) $cotg\ \frac{29\pi}{6} =$

Resp: **208** a) $\sqrt{3}$ b) $\nexists$ c) $-\sqrt{3}$ d) 0 e) $\sqrt{3}$ f) $\nexists$

g) $-\sqrt{3}$ h) 0 i) $\nexists$ j) $\frac{\sqrt{3}}{3}$ k) 0 l) $-\frac{\sqrt{3}}{3}$

m) $\nexists$ n) $\frac{\sqrt{3}}{3}$ o) 0 p) $-\frac{\sqrt{3}}{3}$ q) $\sqrt{3}$ r) $-\frac{\sqrt{3}}{3}$

Como $\text{sen}^2\,\alpha + \cos^2\alpha = 1$, podemos escrever:

$\text{sen}^2\,\alpha = 1 - \cos^2\alpha$ ou $\cos^2\alpha = 1 - \text{sen}^2\,\alpha$. Logo:

$$\begin{cases} \cos 2\alpha = \cos^2\alpha - (1-\cos^2\alpha) \Rightarrow \boxed{\cos 2\alpha = 2\cos^2\alpha - 1} \\ \text{ou} \\ \cos 2\alpha = (1-\text{sen}^2\,\alpha) - \text{sen}^2\,\alpha \Rightarrow \boxed{\cos 2\alpha = 1 - 2\,\text{sen}^2\,\alpha} \end{cases}$$

Então: $$\cos 2\alpha = \begin{cases} \cos^2\alpha - \text{sen}^2\,\alpha \\ 2\cos^2\alpha - 1 \\ 1 - 2\,\text{sen}^2\,\alpha \end{cases}$$

$$\text{iii) } \text{tg}\,2\alpha = \frac{\text{sen}\,2\alpha}{\cos 2\alpha} = \frac{2\,\text{sen}\,\alpha \,.\, \cos\alpha}{\cos^2\alpha - \text{sen}^2\,\alpha} = \frac{\dfrac{2\,\text{sen}\,\alpha \,.\, \cos\alpha}{\cos^2\alpha}}{\dfrac{\cos^2\alpha - \text{sen}^2\,\alpha}{\cos^2\alpha}} \Rightarrow$$

$$\text{tg}\,2\alpha = \frac{2.\dfrac{\text{sen}\,\alpha}{\cos\alpha}}{\dfrac{\cos^2\alpha}{\cos^2\alpha} - \dfrac{\text{sen}^2\,\alpha}{\cos^2\alpha}} = \frac{2\,\text{tg}\,\alpha}{1-\text{tg}^2\alpha} \Rightarrow \boxed{\text{tg}\,2\alpha = \frac{2\,\text{tg}\,\alpha}{1-\text{tg}^2\alpha}}$$

2º Modo **Por lei dos senos e lei dos cossenos**

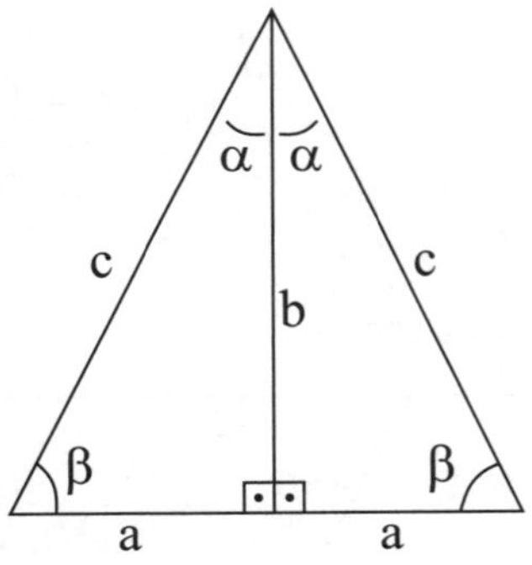

Levando em conta as medidas indicadas na figura, temos

$\text{sen}\,\alpha = \dfrac{a}{c}$ e $\cos\alpha = \dfrac{b}{c}$

1º) **Lei cossenos no triângulo isósceles**

$(2a)^2 = c^2 + c^2 - 2\,c.\,c.\,\cos 2\alpha \Rightarrow$

$\Rightarrow 2c^2 \cos 2\alpha = 2c^2 - 4a^2 \Rightarrow \cos 2\alpha = 1 - 2\,.\,\dfrac{a^2}{c^2} \Rightarrow$

$\Rightarrow \cos 2\alpha = 1 - 2 \left(\dfrac{a}{c}\right)^2 \Rightarrow \boxed{\cos 2\alpha = 1 - 2\,\text{sen}^2\,\alpha}$

Desta expressão tiramos facilmente as outras duas para **cos 2 α**

2º) **Lei dos senos no triângulo isósceles**

$$\frac{c}{\text{sen}\,\beta} = \frac{2a}{\text{sen}\,2\alpha} \Rightarrow \text{sen}\,2\alpha = 2\,\frac{a}{c}\,.\,\text{sen}\,\beta$$

Como $\text{sen}\,\beta = \cos\alpha \Rightarrow$ e $\dfrac{a}{c} = \text{sen}\,\alpha$ obtemos:

$$\boxed{\text{sen}\,2\alpha = 2\,\text{sen}\,\alpha \,.\, \cos\alpha}$$

Obtemos $\text{tg}\,2\alpha$ como no primeiro modo.

EXERCÍCIOS:

208 Após observar a figura abaixo, determine as tangentes e cotangentes pedidas:

Lembre- se: $\sqrt{3} \cong 1{,}73$

$\frac{\sqrt{3}}{3} \cong 0{,}58$

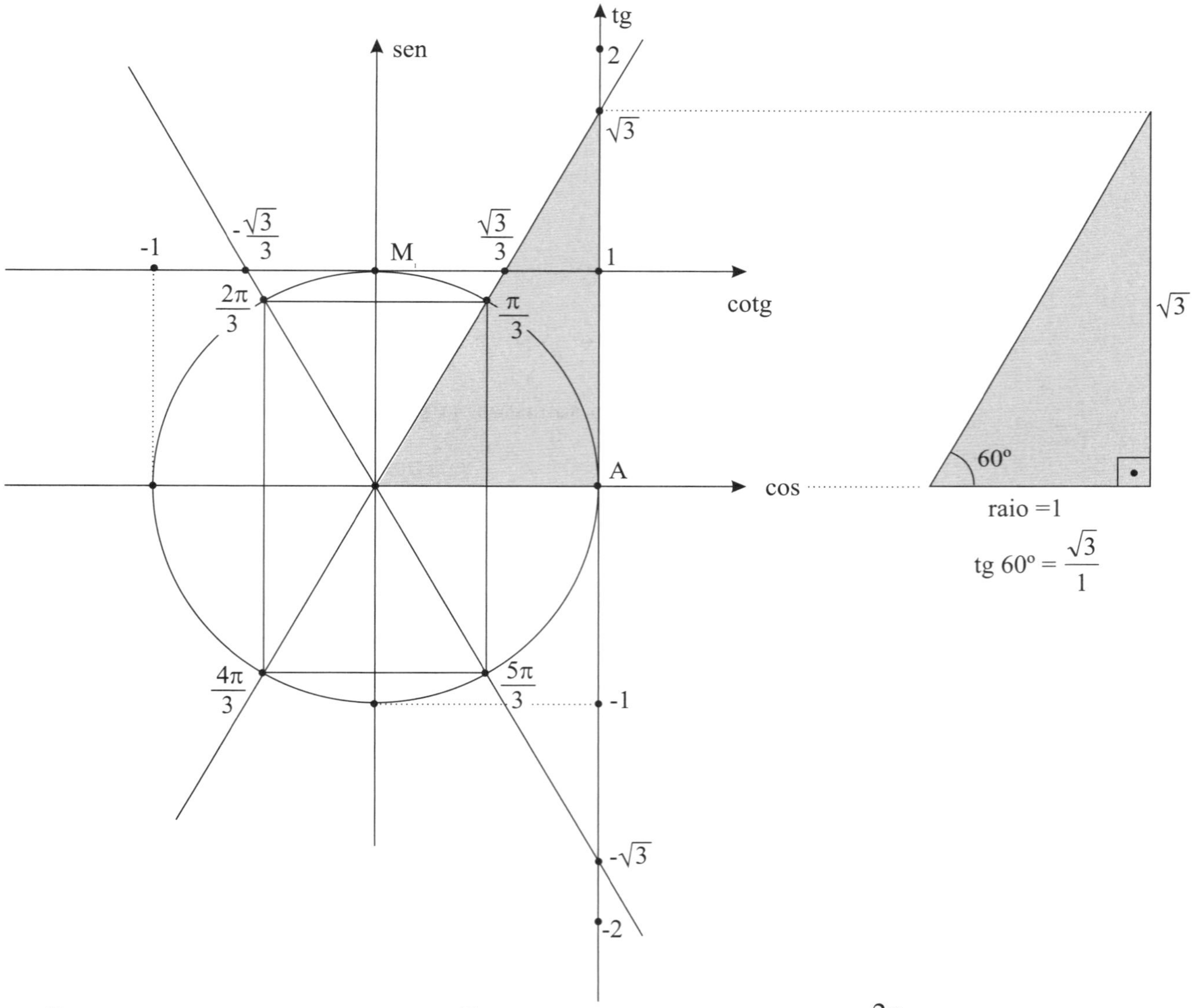

a) $tg\ \frac{\pi}{3} =$ b) $tg\ \frac{\pi}{2} =$ c) $tg\ \frac{2\pi}{3} =$

d) $tg\ \pi =$ e) $tg\ \frac{4\pi}{3} =$ f) $tg\ \frac{3\pi}{2} =$

g) $tg\ \frac{5\pi}{3} =$ h) $tg\ 2\pi =$ i) $cotg\ 0 =$

j) $cotg\ \frac{\pi}{3} =$ k) $cotg\ \frac{\pi}{2} =$ l) $cotg\ \frac{2\pi}{3} =$

m) $cotg\ \pi =$ n) $cotg\ \frac{4\pi}{3} =$ o) $cotg\ \frac{3\pi}{2} =$

p) $cotg\ \frac{5\pi}{3} =$ q) $tg\ (-1200^{o}) =$ r) $cotg\ (-\frac{16\pi}{3}) =$

3º Modo

Por área

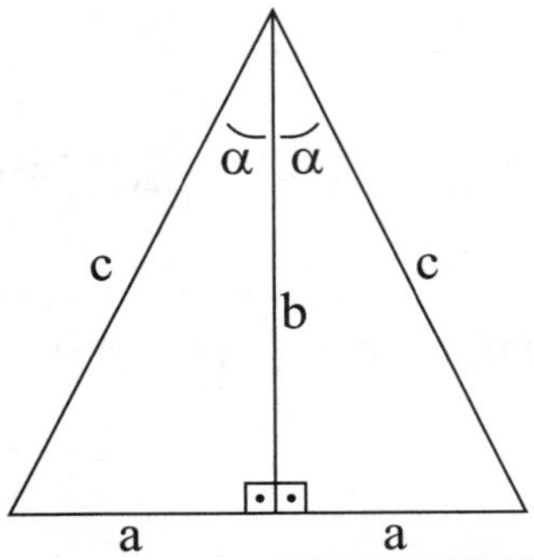

Sabemos que $\text{sen}\,\alpha = \frac{a}{c}$ e $\cos\alpha = \frac{b}{c}$

i) Como a área do triângulo isósceles em questão pode ser dada por $\frac{1}{2}$ c. c sen 2 α e $\frac{2a\,b}{2}$, temos:

$$\frac{1}{2}c^2\,\text{sen}\,2\alpha = \frac{2a\,b}{2} \Rightarrow \text{sen}\,2\alpha = \frac{2a\,b}{c^2} = 2\,\frac{a}{c}\cdot\frac{b}{c}$$

Então: $\boxed{\text{sen}\,2\alpha = 2\,\text{sen}\,\alpha\,.\,\cos\alpha}$

Podemos determinar $\cos 2\alpha$ pela lei dos cossenos, mas vejamos por relação fundamental.

$\text{sen}^2\,2\alpha + \cos^2 2\alpha = 1 \Rightarrow (2\,\text{sen}\,\alpha\,\cos\alpha)^2 + \cos^2 2\alpha = 1 \Rightarrow$

$\Rightarrow \cos^2 2\alpha = 1 - 4\,\text{sen}^2\alpha\,.\cos^2\alpha \Rightarrow \cos^2 2\alpha = (\text{sen}^2\alpha + \cos^2\alpha)^2 - 4\,\text{sen}^2\alpha\cos^2\alpha \Rightarrow$

$\Rightarrow \cos^2 2\alpha = \text{sen}^4\alpha - 2\text{sen}^2\alpha\,.\cos^2\alpha + \cos^4\alpha \Rightarrow \cos^2 2\alpha = (\text{sen}^2\alpha - \cos^2\alpha)^2$

como nas condições do problema $\cos\alpha$ é maior que $\text{sen}\,\alpha$, temos:

$\boxed{\cos 2\alpha = \cos^2\alpha - \text{sen}^2\,\alpha}$

4º Modo

Por área

Como a mediana relativa à hipotenusa mede a metade da hipotenusa e como uma mediana de um triângulo o divide em partes equivalentes, temos:

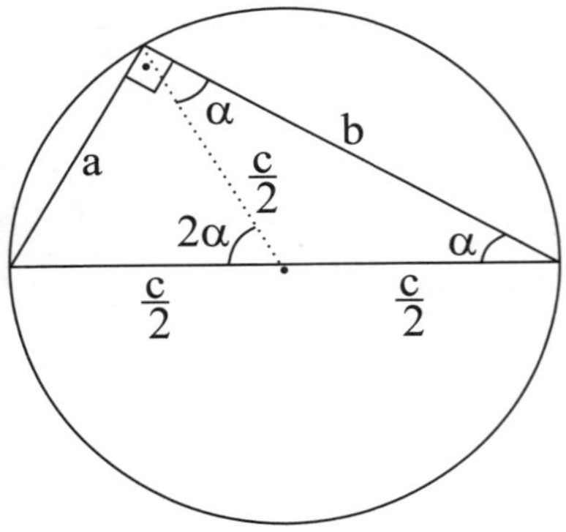

$$2\left(\frac{1}{2}\,\frac{c}{2}\cdot\frac{c}{2}\,\text{sen}\,2\alpha\right) = \frac{a\,b}{2} \Rightarrow$$

$$\text{sen}\,2\alpha = \frac{2a\,b}{c^2} \Rightarrow \text{sen}\,2\alpha = 2\,\frac{a}{c}\cdot\frac{b}{c} \Rightarrow$$

$\Rightarrow \boxed{\text{sen}\,2\alpha = 2\,\text{sen}\,\alpha\,.\cos\alpha}$

O $\cos 2\alpha$ pode ser determinado pela lei dos cossenos ou relação pitagórica.

5º Modo

Por razões trigonométricas

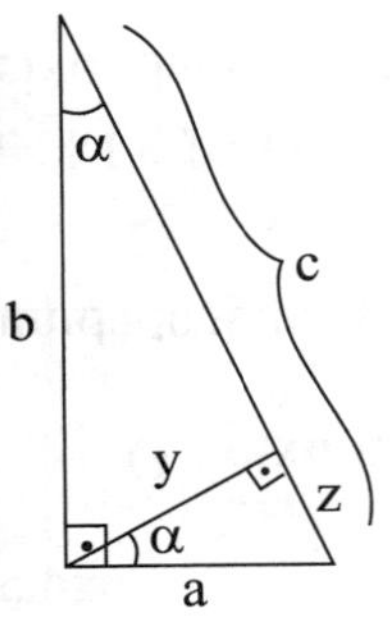

1º) $\text{sen}\,\alpha = \frac{y}{b} = \frac{a}{c}$

$y = \frac{a\,b}{c}$

2º)$\text{sen}\,\alpha = \frac{a}{c} = \frac{z}{a} \Rightarrow z = \frac{a^2}{c}$

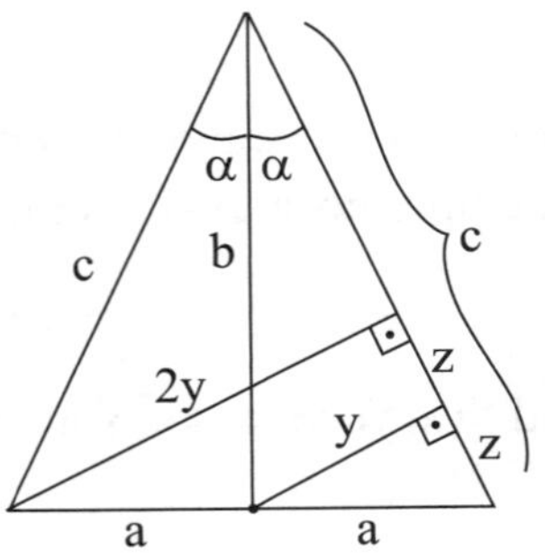

3º $\text{sen}\,2\alpha = \frac{2y}{c} = \frac{2\frac{a\,b}{c}}{c}$

$\text{sen}\,2\alpha = 2.\,\frac{a}{c}\cdot\frac{b}{c}$

$\boxed{\text{sen}\,2\alpha = 2\,\text{sen}\,\alpha\,.\cos\alpha}$

4º) $\cos 2\,\alpha = \frac{c - 2z}{c} = \frac{c - 2\frac{a^2}{c}}{c} \Rightarrow$

$\cos 2\,\alpha = \frac{c^2 - 2a^2}{c^2} = \frac{c^2}{c^2} - 2\,\frac{a^2}{c^2} \Rightarrow$

$\Rightarrow \cos 2\,\alpha = 1\,\left(\frac{a}{c}\right)^2$

$\boxed{\cos 2\,\alpha = 1 - 2\,\text{sen}^2\alpha}$

2) Funções Tangente e Cotangente

No ciclo trigonométrico definimos o **eixo das tangentes** na reta paralela ao eixo dos senos (Oy), passando por A (origem dos arcos), com origem em A, uma unidade igual a um raio e orientado de baixo para cima.

O **eixo das cotangentes** será paralelo ao eixo dos cossenos (Ox), passando por $M_1 \mid \widehat{AM}_1 = \frac{\pi}{2}$, unidade igual ao raio e orientado da esquerda para a direita.

Seja a M a imagem do arco $\widehat{AM} \mid \widehat{AM} = a$ (medido em graus ou radianos), **r** a reta determinada por O e M, **P** o ponto de interseção de r com o eixo das tangentes e **Q** o ponto de interseção de r com o eixo das cotangentes. (observe as figuras):

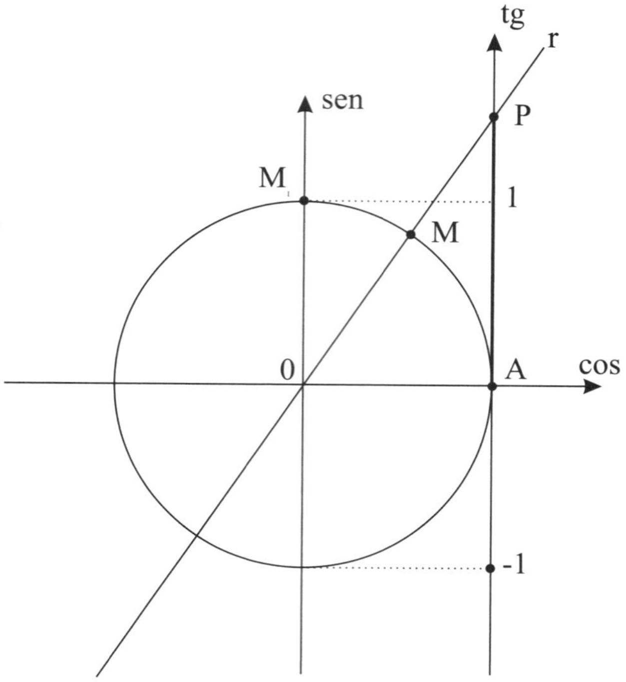

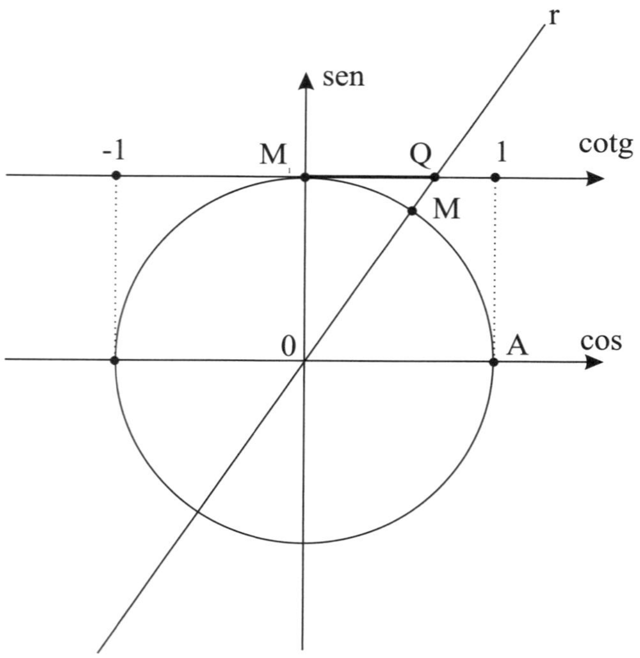

Assim sendo definimos:

tangente do arco a = tg a = $\overline{AP}$

onde $\overline{AP}$ é a medida algébrica do segmento $\overrightarrow{AP}$.

cotangente do arco a = cotg a $\overline{M_1Q}$

onde $\overline{M_1Q}$ é a medida algébrica do segmento $\overrightarrow{M_1Q}$.

Resp: 207

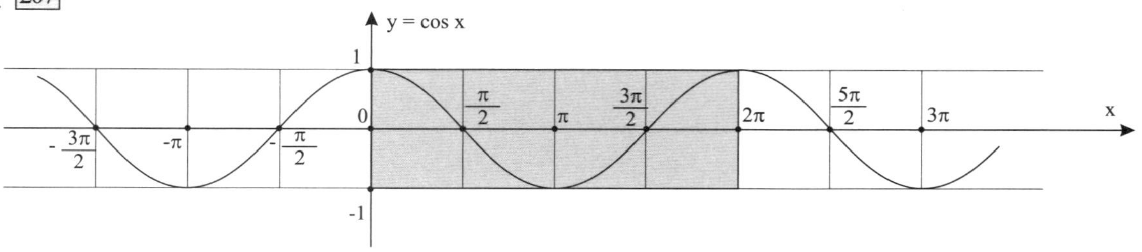

2) **Arco metade**

Sendo **x** a medida de um ângulo agudo vamos ver como achar $\operatorname{sen}\frac{x}{2}$, $\cos\frac{x}{2}$ e $\operatorname{tg}\frac{x}{2}$ em função de cos x.

i) De $\cos 2\alpha = 2\cos^2\alpha - 1$ obtemos:

$$2\cos^2\alpha = 1 + \cos 2\alpha \Rightarrow \cos^2\alpha = \frac{1+\cos 2\alpha}{2} \Rightarrow \cos\alpha = \pm\sqrt{\frac{1+\cos 2\alpha}{2}}$$

Como cosseno de ângulo agudo é positivo e fazendo $2\alpha = x$ e $\alpha = \frac{x}{2}$, temos:

$$\cos\frac{x}{2} = \sqrt{\frac{1+\cos x}{2}}$$

ii) De $\cos 2\alpha = 1 - 2\operatorname{sen}^2\alpha$ obtemos:

$$2\operatorname{sen}^2 a = 1 - \cos 2a \quad \operatorname{sen}^2 a = \frac{1-\cos 2\alpha}{2} \Rightarrow \operatorname{sen}\alpha = \pm\sqrt{\frac{1-\cos 2\alpha}{2}}$$

Como seno de um ângulo agudo é positivo e fazendo $2\alpha = x$ e $\alpha = \frac{x}{2}$, temos:

$$\operatorname{sen}\frac{x}{2} = \sqrt{\frac{1-\cos x}{2}}$$

iii) Como $\operatorname{tg}\frac{x}{2} = \dfrac{\operatorname{sen}\frac{x}{2}}{\cos\frac{x}{2}}$, obtemos:

$$\operatorname{tg}\frac{x}{2} = \sqrt{\frac{1-\cos x}{1+\cos x}}$$

3) **Sen x, cos s e tg x em função de $\operatorname{tg}\frac{x}{2}$**

i) De $\operatorname{sen} 2\alpha = 2\operatorname{sen}\alpha \,.\, \cos\alpha$, obtemos:

$$\operatorname{sen} 2\alpha = \frac{2\operatorname{sen}\alpha \,.\, \cos\alpha}{\cos^2\alpha}.\cos^2\alpha \Rightarrow \operatorname{sen} 2\alpha = 2.\frac{\operatorname{sen}\alpha}{\cos\alpha}.\cos^2\alpha \Rightarrow$$

$\operatorname{sen} 2\alpha = 2\,.\,\operatorname{tg}\alpha.\dfrac{1}{\sec^2\alpha} \Rightarrow \operatorname{sen} 2\alpha = \dfrac{2\operatorname{tg}\alpha}{1+\operatorname{tg}^2\alpha}$. Fazendo $2\alpha = x$ e $\alpha = \frac{x}{2}$, temos:

$$\operatorname{sen} x = \frac{2\operatorname{tg}\frac{x}{2}}{1+\operatorname{tg}^2\frac{x}{2}}$$

ii) De $\cos 2\alpha = \cos^2\alpha - \operatorname{sen}^2\alpha$ obtemos:

$$\cos 2\alpha = \left(\frac{\cos^2\alpha}{\cos^2\alpha} - \frac{\operatorname{sen}^2\alpha}{\cos^2\alpha}\right)\cos^2\alpha = (1-\operatorname{tg}^2\alpha).\frac{1}{\sec^2\alpha} = \frac{1-\operatorname{tg}^2\alpha}{1+\operatorname{tg}^2\alpha}$$

Fazendo $2\alpha = x$ e $\alpha = \frac{x}{2}$, temos:

$$\cos x = \frac{1-\operatorname{tg}^2\frac{x}{2}}{1+\operatorname{tg}^2\frac{x}{2}}$$

iii) Da mesma forma:

$$\operatorname{tg}2\alpha = \frac{2\operatorname{tg}\alpha}{1-\operatorname{tg}^2\alpha} \Rightarrow \operatorname{tg} x = \frac{2\operatorname{tg}\frac{x}{2}}{1-\operatorname{tg}^2\frac{x}{2}}$$

207 A curva abaixo (chama senóide) é a representação gráfica da **função seno de x** (**y = sen x**) de domínio D = R (em radianos) em CD = { y ∈ R | $-1 \le y \le 1$ }.
Lembre-se: raio = 1 unidade e $\pi \cong 3{,}14$ unidades.

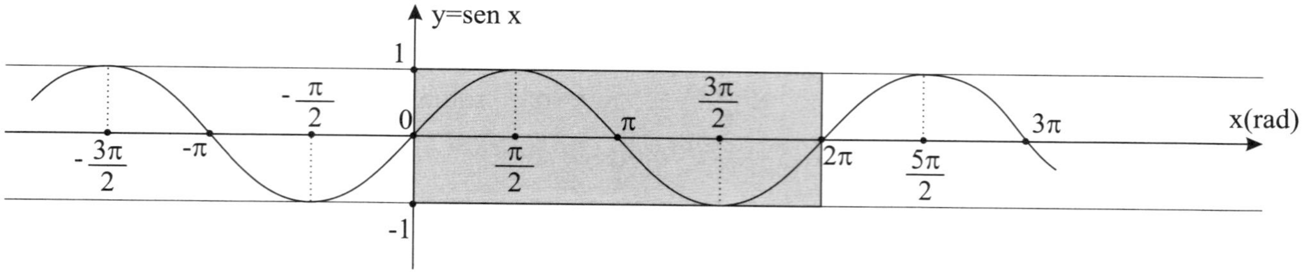

Observando o ciclo trigonométrico da página 100 , complete a tabela seguinte e depois esboce o gráfico da função **y = cos x** (**cossenóide**) de D = R em CD = [– 1, 1] .

x	0	$\frac{\pi}{6}$	$\frac{\pi}{4}$	$\frac{\pi}{3}$	$\frac{\pi}{2}$	$\frac{2\pi}{3}$	$\frac{3\pi}{4}$	$\frac{5\pi}{6}$	π	$\frac{5\pi}{4}$	$\frac{3\pi}{2}$	$\frac{7\pi}{4}$	2π
cos x													

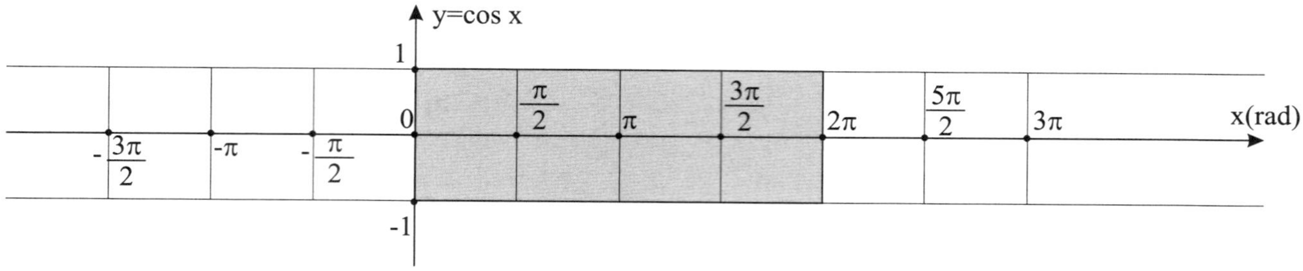

Resp: **205** a) sen a cresce de 0 até 1
sen a > 0
b) sen a decresce de 1 até 0
sen a > 0
c) sen a decresce de 0 até – 1
sen a < 0
d) sen a cresce de – 1 até 0
sen a < 0

206 a) cos a decresce de 1 até 0
cos a > 0
b) cos a decresce de 0 até – 1
cos a < 0
c) cos a cresce de – 1 até 0
cos a < 0
d) cos a cresce de 0 até 1
cos a > 0

Resumindo: Sendo agudos os ângulos envolvidos, temos:

$$\text{sen}2\alpha = 2\,\text{sen}\alpha\,.\,\cos\alpha \qquad \cos 2\alpha = \begin{cases}\cos^2\alpha - \text{sen}^2\alpha\\ 2\cos^2\alpha - 1\\ 1 - 2\,\text{sen}^2\alpha\end{cases} \qquad \text{tg}2\alpha = \frac{2\,\text{tg}\,\alpha}{1-\text{tg}^2\,\alpha}$$

$$\cos\frac{\alpha}{2} = \sqrt{\frac{1+\cos\alpha}{2}} \qquad \text{sen}\,\frac{\alpha}{2} = \sqrt{\frac{1-\cos\alpha}{2}} \qquad \text{tg}\,\frac{\alpha}{2} = \sqrt{\frac{1-\cos\alpha}{1+\cos\alpha}}$$

$$\text{sen}\,x = \frac{2\,\text{tg}\,\frac{x}{2}}{1+\text{tg}^2\,\frac{x}{2}} \qquad \cos x = \frac{1-\text{tg}^2\,\frac{x}{2}}{1+\text{tg}^2\,\frac{x}{2}} \qquad \text{tg}\,x = \frac{2\,\text{tg}\,\frac{x}{2}}{1-\text{tg}^2\,\frac{x}{2}}$$

Exemplo 1: Se $\text{sen}\,\alpha = \frac{\sqrt{2}}{6}$, determine $\text{sen}\,2\alpha$, $\cos 2\alpha$ e $\text{tg}\,2\alpha$

1º) $\cos 2\alpha = 1 - 2\,\text{sen}^2\,\alpha \Rightarrow \cos 2\alpha = 1 - 2\left(\frac{\sqrt{2}}{6}\right)^2 = 1 - \frac{4}{36} = 1 - \frac{1}{9} = \frac{8}{9} \Rightarrow$ $\boxed{\cos 2\alpha = \frac{8}{9}}$

2º) $\cos 2\alpha = \frac{8}{9} \Rightarrow \text{sen}^2\,2\alpha = 1 - \frac{64}{81} = \frac{17}{81} \Rightarrow$ $\boxed{\text{sen}\,2\alpha = \frac{\sqrt{17}}{9}}$

Ou: $\text{sen}\,\alpha = \frac{\sqrt{2}}{6} \Rightarrow \cos^2\alpha = 1 - \frac{2}{36} = \frac{34}{36} \Rightarrow \cos\alpha = \frac{\sqrt{34}}{6} \Rightarrow$

$\text{sen}\,2\alpha = 2\,\text{sen}\,\alpha\cos\alpha = 2\,.\,\frac{\sqrt{2}}{6}\,.\,\frac{\sqrt{34}}{6} = 2\,.\,2\,.\,\frac{\sqrt{17}}{6\,.\,6} \Rightarrow$ $\boxed{\text{sen}\,2\alpha = \frac{\sqrt{17}}{9}}$

3º) $\text{tg}\,2\alpha = \frac{\text{sen}\,2\alpha}{\cos 2\alpha} = \frac{\frac{\sqrt{17}}{9}}{\frac{8}{9}} \Rightarrow \text{tg}\,2\alpha = \frac{\sqrt{17}}{8} \Rightarrow$ Ou: $\text{tg}\,\alpha = \frac{\frac{\sqrt{2}}{6}}{\frac{\sqrt{34}}{6}} = \frac{\sqrt{2}}{\sqrt{34}} = \frac{1}{\sqrt{17}} = \frac{\sqrt{17}}{17} \Rightarrow$

$\text{tg}\,2\alpha = \frac{2\,\text{tg}\,\alpha}{1-\text{tg}^2\alpha} = \frac{2.\frac{\sqrt{17}}{17}}{1-\frac{17}{17^2}} = \frac{2\,.\,\frac{\sqrt{17}}{17}}{\frac{17^2-17}{17^2}} = \frac{2\sqrt{17}\,.\,17}{17\,.\,16} \Rightarrow$ $\boxed{\text{tg}\,2\alpha = \frac{\sqrt{17}}{8}}$

Exemplo 2: Se $\cos\alpha = \frac{1}{4}$, determine $\text{sen}\,\frac{\alpha}{2}$ e $\cos\frac{\alpha}{2}$

1º) $\text{sen}\,\frac{\alpha}{2} = \sqrt{\frac{1-\cos\alpha}{2}} = \sqrt{\frac{1-\frac{1}{4}}{2}} = \sqrt{\frac{3}{8}} = \sqrt{\frac{6}{16}} \Rightarrow$ $\boxed{\text{sen}\,\frac{\alpha}{2} = \frac{\sqrt{6}}{4}}$

2º) $\text{sen}^2\,\frac{\alpha}{2} + \cos^2\frac{\alpha}{2} = 1 \Rightarrow \frac{6}{16} + \cos^2\frac{\alpha}{2} = 1 \Rightarrow \cos^2\frac{\alpha}{2} = \frac{10}{16} \Rightarrow$ $\boxed{\cos\frac{\alpha}{2} = \frac{\sqrt{10}}{4}}$

205 Imagine um ponto M (imagem do arco $\widehat{AM} = a$) percorrendo o ciclo trigonométrico abaixo, no sentido anti-horário, a partir de A. Diga, em cada caso, se **sen a cresce** ou **decresce** e se **sen a** é **positivo** ou **negativo**.

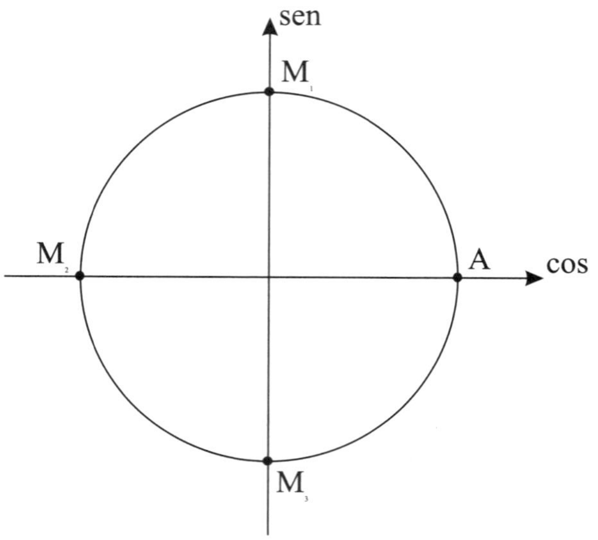

a) M varia de A até M_1.

b) M varia de M_1 até M_2.

c) M varia de M_2 até M_3.

d) M varia de M_3 até M_4.

206 Na mesma figura do exercício anterior, diga o que acontece com **cos a** ($\widehat{AM}$ **= a**) quando:

a) M varia de A até M_1.

b) M varia de M_1 até M_2.

c) M varia de M_2 até M_3.

d) M varia de M_3 até A .

Resp: 203 b) $300^\circ < \alpha < 315^\circ$ c) $\frac{5\pi}{6} < \alpha < \pi$ d) $\frac{3\pi}{2} < \alpha < \frac{5\pi}{3}$

$-\frac{\sqrt{3}}{2} < \text{sen}\,\alpha < -\frac{\sqrt{2}}{2}$ $0 < \text{sen}\,\alpha < \frac{1}{2}$ $-1 < \text{sen}\,\alpha < -\frac{\sqrt{3}}{2}$

$\frac{1}{2} < \cos\alpha < \frac{\sqrt{2}}{2}$ $-1 < \cos a < -\frac{\sqrt{3}}{2}$ $0 < \cos a < \frac{1}{2}$

204 a) $\alpha = \frac{7\pi}{4} + k \,.\, 2\pi \; (k \in Z)$ b) $\alpha = \frac{7\pi}{6} + k \,.\, 2\pi \; (k \in Z)$ c) $\alpha = \pi + k \,.\, 2\pi \; (k \in Z)$

EXERCÍCIOS

119 Sendo $\boldsymbol{\alpha}$ um ângulo menor que 45º, $\mathbf{2\alpha}$ será um ângulo agudo. Aplicando a lei dos cossenos e a lei dos senos no triângulo isósceles abaixo mostre que:

$\cos 2\alpha = 1 - 2\,\text{sen}^2\alpha$ e $\text{sen}\,2\alpha = 2\,\text{sen}\,\alpha \,.\, \cos\alpha$

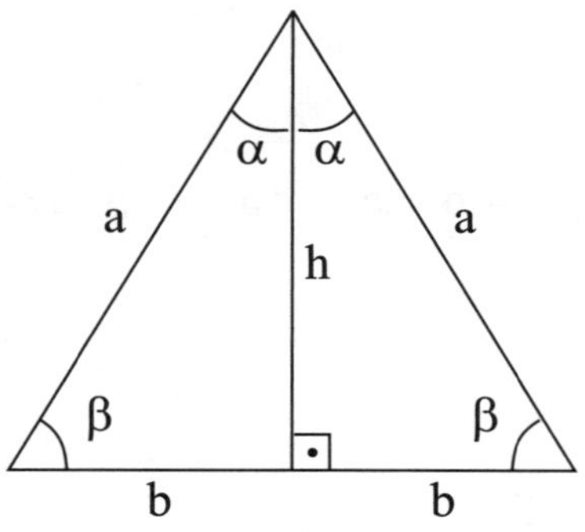

120 A partir de $\text{sen}^2\alpha + \cos^2\alpha = 1$ e $\cos 2\alpha = 1 - 2\,\text{sen}^2\alpha$ mostre que:

$\cos 2\alpha = \cos^2\alpha - \text{sen}^2\alpha$ e $\cos 2\alpha = 2\cos^2\alpha - 1$

121 Como $\text{sen}^2\, 2\alpha + \cos^2\, 2\alpha = 1$, mostre que se $\cos 2\alpha = 1 - 2\,\text{sen}^2\,\alpha$, então $\text{sen}\,2\alpha = 2\,\text{sen}\,\alpha\,\cos\alpha$

122 A partir de $\text{sen}^2\, 2\alpha + \cos^2\, 2\alpha = 1$ e $\text{sen}\,2\alpha = 2\,\text{sen}\,\alpha\cos\alpha$, mostre que: $\cos 2\alpha = \cos^2\alpha - \text{sen}^2\,\alpha$.

b) sen 310º e cos 310º ($\alpha = 310^\circ$)

c) sen $\frac{11\pi}{12}$ e cos $\frac{11\pi}{12}$ (sugestão: passe $\alpha = \frac{11\pi}{12}$ para graus pois isto facilitará sua localização no ciclo trigonométrico).

d) sen $\frac{16\pi}{10}$ e cos $\frac{16\pi}{10}$ ($\alpha = \frac{16\pi}{10}$)

204 Determine, em cada item (em radianos), todos os arcos α que satisfazem às condições:

a) $\text{sen}\,\alpha = -\frac{\sqrt{2}}{2}$ e $\cos\alpha = \frac{\sqrt{2}}{2}$

b) $\text{sen}\,\alpha = -\frac{1}{2}$ e $\cos\alpha = -\frac{\sqrt{3}}{2}$

c) $\text{sen}\,\alpha = 0$ e $\cos\alpha = -1$

Resp: 201 e) $\alpha = \pi$ f) $\alpha = \frac{\pi}{6}$ ou $\alpha = \frac{11\pi}{6}$

g) $\alpha = \frac{\pi}{2}$ h) $\alpha = 0$ ou $\alpha = \pi$

202 $\alpha = \frac{2\pi}{3} + k.\ 2\pi\ (k \in Z)$

123 A partir de $\text{sen } 2\alpha$ e $\cos 2\alpha$, mostre que $\text{tg } 2\alpha = \dfrac{2 \text{ tg } \alpha}{1 - \text{tg}^2\alpha}$.

124 Sabendo que a área de um triângulo é a metade do produto de dois lados, multiplicado pelo seno do ângulo formado por eles, levando em conta as medidas indicadas na figura mostre que **$\text{sen } 2\alpha = 2 \text{ sen } \alpha \cos \alpha$** .

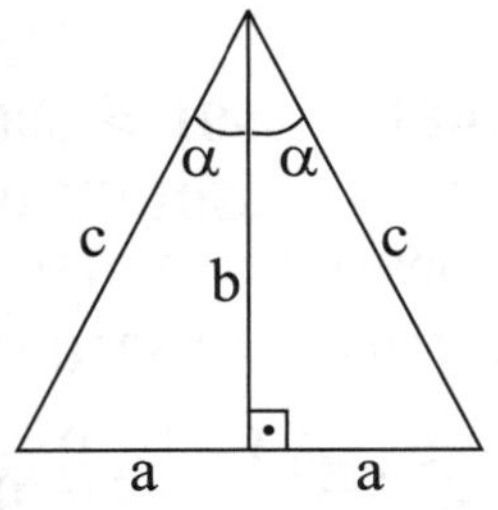

125 Usando razões trigonométricas, mostre que $ah = bc$ e $c^2 = an$.

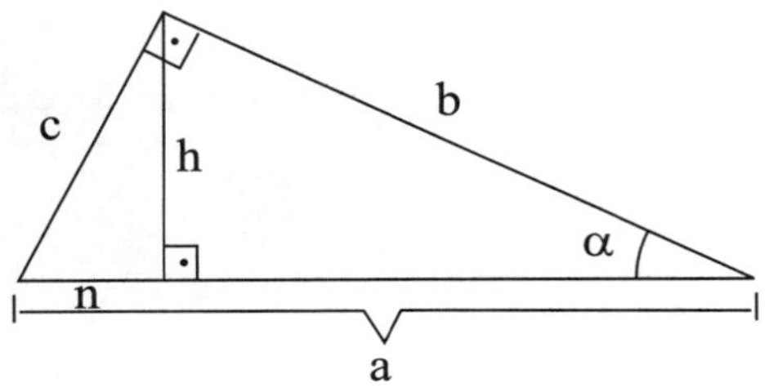

Então podemos afirmar que $h = \dfrac{bc}{a}$ e $n = \dfrac{c^2}{a}$ .Levando em conta as medidas indicadas na figura mostre que $\text{sen } 2\alpha = 2 \text{ sen } \alpha \cos \alpha$ e $\cos 2\alpha = 1 - 2 \text{ sen}^2 \alpha$.

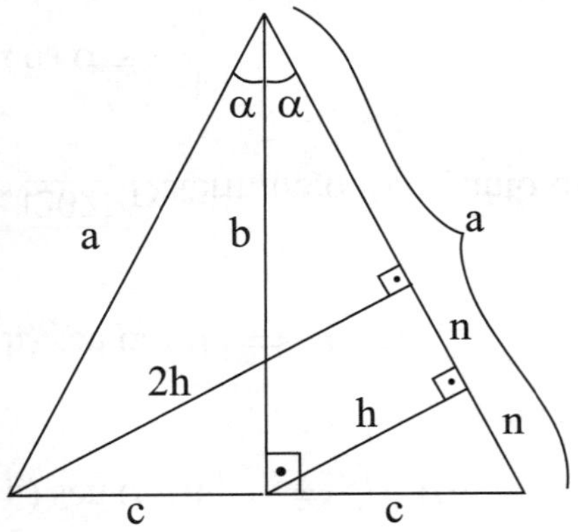

126 Como $\cos 2\alpha = 2 \cos^2\alpha - 1$, fazendo $2\alpha = x$ mostre que $\cos \dfrac{x}{2} = \sqrt{\dfrac{1 + \cos x}{2}}$

e) $\cos \alpha = -1 \quad \Rightarrow \quad \alpha =$

f) $\cos \alpha = \dfrac{\sqrt{3}}{2} \quad \Rightarrow \quad \alpha =$

g) $\operatorname{sen} \alpha = 1 \quad \Rightarrow \quad \alpha =$

h) $\operatorname{sen} \alpha = 0 \quad \Rightarrow \quad \alpha =$

202 Determine o conjunto de todos os arcos α (medidos em radianos) tais que $\operatorname{sen} \alpha = \dfrac{\sqrt{3}}{2}$ e $\cos \alpha = -\dfrac{1}{2}$

203 Chamando de **arcos notáveis** os arcos com imagens nos 16 pontos da figura da página anterior $(0, \frac{\pi}{6}, \frac{\pi}{4}, \frac{\pi}{3}, \frac{\pi}{2}, \frac{\pi}{3}, \ldots, \frac{11\pi}{6})$, localize os arcos α_i dados em cada caso entre **dois arcos notáveis consecutivos** e, a seguir, "avalize" **sen α_i** e **cos α_i**, colocando-os também entre dois valores notáveis consecutivos (observe o modelo do item (a)):

a) sen 105° e cos 105° (a = 105°)

90° < 105° < 120° $\Rightarrow$ sen 120° < sen 105° < sen 90°

$$\mathbf{\frac{\sqrt{3}}{2} < sen\ 105° < 1}$$

e, analogamente, cos 120° < cos 105° < cos 90°

$$-\frac{1}{2} < \cos 105° < 0$$

Resp: **201** a) $\alpha = \dfrac{\pi}{6}$ *ou* $\alpha = \dfrac{5\pi}{6}$ b) $\alpha = \dfrac{4\pi}{3}$ *ou* $\alpha = \dfrac{5\pi}{3}$

c) $\alpha = \dfrac{3\pi}{4}$ *ou* $\alpha = \dfrac{5\pi}{4}$ d) $\alpha = \dfrac{\pi}{2}$ *ou* $\alpha = \dfrac{3\pi}{2}$

127 Mostre que $\operatorname{sen}\frac{x}{2}=\sqrt{\frac{1-\cos x}{2}}$ e $\operatorname{tg}\frac{x}{2}=\sqrt{\frac{1-\cos x}{1+\cos x}}$

128 Lembre-se de que as razões trigonométricas no triângulo retângulo são sempre positivas. É por este motivo que optamos pela raiz positiva. Agora, a partir da fórmula para $\operatorname{tg}\frac{x}{2}$ do exercício anterior, mostre que

$\operatorname{tg}\frac{x}{2}=\frac{1-\cos x}{\operatorname{sen} x}$ e $\operatorname{tg}\frac{x}{2}=\frac{\operatorname{sen} x}{1+\cos x}$

129 Dividindo e multiplicando o segundo membro da igualdade $\cos 2\alpha = \cos^2\alpha - \operatorname{sen}^2\alpha$ por $\cos^2\alpha$ e lembrando-se de que $\sec^2\alpha = 1 + \operatorname{tg}^2\alpha$, determine $\cos x$ em função de $\operatorname{tg}\frac{x}{2}$.

130 Determine (deduzir) $\operatorname{sen} x$ e $\operatorname{tg} x$ em função de $\operatorname{tg}\frac{x}{2}$.

201 Observando a figura abaixo, determine (em radianos) os arcos da 1ª volta $(0 \le \alpha < 2\pi)$ tais que:

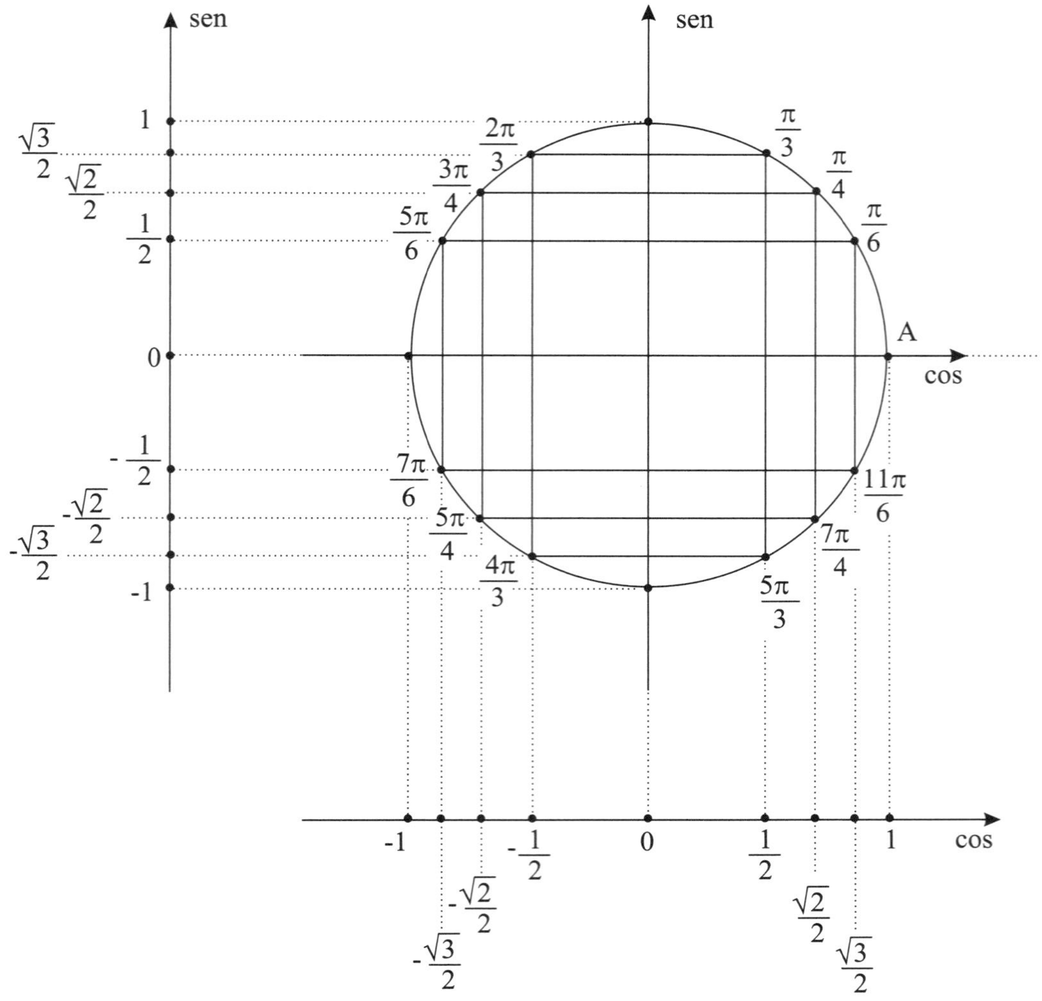

a) $\text{sen}\,\alpha = \dfrac{1}{2} \Rightarrow \alpha =$

b) $\text{sen}\,\alpha = -\dfrac{\sqrt{3}}{2} \Rightarrow \alpha =$

c) $\cos\alpha = -\dfrac{\sqrt{2}}{2} \Rightarrow \alpha =$

d) $\cos\alpha = 0 \Rightarrow \alpha =$

Resp: 200 a) $-\dfrac{\sqrt{3}}{2}$ b) $\dfrac{\sqrt{2}}{2}$ c) $\dfrac{1}{2}$ d) $-\dfrac{\sqrt{2}}{2}$ e) $-\dfrac{\sqrt{3}}{2}$ f) $\dfrac{\sqrt{3}}{2}$

g) $-\dfrac{1}{2}$ h) $-\dfrac{\sqrt{2}}{2}$ i) $\dfrac{\sqrt{3}}{2}$ j) $\dfrac{\sqrt{3}}{2}$ k) $-\dfrac{\sqrt{2}}{2}$ l) $\dfrac{1}{2}$

m) $-\dfrac{1}{2}$ n) $\dfrac{1}{2}$ o) 0 p) -1 q) -1 r) 0

131 Mostre que

a) $\cos 4x = 8\cos^4 x - 8\cos^2 x + 1$

b) $\text{sen}\, 4x = 4\,\text{sen}\cos^3 x - 4\,\text{sen}^3 x\,\cos x$

c) $\text{tg}\, 4x = \dfrac{4\,\text{tg}\, x - 4\,\text{tg}^3 x}{\text{tg}^4 x - 6\,\text{tg}^2 x + 1}$

132 Na figura abaixo é fácil obter $x = \dfrac{b(a^2 + b^2)}{b^2 - a^2}$ e $y = \dfrac{a(a^2 + b^2)}{b^2 - a^2}$. Utilizando esses valores e aplicando a lei dos senos no triângulo maior, mostre que $\text{sen}\, 3\alpha = 3\,\text{sen}\,\alpha - 4\,\text{sen}^3\alpha$.

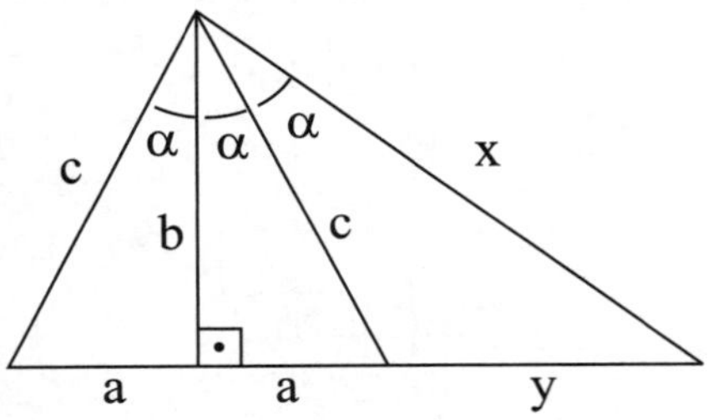

133 Determine $\cos 2a$ nos casos:

a) $\cos a = \dfrac{5}{7}$

b) $\text{sen}\, a = \dfrac{1}{3}$

200

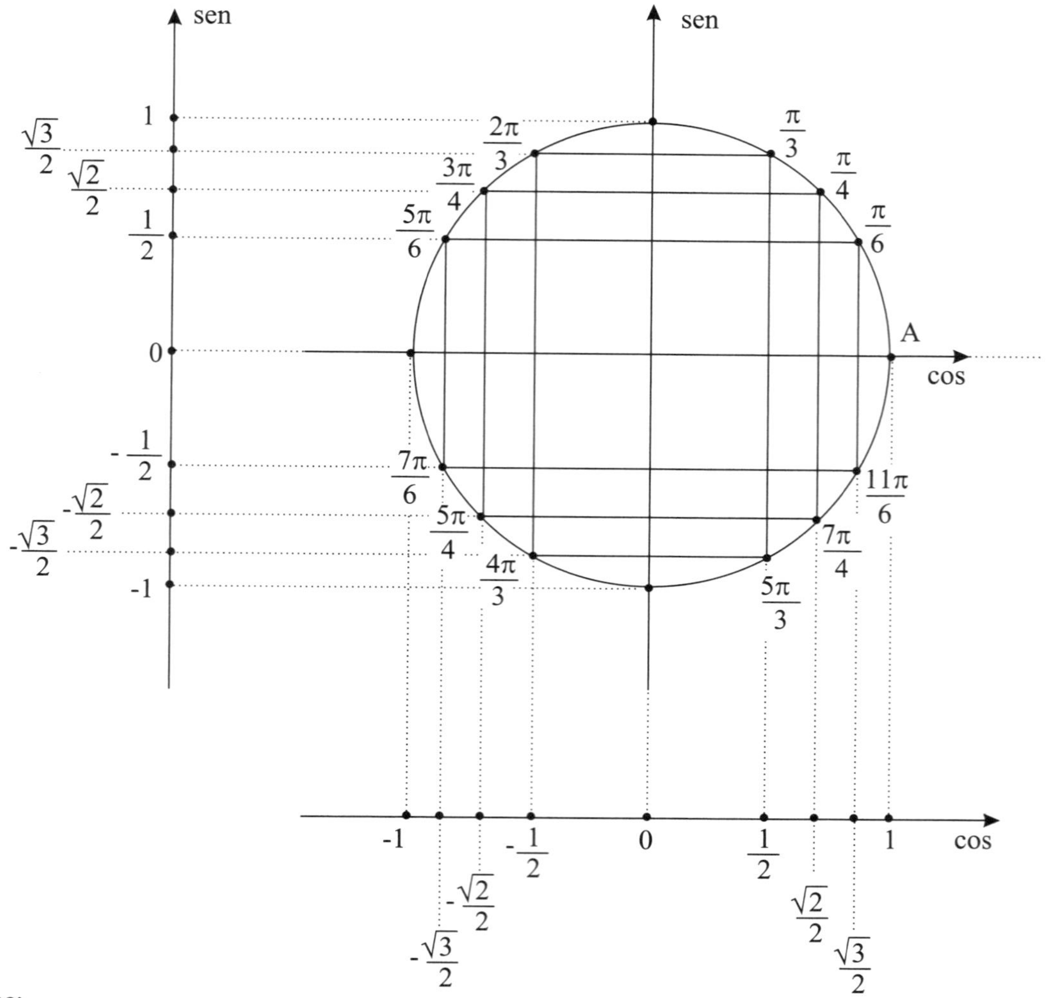

Determine:

a) $\cos \frac{5\pi}{6} =$

b) $\text{sen}\, \frac{\pi}{4} =$

c) $\cos \frac{5\pi}{3} =$

d) $\text{sen}\, \frac{5\pi}{4} =$

e) $\cos \frac{7\pi}{6} =$

f) $\text{sen}\, \frac{\pi}{3} =$

g) $\cos \frac{4\pi}{3} =$

h) $\text{sen}\, \frac{7\pi}{4} =$

i) $\cos 330^\circ =$

j) $\text{sen}\ 120^\circ =$

k) $\cos 135^\circ$

l) $\text{sen}\, \frac{37\pi}{6} =$

m) $\cos(-\frac{46\pi}{3}) =$

n) $\text{sen}\,(-\frac{31\pi}{6}) =$

o) $\cos\ (-\frac{75\pi}{2}) =$

p) $\text{sen}\, \frac{31\pi}{2} =$

q) $\cos\ 31\pi\ =$

r) $\text{sen}\,(-18\pi) =$

Resp: **199** a) $\frac{\sqrt{2}}{2}$ b) $\frac{\sqrt{2}}{2}$ c) 0 d) -1 e) $-\frac{\sqrt{2}}{2}$ f) $-\frac{\sqrt{2}}{2}$

g) 1 h) 0 i) $\frac{\sqrt{2}}{2}$ j) $\frac{\sqrt{2}}{2}$ k) 0 l) 1

m) -1 n) 0 o) $\frac{\sqrt{2}}{2}$ p) $-\frac{\sqrt{2}}{2}$ q) 0 r) $\frac{\sqrt{2}}{2}$

134 Determine $\text{tg } 2\alpha$ nos casos:

a) $\text{tg } \alpha = \dfrac{1}{2}$

b) $\text{tg } \alpha = \dfrac{\sqrt{2}}{4}$

135 Determine $\text{sen } 2\alpha$

a) $\cos \alpha = \dfrac{\sqrt{15}}{5}$

b) $\text{sen } \alpha = \dfrac{1}{5}$

136 Determine $\cos \dfrac{x}{2}$ nos casos:

a) $\cos x = \dfrac{\sqrt{5}}{3}$

b) $\text{sen } x = \dfrac{3}{5}$

137 Determine $\text{tg } \dfrac{x}{2}$ nos casos:

a) $\cos x = \dfrac{1}{5}$

b) $\text{sen } x = \dfrac{35}{37}$

c) $\text{tg } x = \dfrac{15}{8}$

138 Usando as fórmulas do arco metade determine:

a) sen 15º

b) cos 15º

c) tg 15º

Resp: 133 a) $\dfrac{1}{49}$ b) $\dfrac{7}{9}$

199

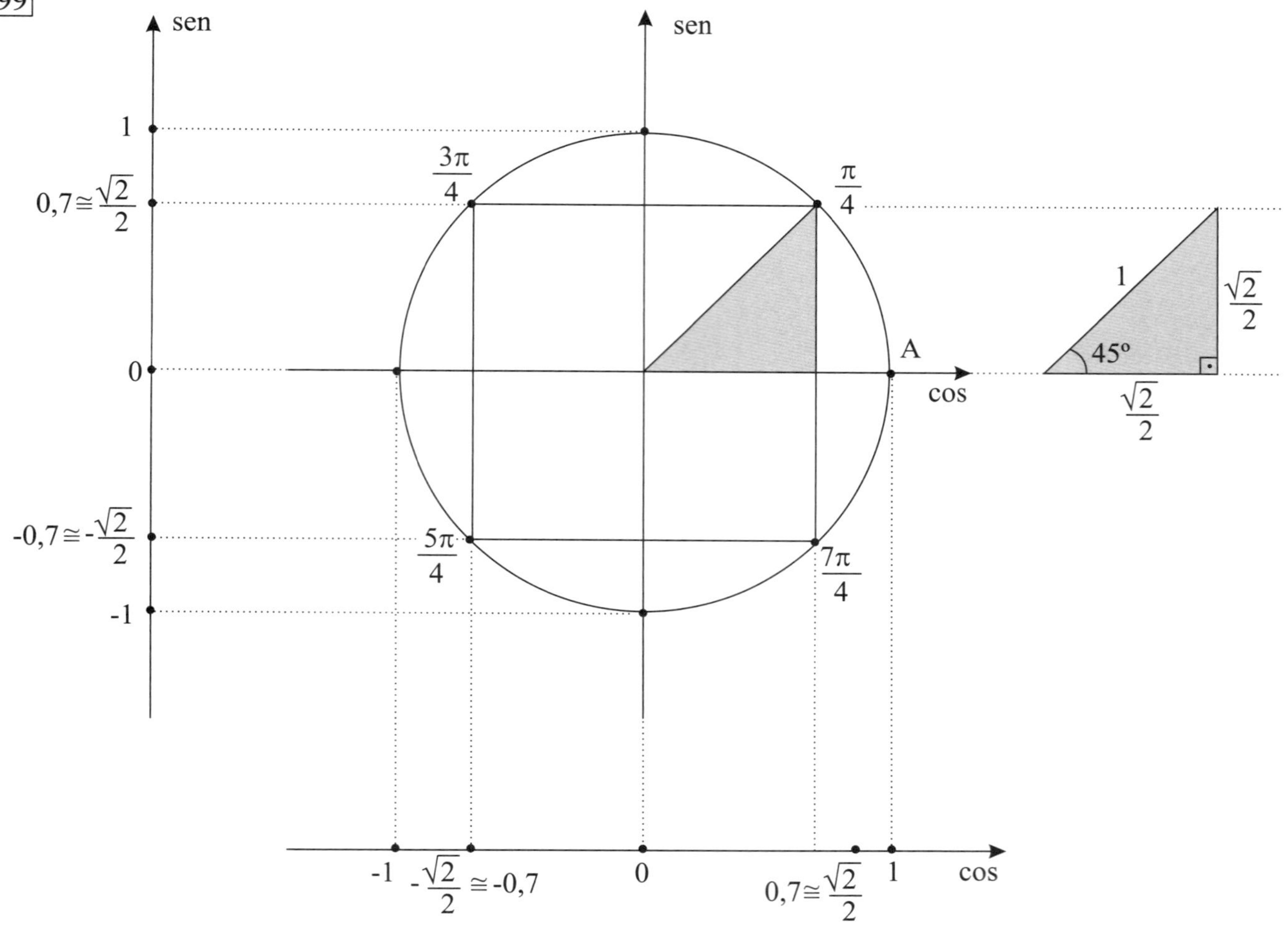

determine:

a) sen $\frac{\pi}{4} =$ b) cos $\frac{\pi}{4} =$ c) sen $\pi =$

d) cos $\pi =$ e) sen $\frac{5\pi}{4} =$ f) cos $\frac{5\pi}{4} =$

g) sen $\frac{\pi}{2} =$ h) cos $\frac{\pi}{2} =$ i) sen $\frac{3\pi}{4} =$

j) cos $\frac{7\pi}{4} =$ k) sen $0 =$ l) cos $0 =$

m) sen $\frac{3\pi}{2} =$ n) cos $\frac{15\pi}{2} =$ o) sen $855° =$

p) cos $(-\frac{35\pi}{4}) =$ q) sen $(-1980°) =$ r) cos $(-\frac{9\pi}{4}) =$

Resp: 198 a) $\frac{1}{2}$ b) $\frac{\sqrt{3}}{2}$ c) -1 d) 0 e) $-\frac{1}{2}$ f) $\frac{\sqrt{3}}{2}$

g) 0 h) 1 i) $\frac{1}{2}$ j) $-\frac{\sqrt{3}}{2}$ k) 1 l) 0

m) 0 n) $-\frac{\sqrt{3}}{2}$ o) $-\frac{1}{2}$ p) $\frac{\sqrt{3}}{2}$ q) $\frac{1}{2}$ r) -1

139 Determine $\text{sen}\,\frac{45°}{2}$, $\cos\frac{45°}{2}$ e $\text{tg}\,\frac{45°}{2}$

a) $\text{sen}\,\frac{45°}{2}$

b) $\cos\frac{45°}{2}$

c) $\text{tg}\,\frac{45°}{2}$

d) $\cos\frac{45°}{4}$

e) $\cos\frac{45°}{8}$

140 Mostre que

a) $\text{tg}\,2\alpha + \sec 2\alpha = \frac{\cos\alpha + \text{sen}\,\alpha}{\cos\alpha - \text{sen}\,\alpha}$

b) $\frac{\cos 2\alpha}{\text{cotg}^2\alpha - \text{tg}^2\alpha} = \frac{1}{4}\text{sen}^2\,2\alpha$

Resp: **134** a) $\frac{4}{3}$ b) $\frac{4\sqrt{2}}{7}$ **135** a) $\frac{2\sqrt{6}}{5}$ b) $\frac{4\sqrt{6}}{25}$ **136** a) $\frac{\sqrt{15}+\sqrt{3}}{6}$ b) $\frac{3\sqrt{10}}{10}$

137 a) $\frac{\sqrt{6}}{3}$ b) $\frac{5}{7}$ c) $\frac{3}{5}$ **138** a) $\frac{\sqrt{6}-\sqrt{2}}{4}$ b) $\frac{\sqrt{6}+\sqrt{2}}{4}$ c) $2-\sqrt{3}$

198 Observando atentamente a figura abaixo

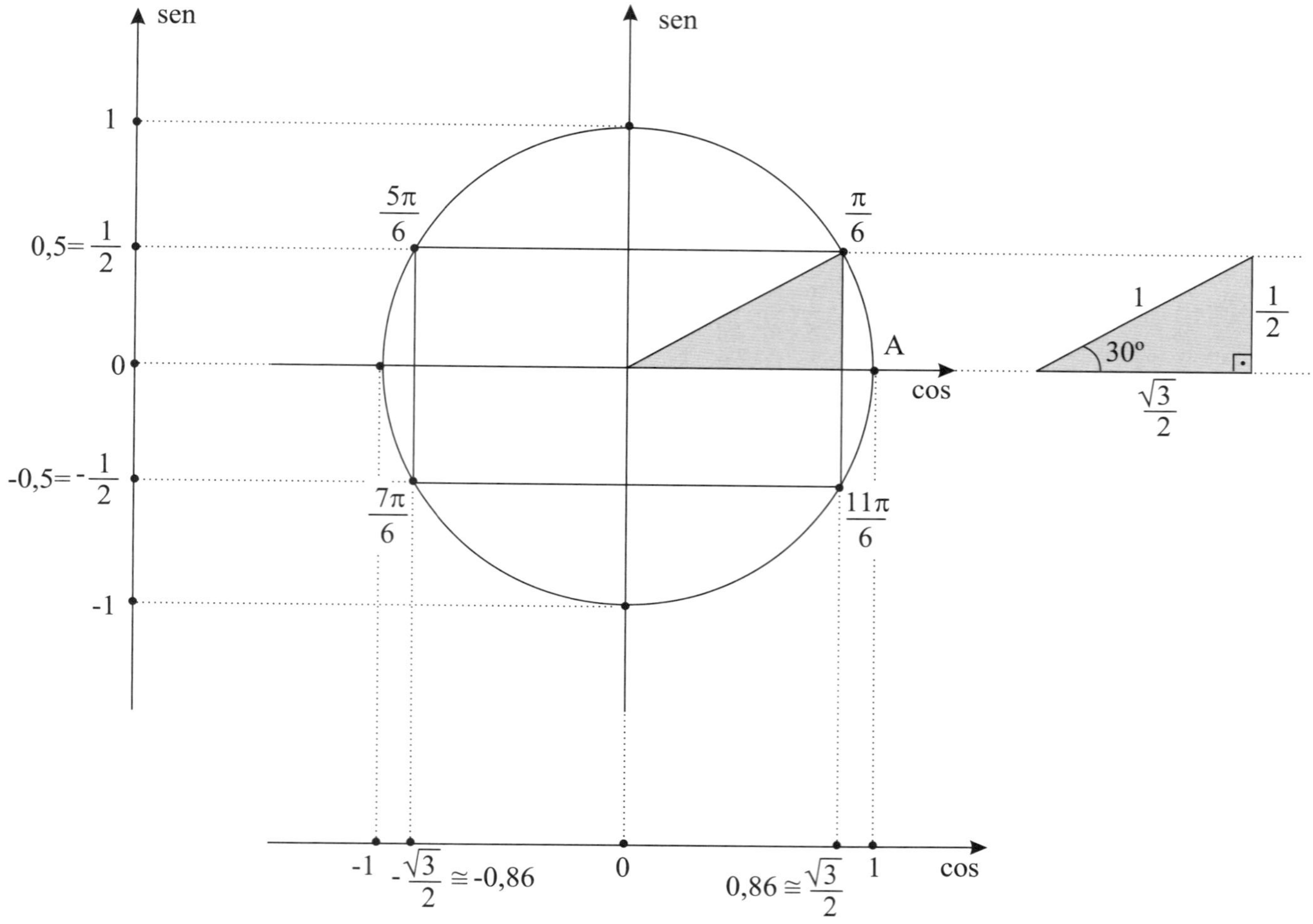

determine:

a) sen $\frac{\pi}{6} =$	b) cos $\frac{\pi}{6} =$	c) sen $\frac{3\pi}{2} =$
d) cos $\frac{3\pi}{2} =$	e) sen $\frac{11\pi}{6} =$	f) cos $\frac{11\pi}{6} =$
g) sen $2\pi =$	h) cos $0 =$	i) sen $\frac{5\pi}{6} =$
j) cos $\frac{7\pi}{6} =$	k) sen $\frac{\pi}{2} =$	l) cos $\frac{\pi}{2} =$
m) sen $\pi =$	n) cos $1290° =$	o) sen $\frac{35\pi}{6} =$
p) cos $(-1470°) =$	q) sen $(-\frac{67\pi}{6})$	r) cos $(-19\pi) =$

Resp: **196** a) m b) – m c) – m d) – n e) – n f) n
197 a) n b) m c) n d) – m e) – n f) – m g) – n h) m

$\boxed{141}$ Prove as seguintes identidades:

a) $tg^2 \frac{\alpha}{2} = \frac{2 \text{ sen } \alpha - \text{sen } 2\alpha}{2 \text{ sen } \alpha + \text{sen } 2\alpha}$

b) $2 (\text{cossec } 2\alpha + \text{ cotg } 2\alpha) = \text{cotg } \frac{\alpha}{2} - \text{ tg } \frac{\alpha}{2}$

c) $\frac{\cos 2x}{1 + \text{sen } 2x} = \frac{1 - tg\, x}{1 + tg\, x}$

d) $\frac{\text{cotg } x + \text{cossec } x}{\text{sen } x + tg\, x} = \frac{2 \cos x}{1 - \cos 2x}$

e) $\sec x - tg\, x = \dfrac{\cos \frac{x}{2} - \text{sen } \frac{x}{2}}{\cos \frac{x}{2} + \text{sen } \frac{x}{2}}$

Resp: $\boxed{139}$ a) $\frac{\sqrt{2 - \sqrt{2}}}{2}$ b) $\frac{\sqrt{2 + \sqrt{2}}}{2}$ c) $\sqrt{2} - 1$ d) $\frac{\sqrt{2 + \sqrt{2 + \sqrt{2}}}}{2}$ e) $\frac{\sqrt{2 + \sqrt{2 + \sqrt{2 + \sqrt{2}}}}}{2}$

196 Na figura abaixo sabe-se que **med** $(\widehat{AM}) = \alpha$, $0 < \alpha < \frac{\pi}{4}$, **sen** $\alpha = m$ e **cos** $\alpha = n$.

Nessas condições, determine:

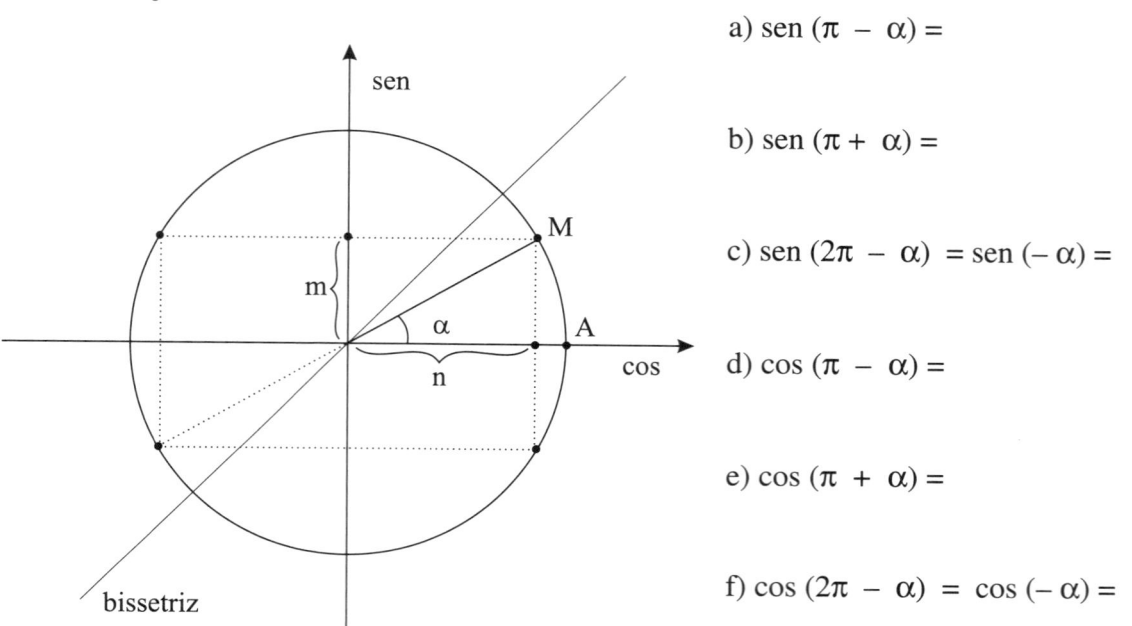

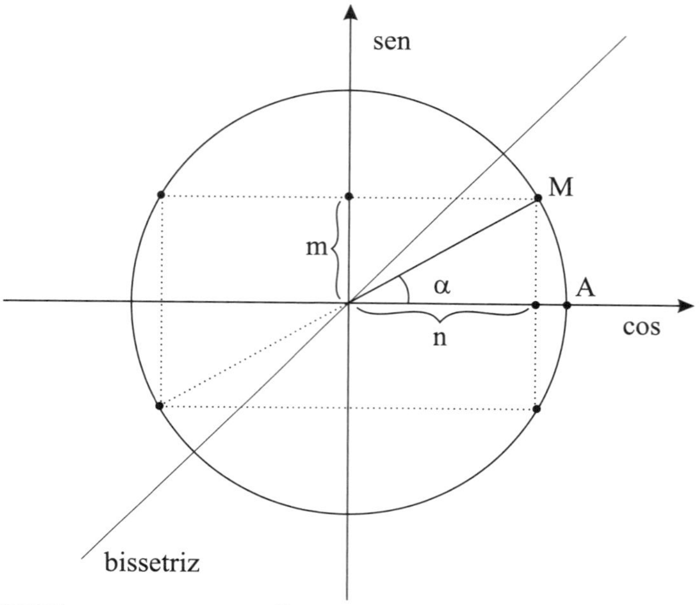

a) $\text{sen}\,(\pi - \alpha) =$

b) $\text{sen}\,(\pi + \alpha) =$

c) $\text{sen}\,(2\pi - \alpha) = \text{sen}\,(-\alpha) =$

d) $\cos\,(\pi - \alpha) =$

e) $\cos\,(\pi + \alpha) =$

f) $\cos\,(2\pi - \alpha) = \cos\,(-\alpha) =$

197 Sendo med $(\widehat{AM}) = \alpha$, sen $\alpha = m$ e cos $\alpha = n$, determine:
(Observe que os dois triângulos hachurados são congruentes)

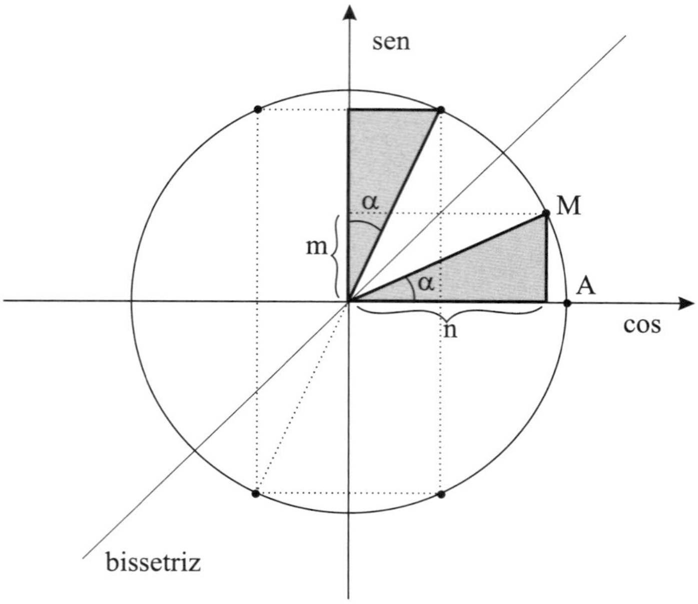

a) $\text{sen}\,(\frac{\pi}{2} - \alpha) =$

b) $\cos\,(\frac{\pi}{2} - \alpha) =$

c) $\text{sen}\,(\frac{\pi}{2} + \alpha) =$

d) $\cos\,(\frac{\pi}{2} + \alpha) =$

e) $\text{sen}\,(\frac{3\pi}{2} - \alpha) =$

f) $\cos\,(\frac{3\pi}{2} - \alpha) =$

g) $\text{sen}\,(\frac{3\pi}{2} + \alpha) =$

h) $\cos\,(\frac{3\pi}{2} + \alpha) =$

Resp: **195** a) $\frac{1}{2}$ b) $\frac{\sqrt{3}}{2}$ c) $-\frac{1}{2}$ d) $\frac{\sqrt{3}}{2}$ e) 0 f) -1

g) $-\frac{\sqrt{3}}{2}$ h) $\frac{1}{2}$ i) 0 j) 1 k) $-\frac{1}{2}$ l) 1

m) 1 n) $-\frac{\sqrt{3}}{2}$ o) 0 p) $\frac{\sqrt{3}}{2}$ q) -1 r) $\frac{\sqrt{3}}{2}$

142 Mostre que

a) $\text{cossec } 2x = \frac{1}{2} \sec x \cos x$

b) $\sec 2x = \frac{\sec^2 x}{2 - \sec^2 x}$

c) $\text{cotg } 2x = \frac{\text{cotg}^2 x - 1}{2 \text{ cotg } x}$

d) $\frac{\text{sen } 2x}{1 + \cos 2x} = \text{tg } x$

e) $\text{cotg } \frac{x}{2} = \frac{1 + \cos x}{\text{sen } x}$

f) $\sec^2 \frac{x}{2} = \frac{2}{1 + \cos x}$

g) $\text{sen}^2 \frac{x}{2} = \frac{\sec x - 1}{2 \sec x}$

h) $\text{cossec}^2 \frac{x}{2} = \frac{2}{1 - \cos x}$

i) $\text{tg } \frac{x}{2} \text{ sen } x = \frac{\text{tg } x - \text{sen } x}{\text{sen } x \sec x}$

143 Prove as seguintes identidades

a) $\frac{1 + \cos 2x}{1 - \cos 2x} = \text{cotg}^2 x$

b) $\frac{\text{sen } 2x - \text{sen } x}{1 - \cos x + \cos 2x} = \text{tg } x$

c) $\frac{1 - \cos 2x + \text{sen } 2x}{1 + \cos 2x + \text{sen } 2x} = \text{tg } x$

d) $\frac{2 - \text{sen } 4x \cdot \text{cotg } 2x}{\text{sen } 4x} = \text{tg } 2x$

e) $\frac{1 + \cos 2x}{\cos 2x} \cdot \frac{1 + \cos 4x}{\text{sen } 4x} = \text{cotg } x$

f) $\cos 4x + 4 \cos 2x + 3 = 8 \cos^4 x$

g) $\cos \alpha \cos 2\alpha \cos 4\alpha \cos 8\alpha \cos 16\alpha = \frac{\text{sen } 32\alpha}{32 \text{ sen } \alpha}$

h) $3 - 4 \cos 2\alpha + \cos 4\alpha = 8 \text{ sen}^4 \alpha$

144 Sabendo que as retas **r** e **s** são parelelas e que $CD = 2\,AB$, mostre que $\alpha = 38^\circ$.

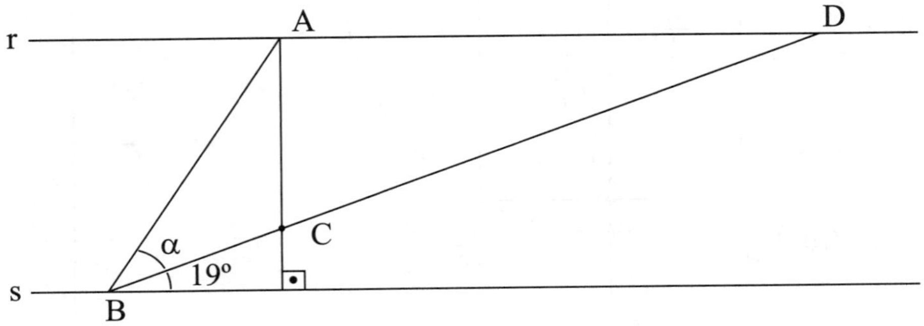

195 Observando a figura abaixo

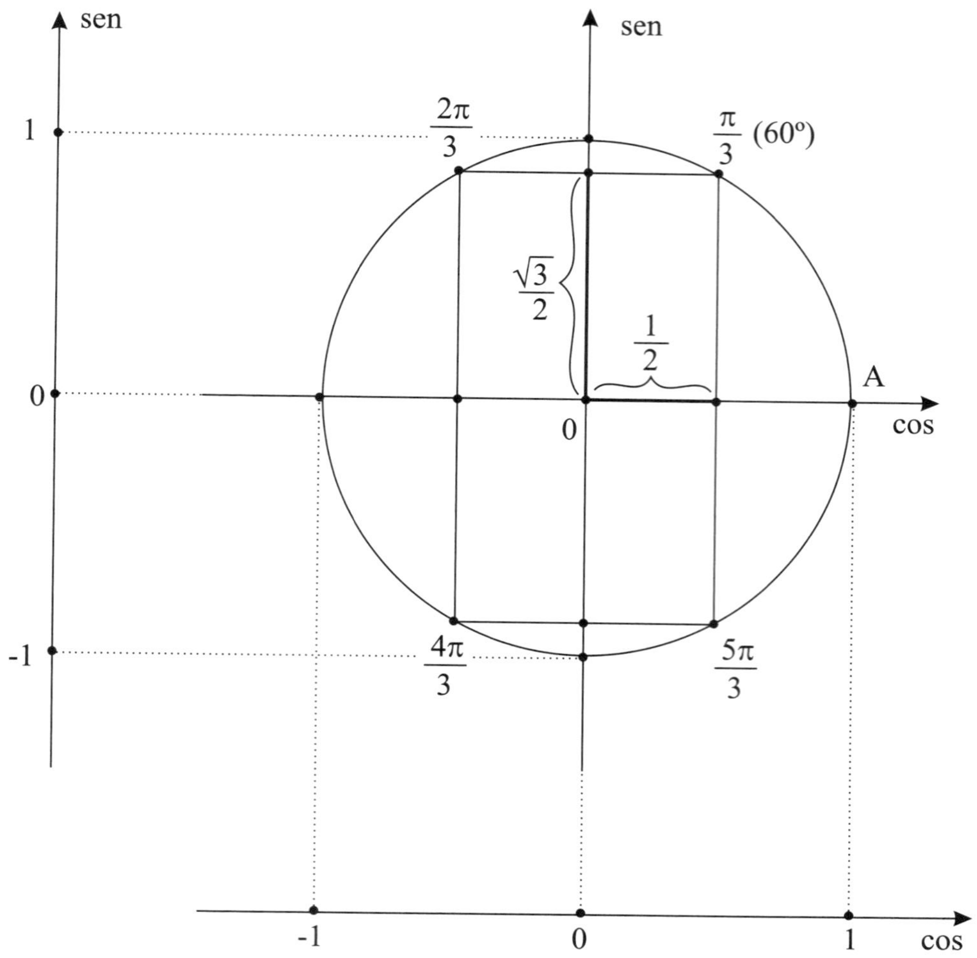

determine:

a) $\cos 60^{\circ} =$

b) $\text{sen } 60^{\circ} =$

c) $\cos 240^{\circ} =$

d) $\text{sen } 120^{\circ} =$

e) $\cos 90^{\circ} =$

f) $\text{sen } 270^{\circ} =$

g) $\text{sen } 300^{\circ} =$

h) $\cos 300^{\circ} =$

i) $\text{sen } 0^{\circ} =$

j) $\text{sen } 90^{\circ} =$

k) $\cos \frac{20\pi}{3} =$

l) $\text{sen } (-\frac{19\pi}{2}) =$

m) $\cos (-2520^{\circ}) =$

n) $\text{sen } (-1860^{\circ}) =$

o) $\cos \frac{21\pi}{2} =$

p) $\text{sen } (-\frac{28\pi}{3}) =$

q) $\cos 2340^{\circ} =$

r) $\text{sen } (-1020^{\circ}) =$

Resp: **194** a) $\frac{\sqrt{3}}{2}$ b) 1 c) 0 d) $\frac{1}{2}$ e) $\frac{1}{2}$ f) 1 g) 0 h) $\frac{\sqrt{3}}{2}$ i) -1

j) 0 k) -1 l) $-\frac{1}{2}$ m) $-\frac{\sqrt{3}}{2}$ n) 0 o) 0 p) 1 q) $-\frac{\sqrt{3}}{2}$ r) $-\frac{\sqrt{3}}{2}$

IV ARCO DE CIRCUNFERÊNCIA

1) Arco de circunferência

Se A e B são as extremidades de um diâmetro de uma circunferência, a intersecção da circunferência com cada semi-plano com origem na reta AB é chamada **semi-circunferência** ou **arco de meia volta** .

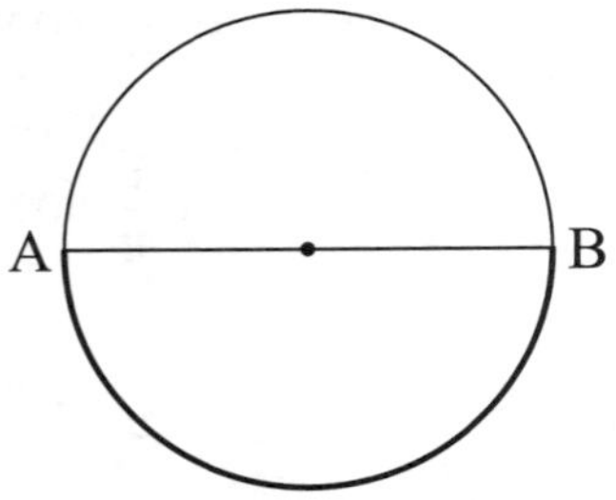

Se A e B não são extremidades de um diâmetro de uma circunferência de centro **O** , a intersecção da circunferência com o setor angular AÔB é chamado arco de circunferência de extremidades **A** e **B** . Como o conjunto formado por A , B e a outra parte da circunferência também é chamado arco de circunferência de extremidades A e B , para identificar os arcos, quando for necessário, vamos colocar uma terceira letra.

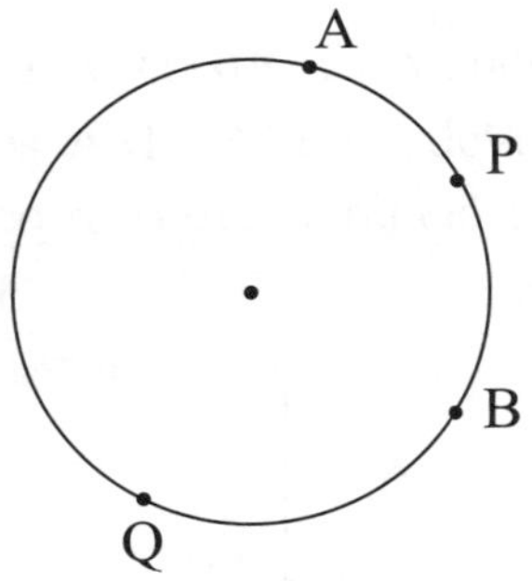

Notação: Arco AB = $\overset{\frown}{AB}$

(Arco menor de extremidades A e B) = $\overset{\frown}{APB}$

(Arco maior de extremidades A e B) = $\overset{\frown}{AQB}$

Quando A = B dizemos que A e B determinam dois arcos: um que é dito **arco nulo** e outro que é chamado **arco de uma volta** .

2) Medida de um arco de circunferência

A medida de um ângulo é conceituada por axiomas mas de uma forma elementar a medida de um ângulo, em graus, é um número real a de graus, com

$0 < \alpha < 180$ e indicaremos $0^\circ < \alpha^\circ < 180^\circ$

Quando escremos $0^\circ < x < 180^\circ$ deve ficar claro que $x = \alpha^\circ$ e $0 < \alpha < 180$.

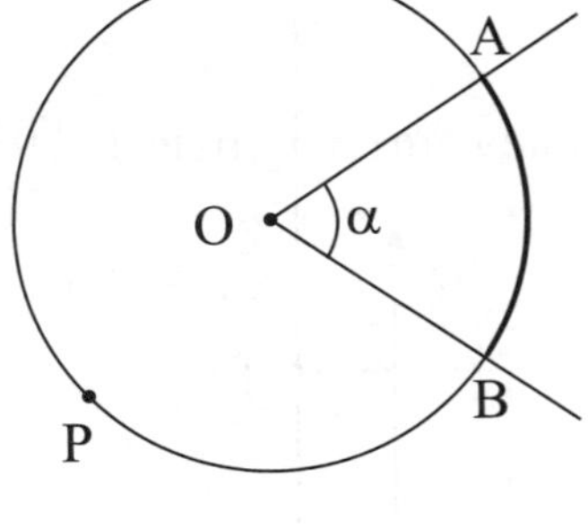

A medida **em graus** do menor arco AB determinado por dois pontos distintos A e B que não são extremidades de um diâmetro é definida como sendo a medida de AÔB .

$$m(\overset{\frown}{AB}) = m(A\hat{O}B)$$

A medida do arco maior AB , no caso , é dada por $360^\circ - m(\overset{\frown}{AB})$.

$$m(\overset{\frown}{APB}) = 360^\circ - m(\overset{\frown}{AB})$$

Diremos ainda que o arco nulo mede 0° , o de meia volta 180° e o de uma volta 360° .

EXERCÍCIOS

194 Após observar atentamente as figuras abaixo que se referem ao que foi estudado em capítulos anteriores, calcule os senos e cossenos pedidos:

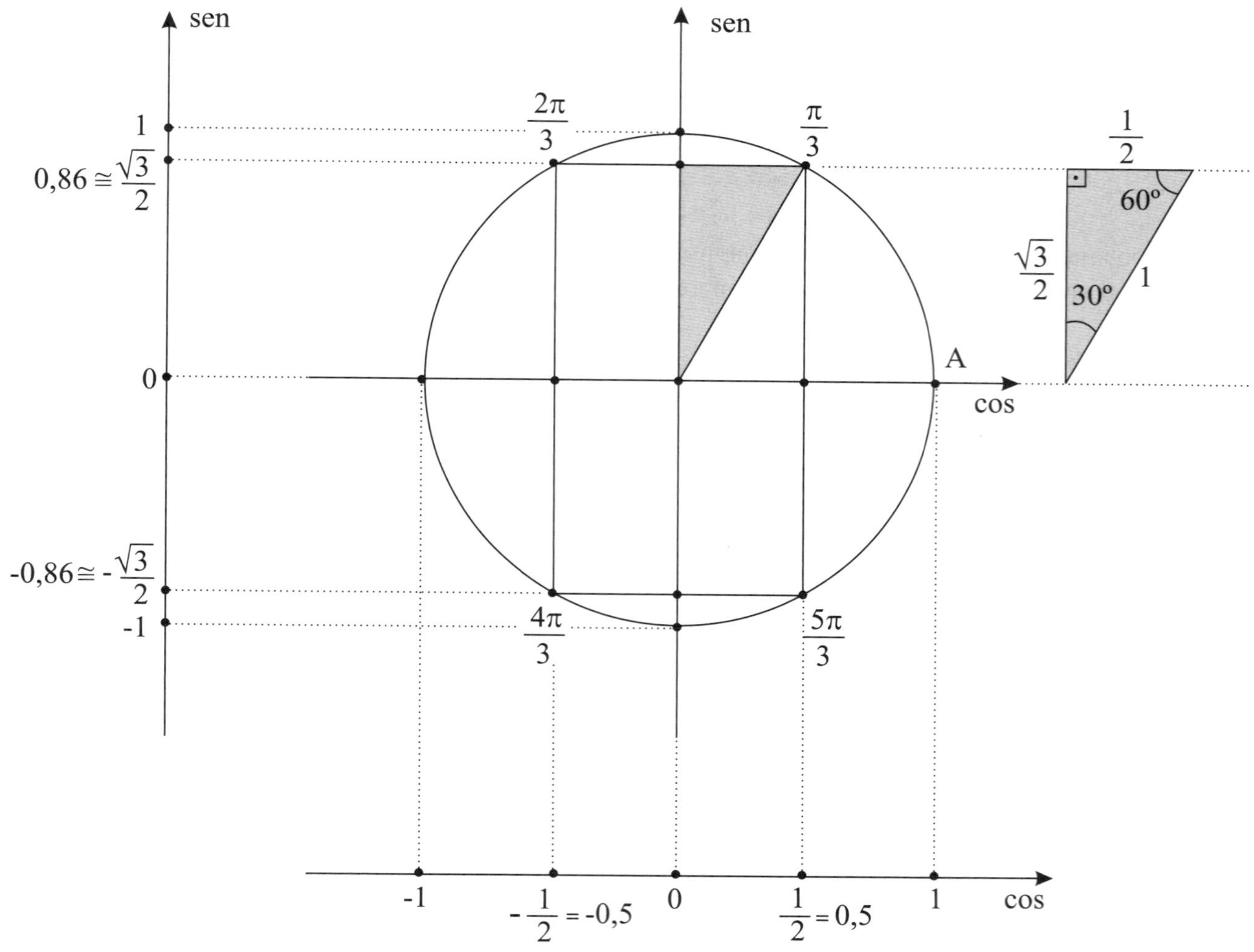

a) sen $\frac{\pi}{3}$ =

b) sen $\frac{\pi}{2}$ =

c) sen π =

d) cos $\frac{\pi}{3}$ =

e) cos $\frac{5\pi}{3}$ =

f) cos 2π =

g) cos $\frac{3\pi}{2}$ =

h) sen $\frac{2\pi}{3}$ =

i) sen $\frac{3\pi}{2}$ =

j) sen 0 =

k) cos π =

l) cos $\frac{2\pi}{3}$ =

m) sen $\frac{5\pi}{3}$ =

n) cos $\frac{\pi}{2}$ =

o) sen 4π =

p) cos 0 =

q) sen $\frac{4\pi}{3}$ =

r) sen $\frac{4\pi}{3}$ =

3) **Comprimento de um arco**

Já sabemos que a razão entre o comprimento de uma circunferência e o seu diâmetro é a constante π , onde π é o númro irracional 3 , 1415926535 897932384 ...

Então, o comprimento **C** de uma circunferência de raio **R** é dado por:

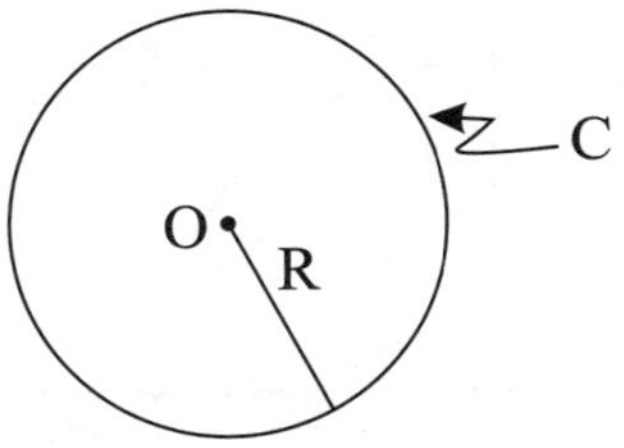

$$\frac{C}{2R} = \pi \Rightarrow \boxed{C = 2\pi R}$$

Como arcos congruentes, de uma mesma circunferência têm a mesma medida em graus e os comprimentos de arcos de uma mesma circunferência são proporcionais à suas medidas em graus, o comprimento ℓ de um arco de circunferência de medida α ($\alpha = x^o$) será:

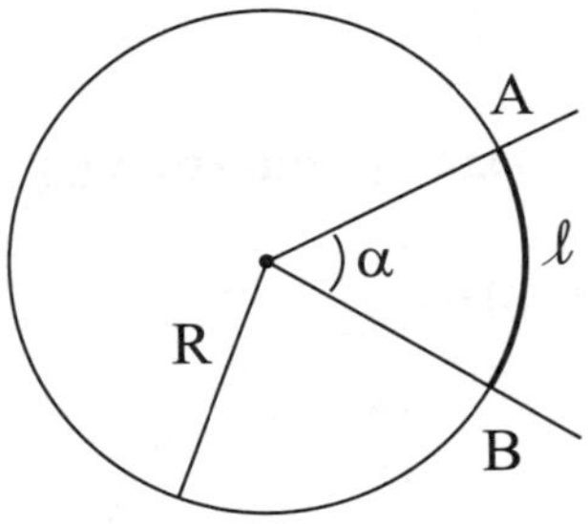

$$\ell = \frac{\alpha}{360^o} . C \Rightarrow \boxed{\ell = \frac{\alpha}{360^o}(2\pi R)} \text{ ou } \boxed{\ell = \frac{x}{360}(2\pi R)}$$

Note que o comprimento de um arco de circunferência é dado na mesma unidade do raio.

4) **Radianos**

O radiano é uma unidade para medir ângulos e também arcos de circunferência

Dizemos que um ângulo mede **1 radiano** (1 rad) quando ele determina numa circunferência de raio **R** e centro no vértice dele, um arco de comprimento **R** e dizemos que uma arco de uma circunferência de raio **R** mede **1 radiano**, quando o seu comprimento for igual a medida do raio **R** .

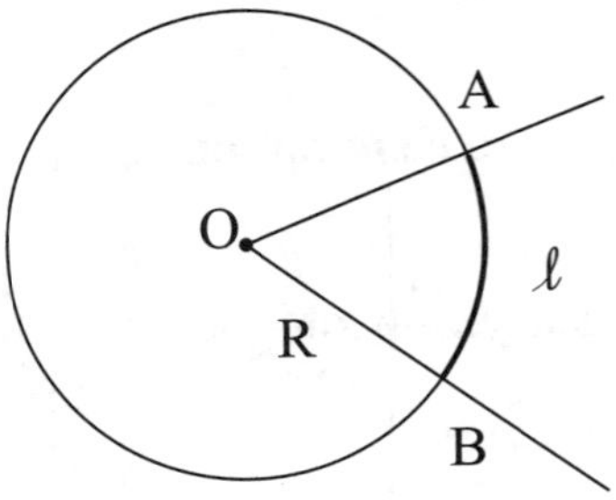

Se o comprimento ℓ do arco AB for igual a R , temos:

$$\boxed{m(A\hat{O}B) = 1 \text{ rad} \quad \text{e} \quad m(\widehat{AB}) = 1 \text{ rad}}$$

5) **Medida de um arco em radiano**

Para determinarmos o número real α de radianos que mede um arco AB de uma circunferência de raio **R** , basta acharmos a razão entre o comprimento de AB e R . Isto é:

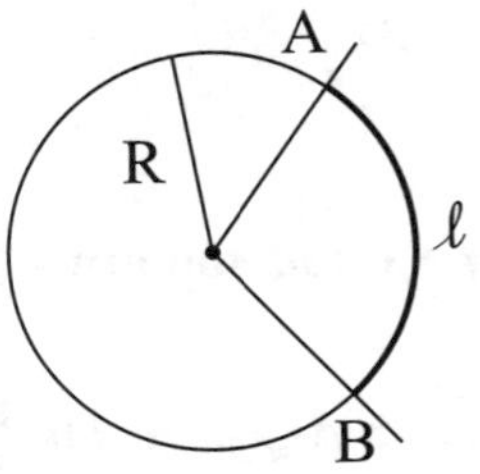

$$\boxed{\alpha = \frac{\ell}{R}}$$ onde ℓ é o comprimento de $\widehat{AB}$

VII FUNÇÕES CIRCULARES

1) Funções Seno e Cosseno

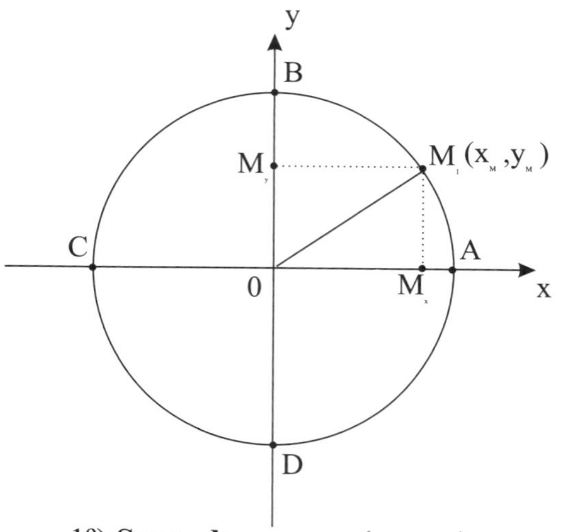

No ciclo trigonométrico que definimos anteriormente adotaremos o eixo das ordenadas (Oy) como **eixo dos senos** e o eixo das abscissas (Ox) como **eixo dos cossenos**.

Como $\overline{OA}$ = raio = 1 , temos **O = (0, 0)** , **A = (1, 0)** , **B = (0, 1)** , **C = (– 1, 0)** , **D = (0, – 1)** e $M = (X_M, Y_M)$.

Seja **M** a imagem trigonométrica do arco $\widehat{AM}$ | $\widehat{AM}$ = **a** , a ∈ R , medida essa dada em graus ou radianos.

Sejam $\mathbf{M_x}$ e $\mathbf{M_y}$ as projeções ortogonais de M sobre os eixos horizontal (Ox) e vertical (Oy), respectivamente.

Isto posto, podemos definir:

1º) Seno do arco a (sen a)

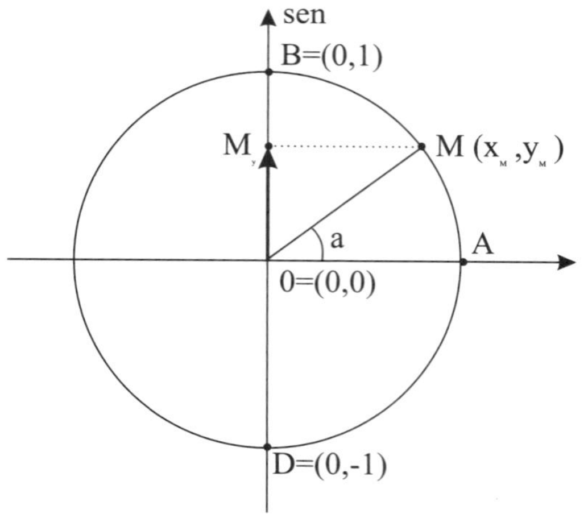

$$\text{sen } a = \overline{OM_y}$$

onde $\overline{OM_y}$ é a medida algébrica do segmento orientado $\overrightarrow{OM_y}$

ou

$$\text{sen } a = \text{ordenada do ponto } M = y_M$$

2º) Cosseno do arco a (cos a)

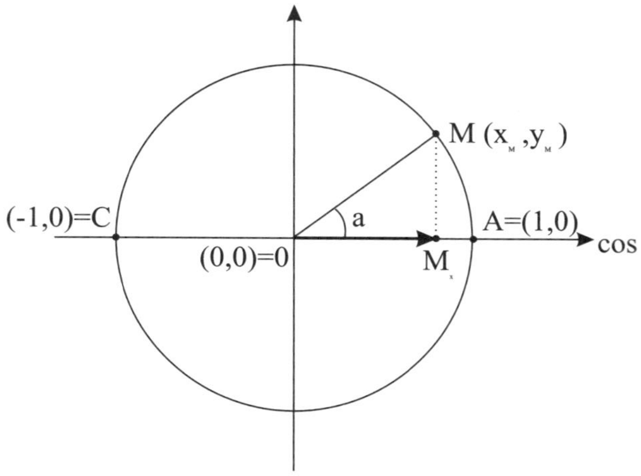

$$\cos a = \overline{OM_x}$$

onde $\overline{OM_x}$ é a medida algébrica do segmento orientado $\overrightarrow{OM_x}$

ou

$$\cos a = \text{abscissa do ponto } M = x_M$$

Observações:

1ª) É fácil perceber que quando M percorre a circunferência, $-1 \leq x_M \leq 1$ e $-1 \leq y_M \leq 1$ e, por conseqüência, $\mathbf{-1 \leq \cos a \leq 1}$ e $\mathbf{-1 \leq \text{sen } a \leq 1}$.

2ª) Como já vimos, os arcos a, a + 2π , a + 2 . 2π , a + k . 2π (k ∈ Z) têm mesma imagem M no ciclo trigonométrico e , portanto, **sen a = sen (a + 2π) = . . . = sen (a + k . 2π)** o mesmo ocorrendo com **cosseno de a** o que faz com que as funções **f (a) = sen a** e **f (a) = cos a** sejam classificadas como periódicas (como veremos mais adiante neste livro) .

Vejamos o intervalo de variação do número real α que expressa em radianos a medida de um arco de circunferência.

Como o comprimento ℓ de um arco de circunferência de raio R varia de Zero (arco nulo) ate $2\pi R$ (circunferência), temos:

$0 \leq \ell \leq 2\pi R$ Dividindo por R obtemos:

$$\frac{0}{R} \leq \frac{\ell}{R} \leq \frac{2\pi R}{R} \Rightarrow \boxed{0 \leq \alpha \leq 2\pi}$$

Escreveremos também: 0 rad $\leq \alpha$ rad $\leq 2\pi$ rad

Quando escreveremos 0 rad $\leq$ x $\leq 2\pi$ rad , deve ficar claro que x = α rad e α é real com $0 \leq \alpha \leq 2\pi$.

O comprimento de uma arco AB de uma circunferência de raio R pode ser dado em função da sua medida α radianos da seguinte forma:

$\boxed{\alpha = \frac{\ell}{R}} \Rightarrow \boxed{\ell = \alpha R}$, onde ℓ é o comprimento de $\widehat{AB}$

Obs: A medida de um ângulo , em radianos, é igual à medida em radianos do arco que os lados do ângulo determina em uma circunferência com centro no vértice do ângulo. Sendo α a medida de um ângulo, em radianos, note que: $0 \leq \alpha \leq \pi$.

6) **Área de um setor em função do arco em radianos**

Sendo ℓ o comprimento do arco de um setor de uma circunferência de raio R , note que $\theta = \frac{\ell}{R}$ é a medida do arco em radiano. Como a área de um setor é dada por $\frac{1}{2}\ell R$, temos:

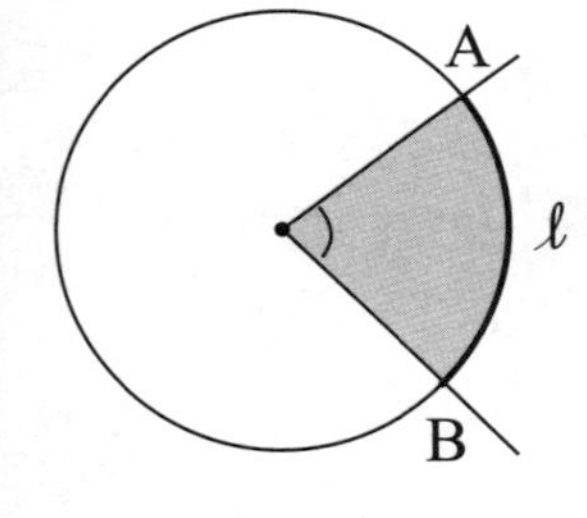

$$A_{setor} = \frac{1}{2}\ell R = \frac{1}{2}\frac{\ell}{R} . R^2 = \frac{1}{2}\theta R^2 \Rightarrow \boxed{A_{setor} = \frac{\theta R^2}{2}}$$

Exemplo 1 : A seguinte tabela mostra alguns arcos notáveis com as correspondentes medidas em graus e radianos.

Arco	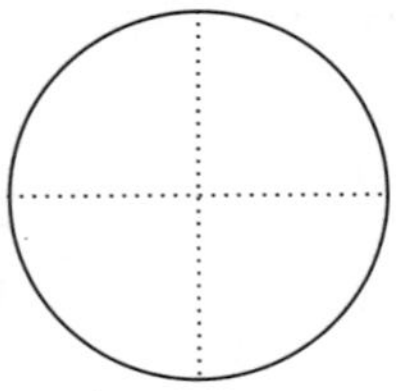	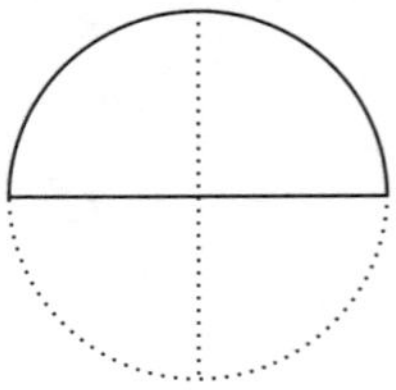	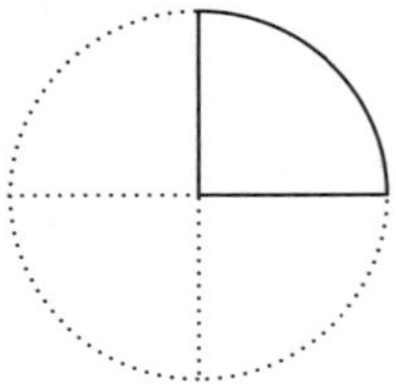	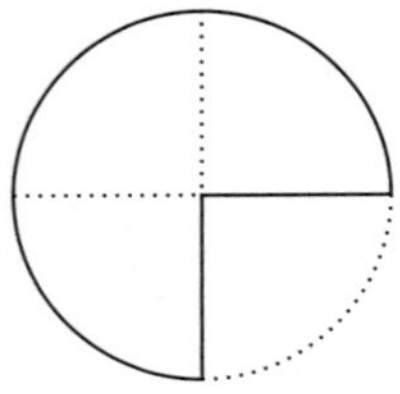
Graus	360	180	90	270
Radianos	2π	π	$\frac{\pi}{2}$	$\frac{3\pi}{2}$

Resp: 192

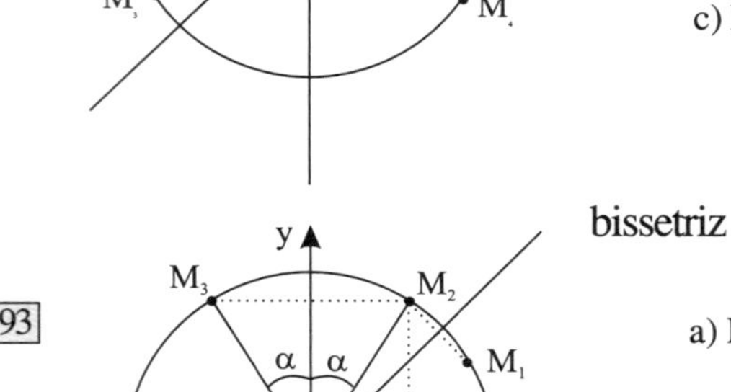

a) Em relação ao eixo das ordenas Oy)

b) Em relação à origem O do sistema cartesiano Oxy.

c) Em relação ao eixo das abscissas (0x).

193

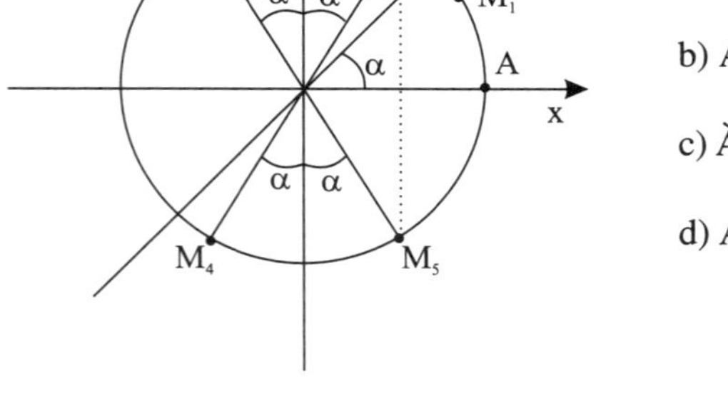

a) Em relação à bissetriz dos quadrantes I e III

b) Ao eixo das ordenadas (Oy).

c) À origem do sistema (O).

d) Ao eixo das abscissas (Ox).

Exemplo 2: Em cada caso está mostrada a correspondência entre as medidas, em graus e radianos, de um mesmo arco.

a) $180^\circ \leftrightarrow \pi$ rad b) $90^\circ \leftrightarrow \frac{\pi}{2}$ rad c) $45^\circ \leftrightarrow \frac{\pi}{4}$ rad d) $22^\circ 30' \leftrightarrow \frac{\pi}{8}$ rad

d) $11^\circ 15' \leftrightarrow \frac{\pi}{16}$ rad e) $60^\circ \leftrightarrow \frac{\pi}{3}$ rad f) $30^\circ \leftrightarrow \frac{\pi}{6}$ rad g) $15^\circ \leftrightarrow \frac{\pi}{12}$ rad

h) $120^\circ = \frac{2\pi}{3}$ rad i) $135^\circ \leftrightarrow \frac{3\pi}{4}$ rad j) $150^\circ \leftrightarrow \frac{5\pi}{6}$ rad k) $75^\circ \leftrightarrow \frac{5\pi}{12}$ rad

Exemplo 3: Obter em radianos a medida de um arco de 50°

1° Modo: (Regra de três)

$$\begin{cases} 180^\circ & \rightarrow \quad \pi\,\text{rad} \\ 50^\circ & \rightarrow \quad x \end{cases} \Rightarrow \quad 180^\circ x = 50^\circ \pi \quad \Rightarrow \quad \boxed{x = \frac{5\pi}{18}} \Rightarrow \quad 50^\circ \leftrightarrow \frac{5\pi}{18}\,\text{rad}$$

$$2^\circ \text{ Modo: } 50^\circ = \frac{50^\circ \pi}{\pi} \quad \Rightarrow \quad x = \frac{50^\circ \pi}{180^\circ} \quad \Rightarrow \quad \boxed{x = \frac{5\pi}{18}}$$

Obs: Para fazer a "volta" basta usarmos a correspondência $\pi \leftrightarrow 180^\circ$

$$\frac{5\pi}{18}\,\text{rad} \leftrightarrow \frac{5\,.\,180^\circ}{18} = 5\,.\,10^\circ = 50^\circ$$

Exemplo 4 : Um arco de uma circunferência de 10 cm de raio mede 25 cm.
Qual é em radianos a medida desse arco?

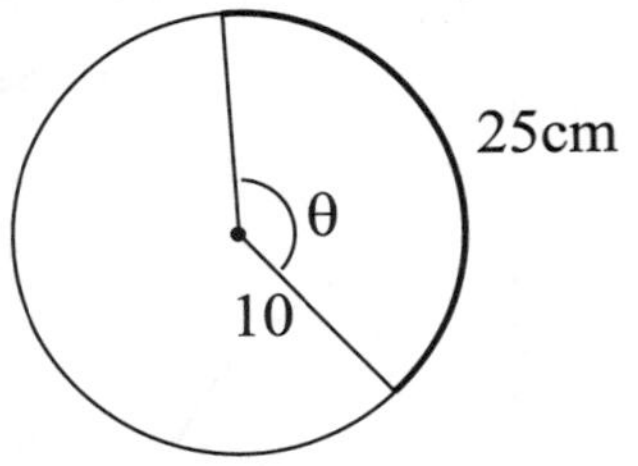

$$\theta = \frac{\ell}{R} \quad \Rightarrow \quad \theta = \frac{25}{10} \quad \Rightarrow \quad \theta = \frac{5}{2} \quad \text{ou} \quad \theta = 2{,}5$$

Resp: 2,5 rad

Exemplo 5: Um setor circular mede $\frac{2\pi}{7}$ rad e tem $28\pi\ \text{cm}^2$ de área.

Determine o raio do círculo.

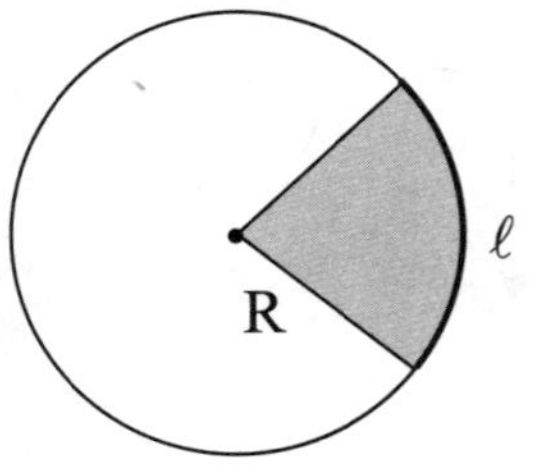

$$1^\circ \text{ Modo: } A_{setor} = \frac{\theta R^2}{2} \quad \Rightarrow \quad 28\pi = \frac{1}{2}\frac{2\pi}{7}.R^2 \quad \Rightarrow$$

$$\Rightarrow \quad R^2 = 196 \quad \Rightarrow \quad \boxed{R = 14}$$

$$2^\circ \text{ Modo: } 1^\circ)\ \theta = \frac{\ell}{R} \quad \Rightarrow \quad \frac{2\pi}{7} = \frac{\ell}{R} \quad \Rightarrow \quad \ell = \frac{2\pi R}{7}$$

$$2^\circ)\ A_{setor} = \frac{\ell R}{2} \quad \Rightarrow \quad 28\pi = \frac{2\pi R}{7}.\frac{1}{2}.R \Rightarrow$$

$$\Rightarrow \quad R^2 = 196 \quad \Rightarrow \quad \boxed{R = 14}$$

Resp: 14 cm

192 Na figura abaixo M_1 é a imagem do arco cuja medida é $\widehat{AM}_1 = \alpha$, $0 < \alpha < \frac{\pi}{4}$. Com a ajuda de um compasso localize nesse mesmo ciclo as imagens M_2 , M_3 , M_4 tais que $\widehat{AM}_2 = \pi - \alpha$, $\widehat{AM}_3 = \pi + \alpha = \alpha + \pi$ e $\widehat{AM}_4 = 2\pi - \alpha$.

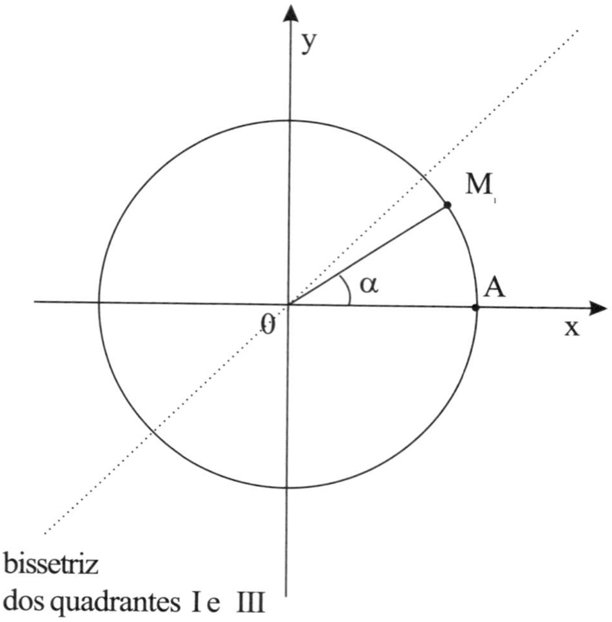

A seguir, complete as frases abaixo:

a) $\mathbf{M_2}$ é simétrico de $\mathbf{M_1}$ em relação a ____________________.

b) $\mathbf{M_3}$ é simétrico de $\mathbf{M_1}$ em relação a ____________________.

c) $\mathbf{M_4}$ é simétrico de $\mathbf{M_1}$ em relação a ____________________.

193 Na figura abaixo, localize (usando um compasso) as imagens M_2 , M_3 , M_4 , M_5 dos arcos com medidas $\widehat{AM}_2 = \frac{\pi}{2} - \alpha$, $\widehat{AM}_3 = \frac{\pi}{2} + \alpha$, $\widehat{AM}_4 = \frac{3\pi}{2} - \alpha$ e $\widehat{AM}_5 = \frac{3\pi}{2} + \alpha$.

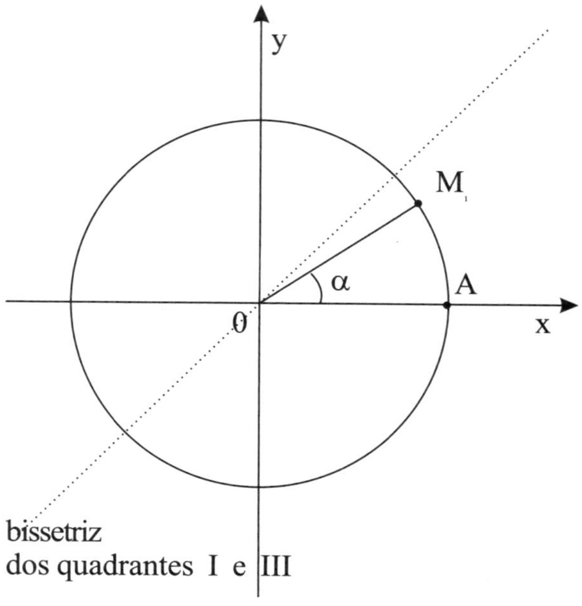

A seguir, complete as frases abaixo:

a) $\mathbf{M_2}$ é simétrico de $\mathbf{M_1}$ em relação a ____________________.

b) $\mathbf{M_3}$ é simétrico de $\mathbf{M_2}$ em relação a ____________________.

c) $\mathbf{M_4}$ é simétrico de $\mathbf{M_2}$ em relação a ____________________.

d) $\mathbf{M_5}$ é simétrico de $\mathbf{M_2}$ em relação a ____________________.

Resp: **191** a) $\frac{4\pi}{5}$ b) $\frac{6\pi}{7}$ c) $\frac{15\pi}{8}$ d) $\frac{10\pi}{11}$ e) $\frac{11\pi}{9}$ f) $\frac{5\pi}{12}$ g) $\frac{24\pi}{13}$ h) $\frac{21\pi}{23}$

EXERCÍCIOS

145 Em cada caso é dada uma medida, em graus, de um ângulo. Determine em radianos a medida do mesmo ângulo

a) 70° b) 72°

c) 36° d) 40°

146 Dada a medida em radianos, determine a medida correspondente em graus, nos casos:

a) $\frac{2\pi}{3}$ rad b) $\frac{3\pi}{5}$ rad

c) $\frac{7\pi}{12}$ rad d) $\frac{3\pi}{20}$ rad

147 O raio de uma circunferência mede 6 cm. Em cada caso é dado o comprimento ℓ de um arco dessa circunferência. Determine a medida, em radianos, desses arcos.

a) $\ell = 18$ cm b) $\ell = 24$ cm

c) $\ell = 9\pi$ cm d) $\ell = 9$ cm

148 Em cada caso é dado a medida, em radianos, de um arco de uma circunferência de 18 cm de raio. Determine o comprimento do arco.

a) $\frac{5\pi}{3}$ rad b) 3 rad

149 Em cada caso é dado o comprimento de um arco de $\frac{2\pi}{3}$ rad de um arco de circunferência. Determine o raio da circunferência.

a) $\ell = 36\pi$ cm b) $\ell = 54\pi$ cm

191 Determine, em radianos, a primeira determinação positiva dos arcos:

a) $a = \frac{44\pi}{5}$

b) $a = \frac{-106\pi}{7}$

c) $a = \frac{79\pi}{8}$

d) $a = \frac{-144\pi}{11}$

e) $a = \frac{-79\pi}{9}$

f) $a = \frac{101\pi}{12}$

g) $a = \frac{-132\pi}{13}$

h) $a = \frac{-117\pi}{23}$

Resp: 190 a) $\frac{3\pi}{8}$ b) $\frac{17\pi}{10}$ c) $\frac{3\pi}{10}$

150 Em cada caso é dada a medida em graus de um arco AB de circunferência e o raio da circunferência. Determine o comprimento do arco AB .

a) 120° e 12 cm	b) 135° e 24 cm

151 Determine a área de um setor circular dado o ângulo α e o raio R.

a) $\alpha = 72^\circ$, $R = 15\sqrt{2}$ cm	b) $\alpha = \frac{5\pi}{9}$ rad , $R = 18$ cm

c) $\alpha = 225^\circ$, $R = 12$ cm	d) $\alpha = \frac{4\pi}{5}$ rad , $R = 15$ cm

152 Como os submúltiplos do grau são o minuto e o segundo ($1^\circ = 60'$ e $1' = 60''$), simplifique as seguintes medidas:

a) $15^\circ\ 80'$	b) $5^\circ\ 100''$	c) $2^\circ\ 30'\ 150''$	d) $25^\circ\ 59'\ 60''$

153 Efetuar:

a) $5^\circ\ 31'\ 40'' + 6^\circ\ 50'50''$	b) $6^\circ - 3^\circ\ 40'50''$

c) $5 . (5^\circ\ 15'40'')$	d) $(16^\circ\ 22'\ 30'') : 3$

Resp: 145 a) $\frac{7\pi}{18}$ rad b) $\frac{2\pi}{5}$ rad c) $\frac{\pi}{5}$ rad d) $\frac{2\pi}{9}$ rad 146 a) 120° b) 108° c) 105° d) 27°

147 a) 3 rad b) 4 rad c) $\frac{3\pi}{2}$ rad d) $\frac{3}{2}$ rad 148 a) 30π cm b) 54 cm 149 a) 54 cm b) 81 cm

190 Um outro modo de determinarmos a primeira determinação positiva a_0 ($0 \le a_0 < 2\pi$) de um arco **a**, em radianos, é tirarmos (quando $a \ge 2\pi$) ou somarmos (quando $a < 0$) o maior "número de voltas" possível de modo que o resultado obtido esteja entre **0** e **2π**, **0** inclusive.

Isto é: Sendo k inteiro positivo, temos:

1º) $a \ge 2\pi$

$0 \le a - k(2\pi) < 2\pi \Rightarrow a_0 = a - k(2\pi)$

2) $a < 0$

$0 \le a + k(2\pi) < 2\pi \Rightarrow a_0 = a + k(2\pi)$

Exemplo: $a = \frac{83\pi}{12}$ rad

"Números de voltas" com denominador 12: $(\frac{24\pi}{12}, \frac{48\pi}{12}, \frac{72\pi}{12}, \frac{96\pi}{12}, \ldots)$

$$a_0 = \frac{83\pi}{12} - \frac{72\pi}{12} \Rightarrow \boxed{a_0 = \frac{11\pi}{12}}$$

Exemplo: $a = -\frac{57\pi}{7}$ rad

"Número de voltas" com denominador 7: $(\frac{14\pi}{7}, \frac{28\pi}{7}, \frac{42\pi}{7}, \frac{56\pi}{7}, \frac{70\pi}{7}, \ldots)$

$$a_0 = -\frac{57\pi}{7} + \frac{70\pi}{7} \Rightarrow \boxed{a_0 = \frac{13\pi}{7}}$$

Determine, em radianos, a primeira determinação positiva dos arcos:

a) $a = \frac{51\pi}{8}$

b) $a = \frac{77\pi}{10}$

c) $a = \frac{-77\pi}{10}$

Resp: **189** f) $a_0 = \frac{5\pi}{6}$ g) $a_0 = \frac{\pi}{3}$ h) $a_0 = \frac{4\pi}{5}$ i) $a_0 = \frac{\pi}{2}$ j) $a_0 = \frac{3\pi}{4}$ k) $a_0 = \frac{4\pi}{9}$

154 Expressar $\frac{\pi}{81}$ rad em graus

155 Expressar 5° 37' 30" em radianos

156 Com o auxílio de uma calculadora simples mostre que 1 rad corresponde a 57° 17' 44", aproximadamente.
(Usar π = 3, 1416)

157 Determine o menor ângulo, em graus, formado pelos: ponteiros de um relógio nos seguintes horários:

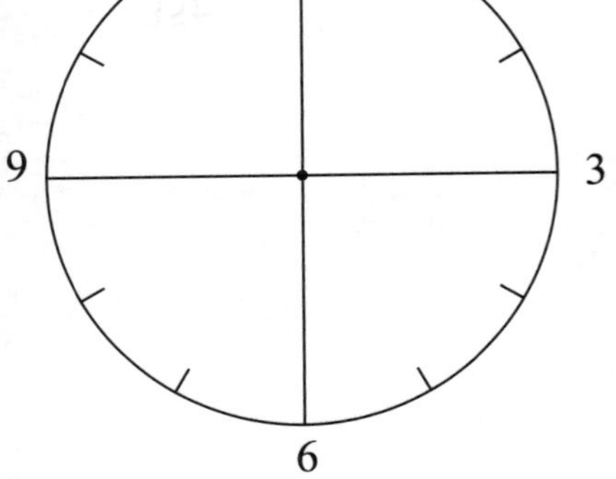

a) 1 : 00 ↔

b) 2 : 00 ↔

c) 4 : 00 ↔

d) 7 : 00 ↔

e) 8 : 00 ↔

f) 10 : 00 ↔

Resp: 150 a) 8π cm b) 18π cm 151 a) $90\pi\ cm^2$ b) $90\pi\ cm^2$ c) $90\pi\ cm^2$ d) $90\pi\ cm^2$
152 a) 16° 20' b) 5° 1' 40" c) 2° 32' 30" d) 26°
153 a) 12° 22' 30" b) 2° 19' 10" c) 26° 18' 20" d) 5° 27' 30"

f) $a = -\frac{55\pi}{6}$

g) $a = -\frac{35\pi}{3}$

h) $a = \frac{64\pi}{5}$

i) $a = -\frac{7\pi}{2}$

j) $a = -\frac{61\pi}{4}$

k) $a = \frac{58\pi}{9}$

Resp: 189 a) $a_0 = \frac{3\pi}{2}$ b) $a_0 = \frac{11\pi}{6}$ c) $a_0 = \frac{6\pi}{7}$ d) $a_0 = \frac{7\pi}{4}$ e) $a_0 = \frac{3\pi}{2}$

158 Determine, em graus, o menor ângulo formado pelos ponteiros de um relógio nos seguintes horários:

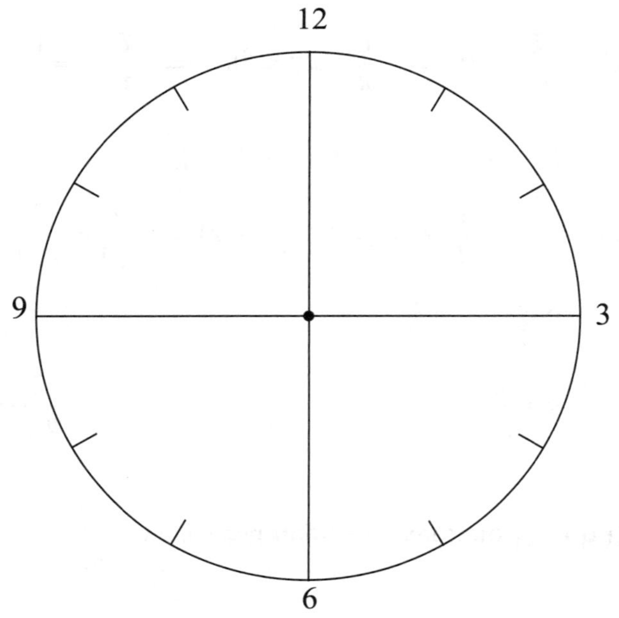

a) 2 : 30

b) 8 : 30

c) 3 : 20

d) 1 : 20

e) 4 : 20

f) 10 : 20

g) 6 : 50

h) 9 : 40

i) 8 : 50

j) 2 : 50

k) 1 : 15

l) 9 : 15

m) 6 : 45

n) 3 : 45

159 Os arcos AB e CD da figura são centrados em **O** e BD = 10 cm.

Se o arco AB tem $\frac{\pi}{5}$ rad e o arco CD 6π cm, determine:

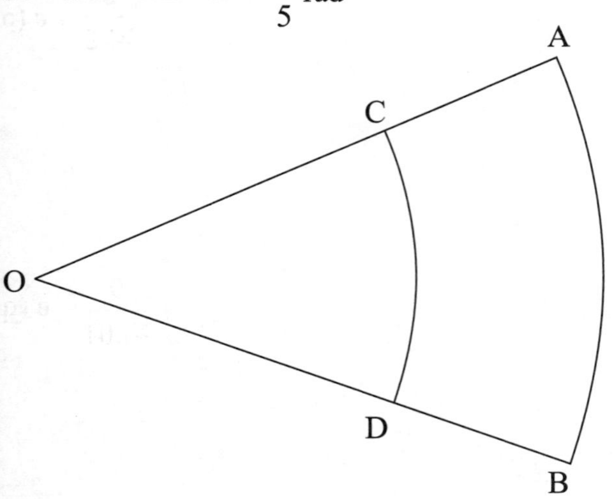

a) A medida de CD em radianos

b) As medidas em graus dos arcos AB e CD

c) O comprimento do arco AB

d) A área do setor COD

e) A área do setor AOB

Resp: 154 2º 13'20" 155 $\frac{\pi}{32}$ rad

157 a) 30º b) 60º c) 120º d) 150º e) 120º f) 60º

189 Calcule, em radianos, a primeira determinação positiva ($0 \leq a_0 < 2\pi$) dos seguintes arcos:

a) $a = \dfrac{23\pi}{2}$

b) $a = \dfrac{107\pi}{6}$

c) $a = \dfrac{34\pi}{7}$

d) $a = \dfrac{31\pi}{4}$

e) $a = -\dfrac{17\pi}{2}$ (veja a estratégia do exercício 187 (b))

$\alpha = \dfrac{17\pi}{2}$ $\qquad 17 \,\lfloor 2$; $1 \quad 8$ $\Rightarrow \dfrac{17}{2} = 8 + \dfrac{1}{2}$

$$\alpha = \frac{17\pi}{2} = \frac{17}{2} \cdot \pi = (8 + \frac{1}{2}) \cdot \pi = 8\pi + \frac{1}{2} \cdot \pi \Rightarrow \alpha_0 = \frac{\pi}{2}$$

$$\Rightarrow a_{-1} = -\frac{\pi}{2} \Rightarrow a_0 = 2\pi - \frac{\pi}{2} \Rightarrow \mathbf{a_0 = \frac{3\pi}{2}}$$

Resp: 188 b) $a_0 = \dfrac{\pi}{3}$ c) $a_0 = \dfrac{3\pi}{4}$ d) $a_0 = \dfrac{2\pi}{5}$ e) $a_0 = \dfrac{4\pi}{3}$

160 A região sombreada da figura abaixo é limitada por arcos centrados em **O** e tem $40\pi\ cm^2$ de área. Determine o perímetro da região sombreada se os raios dos arcos medem 16 cm e 24 cm.

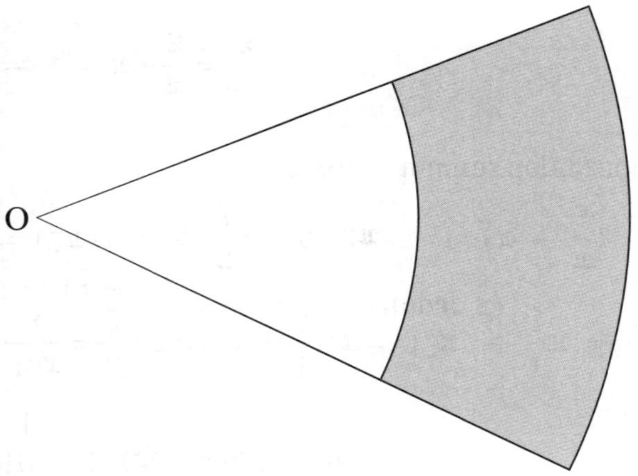

161 Os eixos x e y, neste e nos exercícios onde aparecerem, definem um sistema cartesiano ortogonal. Os arcos AM_1, AM_2, ... devem ser considerados como aquele que contém os pontos descritos por um ponto que percorre a circunferência no sentido anti-horário, partindo de **A** e indo até **M**. Neste exercício, por exemplo, $AM_3 = 270°$ e não $AM_3 = 90°$.
Determine, em graus, a medida do arco não nulo indicado, nos casos:

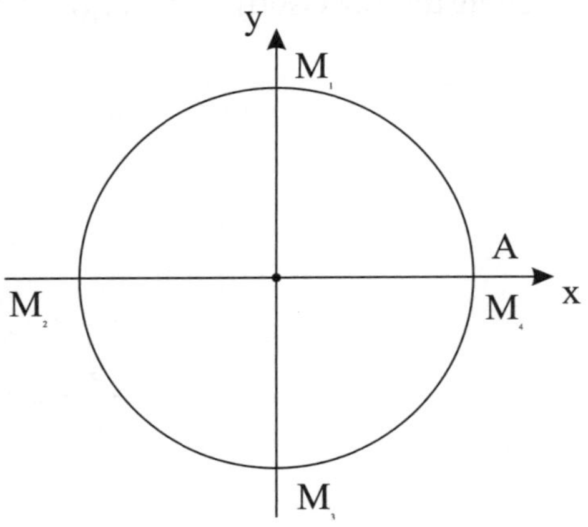

a) $\widehat{AM}_4 =$ (1 volta)

b) $\widehat{AM}_1 =$

c) $\widehat{AM}_2 =$

d) $\widehat{AM}_3 =$

162 Determine, em radianos, a medida do arco não nulo indicado, nos casos:

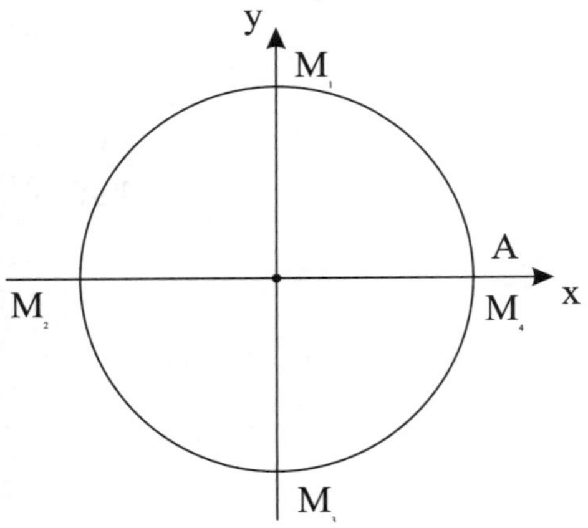

a) $\widehat{AM}_4 =$ $\leftrightarrow$ 360° (1 volta)

b) $\widehat{AM}_2 =$ $\leftrightarrow$ 180°

c) $\widehat{AM}_1 =$ $\leftrightarrow$ 90°

d) $\widehat{AM}_3 =$ $\leftrightarrow 3 \cdot 90° = 270°$

Resp: **158** a) 105° b) 75° c) 20° d) 80° e) 10° f) 170° g) 95° h) 50° i) 35° j) 145° k) 52° 30' l) 172° 30' m) 67° 30' n) 157° 30'

159 a) $\frac{\pi}{5}$ rad b) 36° e 36° c) 8π cm d) $90\pi\ cm^2$ e) $160\pi\ cm^2$

188 b) $a = \dfrac{31\pi}{3}$

c) $a = \dfrac{35\pi}{4}$

d) $a = \dfrac{22\pi}{5}$

e) $a = \dfrac{40\pi}{3}$ (observe com atenção)

$$\begin{array}{l|l} 40 & 3 \\ \hline 10 & 13 \text{ (quociente ímpar)} \\ \ \ 1 & \end{array} \Rightarrow \frac{40}{3} = 13 + \frac{1}{3}$$

$$\frac{40\pi}{3} = \frac{40}{3} \cdot \pi = \left(13 + \frac{1}{3}\right) \cdot \pi = \underbrace{13\pi}_{\text{(ímpar } \pi)} + \frac{1}{3}\pi =$$

$$= \overbrace{12\pi + \pi}^{13\pi} + \frac{\pi}{3} = \underbrace{\mathbf{6 \cdot 2\pi}}_{\text{6 voltas inteiras deprezadas}} + \left(\pi + \frac{\pi}{3}\right) \Rightarrow$$

$$\Rightarrow \mathbf{a_0} = \pi + \frac{\boldsymbol{\pi}}{\mathbf{3}} = \frac{\mathbf{4\pi}}{\mathbf{3}}$$

Resp: 187 e) $a_0 = 0°$ f) $a_0 = 240°$ g) $a_0 = 135°$ h) $a_0 = 143°$

163 Sabendo que $M_1 M_2 M_3 M_4$ é um quadrado com lados perpendiculares aos eixos, determine as medidas, em graus, dos arcos da circunferência circunscrita, indicados:

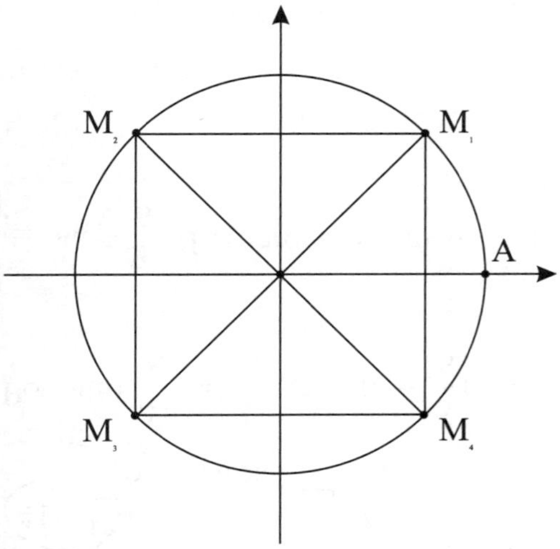

a) $\widehat{AM}_1 =$

b) $\widehat{AM}_2 =$

c) $\widehat{AM}_3 =$

d) $\widehat{AM}_4 =$

164 $M_1 M_2 M_3 M_4$ é um quadrado com lados perpendiculares aos eixos. Determine as medidas, em radianos, dos arcos indicados:

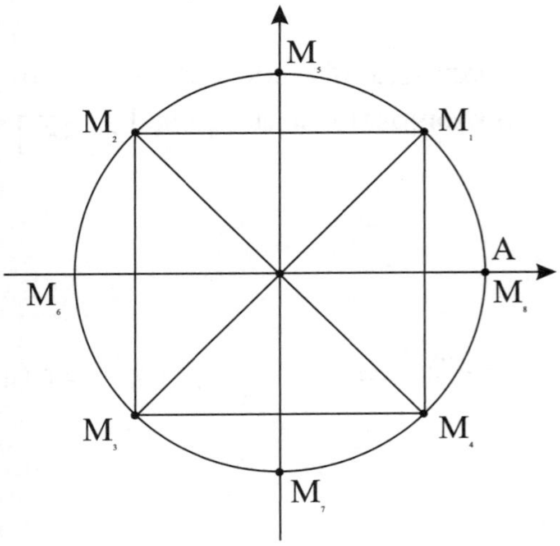

a) (1 volta) $\widehat{AM}_8 =$

b) (meia volta) $\widehat{AM}_6 =$

c) $\widehat{AM}_5 =$

d) $\widehat{AM}_1 =$

e) $\widehat{AM}_2 = 3\,\widehat{AM}_1 =$

f) $\widehat{AM}_3 = 5\,\widehat{AM}_1 =$

g) $\widehat{AM}_7 = 6\,\widehat{AM}1 =$

h) $\widehat{AM}_4 = 7\,\widehat{AM}_1 =$

165 $M_1 M_2 M_3 M_4$ é um retângulo com lados perpendiculares aos eixos e lado horizontal $M_1 M_2$ congruente ao raio, doravante chamado "**retângulo em pé**". Determine as medidas, em graus, dos arcos, nos casos:

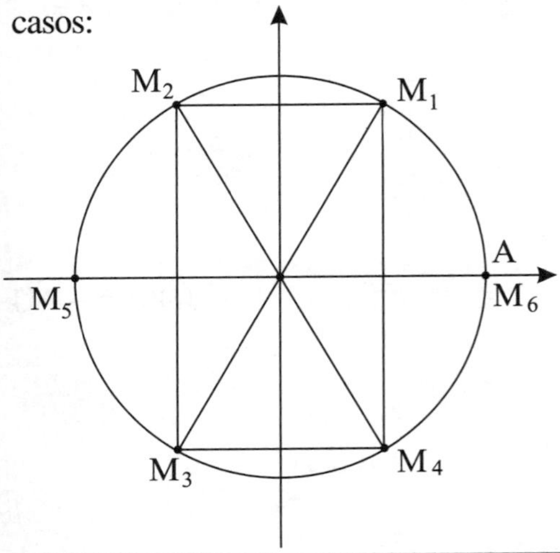

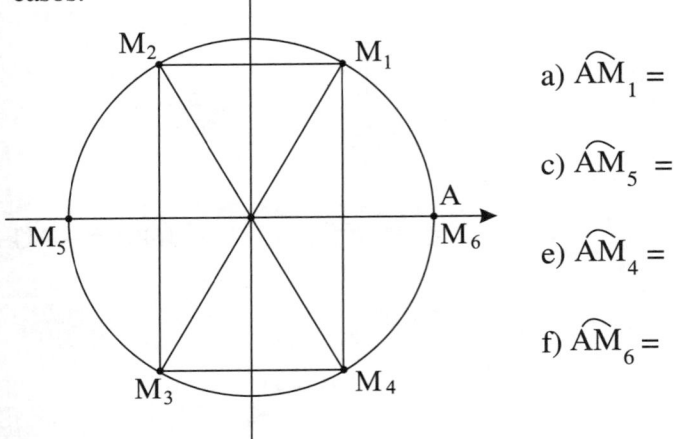

a) $\widehat{AM}_1 =$

b) $\widehat{AM}_2 =$

c) $\widehat{AM}_5 =$

d) $\widehat{AM}_3 =$

e) $\widehat{AM}_4 =$

f) $\widehat{AM}_6 =$ (1 volta)

Resp: **160** $2(5\pi + 8)$ cm **161** a) 360º b) 90º c) 180º d) 270º

162 a) 2π b) π c) $\frac{\pi}{2}$ d) $\frac{3\pi}{2}$

e) $a = 2160°$ $\Rightarrow$ $a_0 =$

f) $a = -1560°$ $\Rightarrow$ $a_0 =$

g) $a = 2655°$ $\Rightarrow$ $a_0 =$

h) $a = -2017°$ $\Rightarrow$ $a_0 =$

188 Após observar a resolução do item (a), calcule (em radianos) a primeira determinação positiva $(0 \leq a_0 < 2\pi)$ dos seguintes arcos:

a) $a = \frac{41\pi}{6}$

Inicialmente transformamos $\frac{41}{6}$ em número misto, isto é, extraímos os inteiros da fração $\frac{41}{6}$:

$41 \underline{|\ 6}$; resto 5, 6 inteiros $\Rightarrow \frac{41}{6} = 6 + \frac{5}{6}$

Portanto $\frac{41}{6} = \frac{41}{6} . \pi = (6 + \frac{5}{6})\pi = 6\pi + \frac{5}{6}\pi = \underbrace{3 . 2\pi}_{\text{(3 voltas positivas desprezadas)}} + \frac{5\pi}{6} \Rightarrow$

$\Rightarrow$ $\mathbf{a_0 = \frac{5\pi}{6}}$ (Lembre-se: (número par) . π = número inteiro de voltas)

Resp: **187** a) $a_0 = 160°$ b) $a_0 = 115°$ c) $a_0 = 72°$ d) $a_0 = 320°$

166 $M_1 M_2 M_3 M_4$ é o "**retângulo em pé**" (lado horizontal $M_1 M_2$ = Raio da circunferência). Determine as medidas, em radianos, dos arcos:

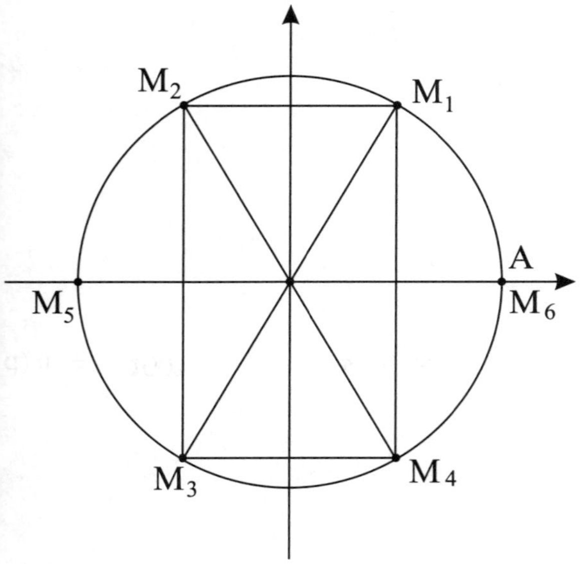

a) $\widehat{AM}_6 =$ (1 volta)

b) $\widehat{AM}_5 =$

c) $\widehat{AM}_1 = \frac{1}{3}\ \widehat{AM}_5 =$

d) $\widehat{AM}_2 = 2\ \widehat{AM}_1 =$

e) $\widehat{AM}_3 = 4\ \widehat{AM}1 =$

f) $\widehat{AM}_4 = 5\ \widehat{AM}_1 =$

g) $\widehat{AM}_6 = 6\ \widehat{AM}_1 =$

167 $M_1 M_2 M_3 M_4$ é um retângulo com lados perpendiculares aos eixos e lado vertical $M_2 M_3$ congruente ao raio, doranvante chamado "**retângulo deitado**". Determine, em graus, as medidas dos arcos indicados:

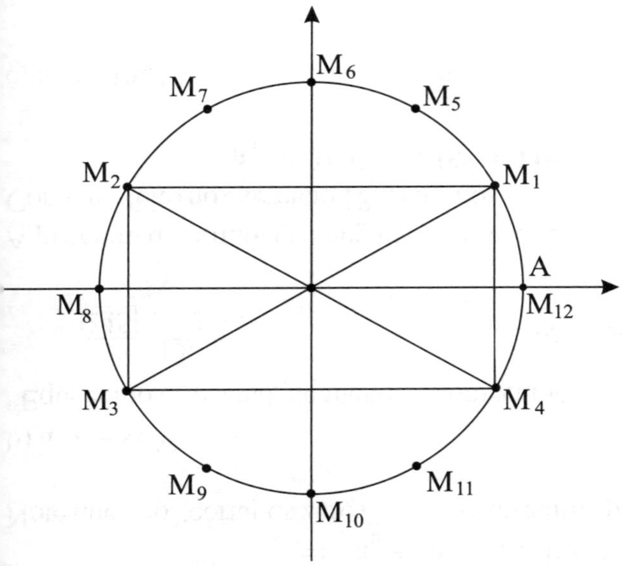

a) $\widehat{AM}_8 =$

b) $\widehat{AM}_1 = \frac{1}{6}\ \widehat{AM}_8 =$

c) $\widehat{AM}_5 = 2\ \widehat{AM}_1 =$

d) $\widehat{AM}_6 = 3\ \widehat{AM}_1 =$

e) $\widehat{AM}_7 = 4\ \widehat{AM}_1 =$

f) $\widehat{AM}_2 = 5\ \widehat{AM}1 =$

g) $\widehat{AM}_8 = 6\ \widehat{AM}_1 =$

h) $\widehat{AM}_3 = 7\ \widehat{AM}_1 =$

i) $\widehat{AM}_9 = 8\ \widehat{AM}_1 =$

j) $\widehat{AM}_{10} = 9\ .\widehat{AM}1 =$

k) $\widehat{AM}_{11} = 10\ \widehat{AM}_1 =$

l) $\widehat{AM}_4 = 11\ \widehat{AM}_1 =$

m) $\widehat{AM}_{12} = 12\ \widehat{AM}_1 =$

Resp: **163** a) 45° b) 135° c) 225° d) 315°

164 a) 2π b) π c) $\frac{\pi}{2}$ d) $\frac{\pi}{4}$ e) $\frac{3\pi}{4}$ f) $\frac{5\pi}{4}$ g) $\frac{6\pi}{4} = \frac{3\pi}{2}$ h) $\frac{7\pi}{4}$

165 a) 60° b) 120° c) 180° d) 240° e) 300° f) 360°

187 Calcule a primeira determinação positiva ($0° \le a_0 < 360°$) dos seguintes arcos com medidas dadas em graus (Observe as resoluções dos itens (a) e (b)):

a) **a = 1600º**

$$\begin{array}{r|l} 1600 & 360 \\ \hline \boxed{160} & 4 \end{array}$$

nesta "divisão euclidiana"

temos, por definição: $1600° = \underbrace{4 \cdot 360°}_{\text{4 voltas positivas são desprezadas}} + 160°$

$\Rightarrow$ $\mathbf{a_0 = 160°}$ é a 1ª determinação positiva de **a**

Note que não "cortar os zeros" na divisão acima pois isto dividiria o resto por 10 , alterando-o.

b) $a = -965°$

"Equecemos" o sinal de menos e começamos achando α_0 do arco $\alpha = 965°$

$$\begin{array}{r|l} 965 & 360 \\ \hline \boxed{245} & 2 \end{array} \quad \Rightarrow \quad 965° = 2 \cdot 360° + 245° \Rightarrow \alpha_0 = 245°$$

A primeira determinação negativa de a é $a_{-1} = -245°$

Como foi feito no exercício 184, teremos:

$$\mathbf{a_0 = 360° - 245° = 115°}$$

c) $a = 1152°$ $\Rightarrow$ $a_0 =$

d) $a = -400°$ $\Rightarrow$ $a_0 =$

Resp: **185** a) M_2 b) A c) M_2 d) A e) A f) M_2 g) A h) M_2
i) A j) M_2 k) A l) A m) M_2 n) M_2 o) A p) M_2

propriedade: arcos da forma $a_k = k \cdot \pi$ ($k \in Z$) têm sempre extremidades (imagens) em A (origem dos arcos) ou M_2 (π)

186 a) M_1 b) M_2 c) M_3 d) A e) M_3 f) M_3 g) M_2 h) M_3
i) M_3 j) A k) M_1 l) M_2 m) M_3

168 $M_1 M_2 M_3 M_4$ é o "retângulo deitado" (lado vertical $M_2 M_3$ = Raio da circunferência). Determine as medidas, em radianos, dos arcos:

a) $\widehat{AM}_8 =$

b) $\widehat{AM}_5 = \dfrac{1}{3} \widehat{AM}_8 =$

c) $\widehat{AM}_1 = \dfrac{1}{2} \widehat{AM}_5 =$

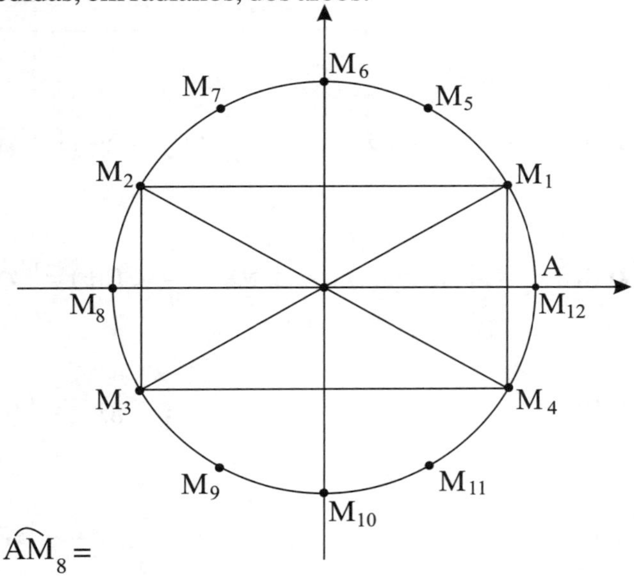

d) $\widehat{AM}_6 = 3 \widehat{AM}_1 =$

e) $\widehat{AM}_7 = 4 \widehat{AM}_1 =$

f) $\widehat{AM}_2 = 5 \widehat{AM}_1 =$

g) $\widehat{AM}_8 = 6 \widehat{AM}_1 =$

h) $\widehat{AM}_3 = 7 \widehat{AM}_1 =$

i) $\widehat{AM}_9 = 8 \widehat{AM}_1 =$

j) $\widehat{AM}_{10} = 9 \cdot \widehat{AM}_1 =$

k) $\widehat{AM}_{11} = 10 \widehat{AM}_1 =$

l) $\widehat{AM}_4 = 11 \widehat{AM}_1 =$

m) $\widehat{AM}_{12} = 12 \widehat{AM}_1 =$

169 $M_5 M_6 M_7 M_8$ é quadrado com lados perpendiculares aos eixos, $M_9 M_{10} M_{11} M_{12}$ é o "**retângulo em pé**" e $M_{13} M_{14} M_{15} M_{16}$ é o "**retângulo deitado**". Complete, em radianos:

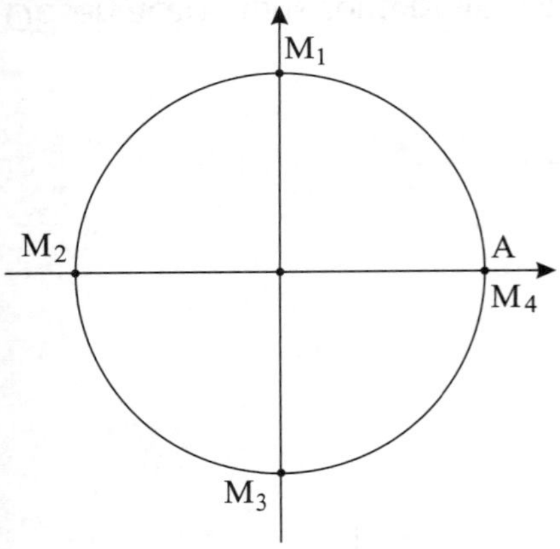

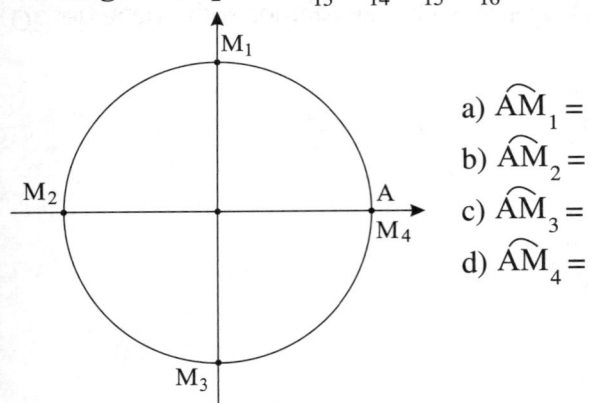

a) $\widehat{AM}_1 =$
b) $\widehat{AM}_2 =$
c) $\widehat{AM}_3 =$
d) $\widehat{AM}_4 =$

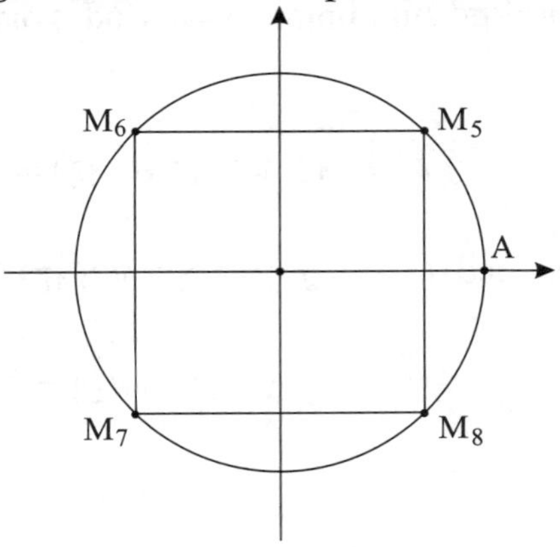

e) $\widehat{AM}_5 =$
f) $\widehat{AM}_6 =$
g) $\widehat{AM}_7 =$
h) $\widehat{AM}_8 =$

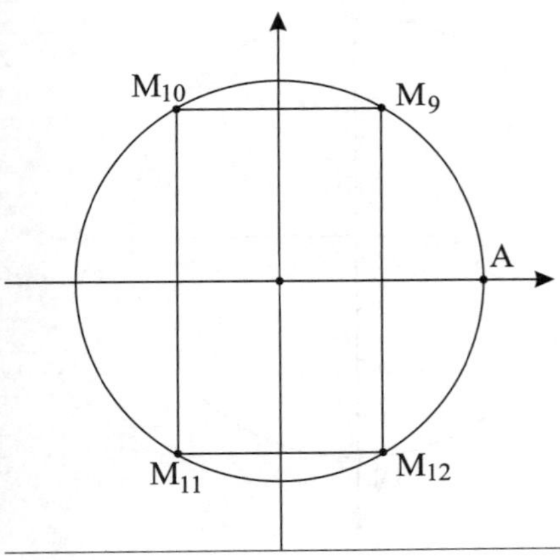

i) $\widehat{AM}_9 =$
j) $\widehat{AM}_{10} =$
k) $\widehat{AM}_{11} =$
l) $\widehat{AM}_{12} =$

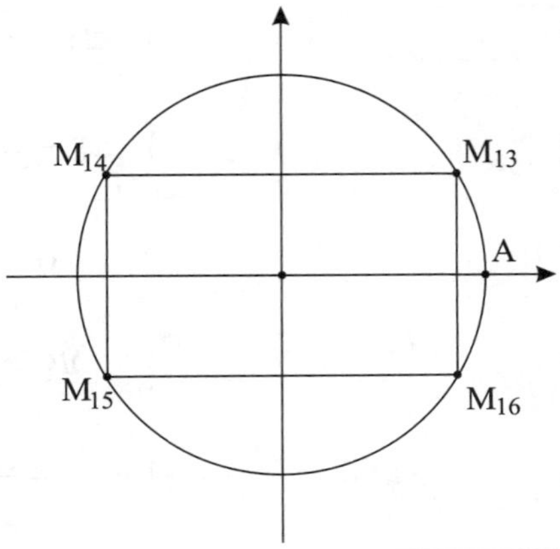

m) $\widehat{AM}_{13} =$
n) $\widehat{AM}_{14} =$
o) $\widehat{AM}_{15} =$
p) $\widehat{AM}_{16} =$

Resp:
166 a) 2π b) π c) $\dfrac{\pi}{3}$ d) $\dfrac{2\pi}{3}$ e) $\dfrac{4\pi}{3}$ f) $\dfrac{5\pi}{3}$ g) $\dfrac{6\pi}{3} = 2\pi$

167 a) 180°   b) 30°   c) 60°   d) 90°   e) 120°   f) 150°
g) 180°   h) 210°   i) 240°   j) 270°   k) 300°   l) 330°   m) 360°

185 Observando a figura, determine a imagem trigonométrica dos seguintes arcos:

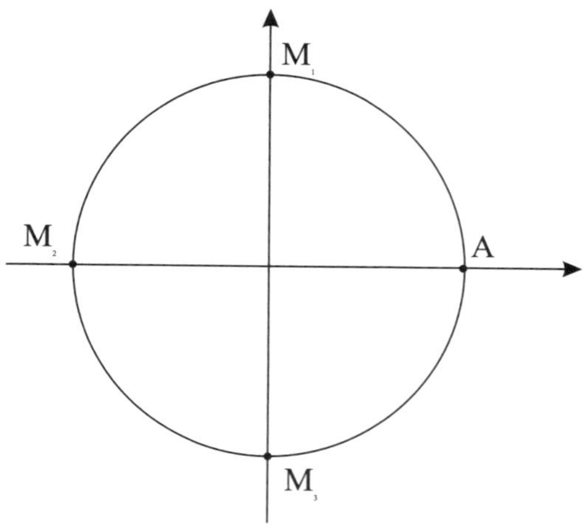

a) $\alpha_1 = \pi$ (   )   b) $\alpha_2 = 2\pi$ (   )

c) $\alpha_3 = 3\pi$ (   )   d) $\alpha_4 = 4\pi$ (   )

e) $\alpha_5 = 0$ (   )   f) $\alpha_6 = -\pi$ (   )

g) $\alpha_7 = -2\pi$ (   )   h) $\alpha_8 = -3\pi$ (   )

i) $\alpha_9 = -4\pi$ (   )   j) $\alpha_{10} = -5\pi$ (   )

k) $\alpha_{11} = 32\pi$ (   )   l) $\alpha_{12} = -46\pi$ (   )

m) $\alpha_{13} = 17\pi$ (   )   n) $\alpha_{14} = -35\pi$ (   )

o) α_{15} $(2k).\pi$, $k \in Z$ (   ) par . π

p) $\alpha_{16} = (2k + 1).\pi$, $k \in z$ (   ) ímpar . π

Observação: após conferir as respostas deste exercício é possível concluir uma propriedade para as imagens de arcos da forma a_k = (número inteiro) . π

186 Usando a mesma figura do exercício anterior, determine as imagens dos arcos:

a) $\alpha_1 = \frac{\pi}{2}$ (   )   b) $\alpha_2 = 2 . \frac{\pi}{2}$ (   )   c) $\alpha_3 = 3 . \frac{\pi}{2}$ (   )

d) $\alpha_4 = 4 . \frac{\pi}{2}$ (   )   e) $\alpha_5 = -\frac{5\pi}{2}$ (   )   f) $\alpha_6 = -\frac{\pi}{2}$ (   )

g) $\alpha_7 = -18 . \frac{\pi}{2}$ (   )   h) $\alpha_8 = 35 . \frac{\pi}{2}$ (   )   i) $\alpha_9 = -81 . \frac{\pi}{2}$ (   )

j) $\alpha_{10} = (4k) . \frac{\pi}{2}$, $(k \in Z)$ (   )   k) $\alpha_{11} = (4k + 1) . \frac{\pi}{2}$, $(k \in Z)$ (   )

l) $\alpha_{12} = (4k + 2) . \frac{\pi}{2}$, $(k \in Z)$ (   )   m) $\alpha_{13} = (4k + 3) \frac{\pi}{2}$, $(k \in Z)$ (   )

Resp: 184 a) $a_0 = 210°$ b) $a_0 = \frac{\pi}{3}$ c) $a_0 = 135°$ d) $a_0 = \frac{3\pi}{2}$

e) $a_0 = 133°$ f) $a_0 = 311°$ g) $a_0 = \frac{8\pi}{5}$ h) $a_0 = \frac{5\pi}{12}$ i) $a_0 = 2\pi - \alpha$

170 Observe a figura abaixo e complete-a de acordo com o roteiro dado:

1º) Desenhe a circunferência **λ** com centro em **O** e raio OA.

2º) Sobre essa circunferência marque as extremidades $M_1, M_2, \ldots, M_{12}$ dos arcos $\widehat{AM}_1 = 30^\circ$, $\widehat{AM}_2 = 60^\circ$, $\widehat{AM}_3 = 90^\circ$ até $\widehat{AM}_{12} = 360^\circ$ (Lembre-se da construção do arco de 60º em desenho geométrico).

3º) Marque agora as extemidades $M_I, M_{II}, M_{III}, M_{IV}$ dos arcos $\widehat{AM}_I = 45^\circ$, $\widehat{AM}_{II} = 135^\circ$, $\widehat{AM}_{III} = 225^\circ$ e $\widehat{AM}_{IV} = 315^\circ$ (lembre-se da construção da bissetriz de ângulo em D. G.)

4º) Desenhe nessa figura o "**quadrado**", o "**retângulo em pé**" e o "**retângulo deitado**".

Dê as medidas em radianos dos seguintes arcos:

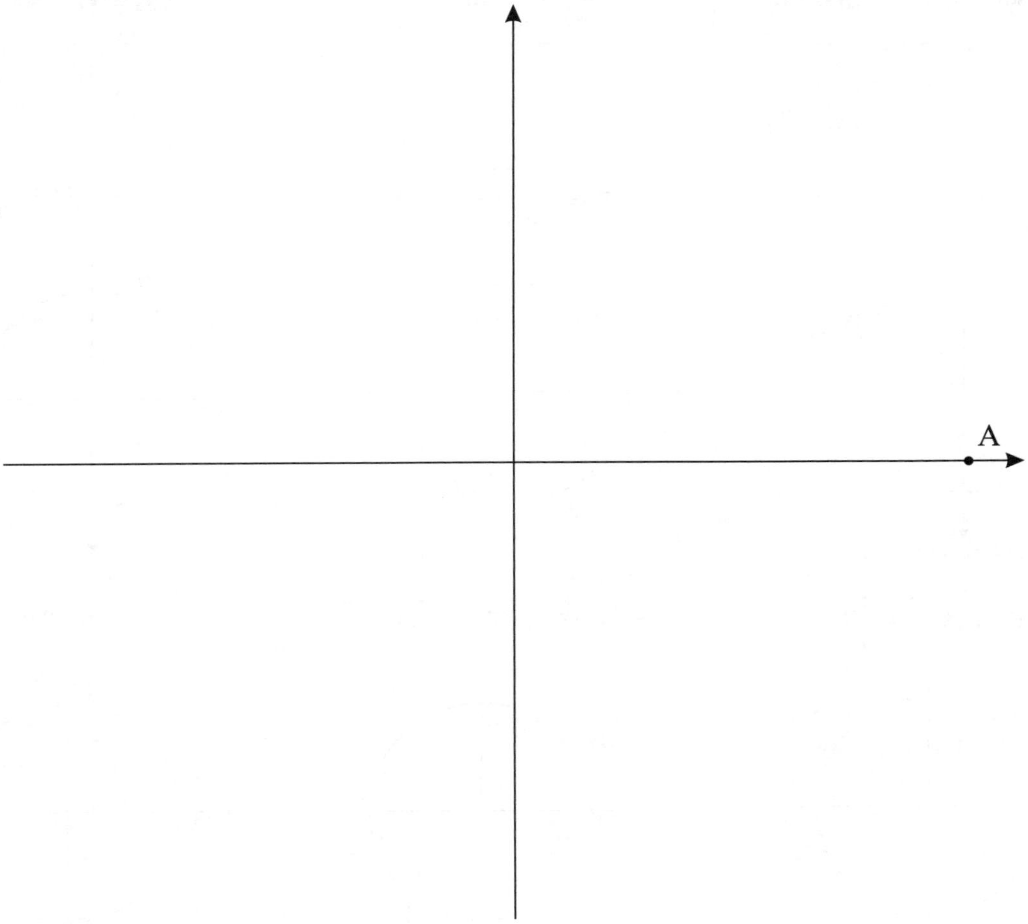

a) $\widehat{AM}_6 =$　　b) $\widehat{AM}_1 =$　　c) $\widehat{AM}_5 =$　　d) $\widehat{AM}_7 =$　　e) $\widehat{AM}_{11} =$

f) $\widehat{AM}_3 =$　　g) $\widehat{AM}_I =$　　h) $\widehat{AM}_{II} =$　　i) $\widehat{AM}_{III} =$　　j) $\widehat{AM}_{IV} =$

k) $\widehat{AM}_6 =$　　l) $\widehat{AM}_2 =$　　m) $\widehat{AM}_4 =$　　n) $\widehat{AM}_8 =$　　o) $\widehat{AM}_{10} =$

p) $\widehat{AM}_6 =$　　q) $\widehat{AM}_3 =$　　r) $\widehat{AM}_9 =$　　s) $\widehat{AM}_{12} =$

Resp: **168** a) π　b) $\frac{\pi}{3}$　c) $\frac{\pi}{6}$　d) $\frac{\pi}{2}$　e) $\frac{2\pi}{3}$　f) $\frac{5\pi}{6}$　g) π　h) $\frac{7\pi}{6}$

i) $\frac{4\pi}{3}$　j) $\frac{3\pi}{2}$　k) $\frac{5\pi}{3}$　l) $\frac{11\pi}{6}$　m) 2π

169 a) $\frac{\pi}{2}$　b) π　c) $\frac{3\pi}{2}$　d) 2π　e) $\frac{\pi}{4}$　f) $\frac{3\pi}{4}$　g) $\frac{5\pi}{4}$　h) $\frac{7\pi}{4}$

i) $\frac{\pi}{3}$　j) $\frac{2\pi}{3}$　k) $\frac{4\pi}{3}$　l) $\frac{5\pi}{3}$　m) $\frac{\pi}{6}$　n) $\frac{5\pi}{6}$　o) $\frac{7\pi}{6}$　p) $\frac{11\pi}{6}$

184 Neste exercício, em cada caso, é dada a primeira determinação negativa de um arco ($-2\pi \leq \alpha < 0$ ou $-360° \leq \alpha < 0°$). Ache $\mathbf{a_0}$ (1ª determinação positiva do arco) em cada item (na mesma unidade dada):

a)

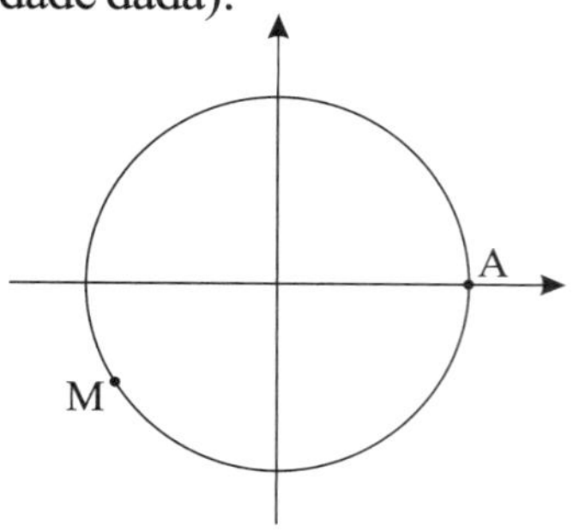

$a_{-1} = -150° \Rightarrow a_0 =$

b)

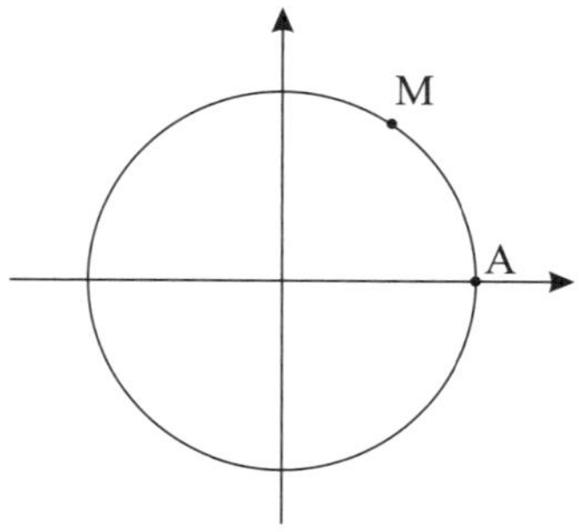

$a_{-1} = -\frac{5\pi}{3} \Rightarrow a_0 =$

c)

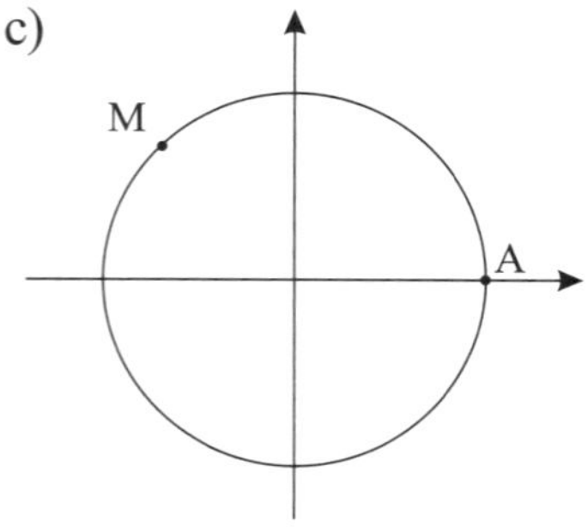

$a_{-1} = -225° \Rightarrow a_0 =$

d)

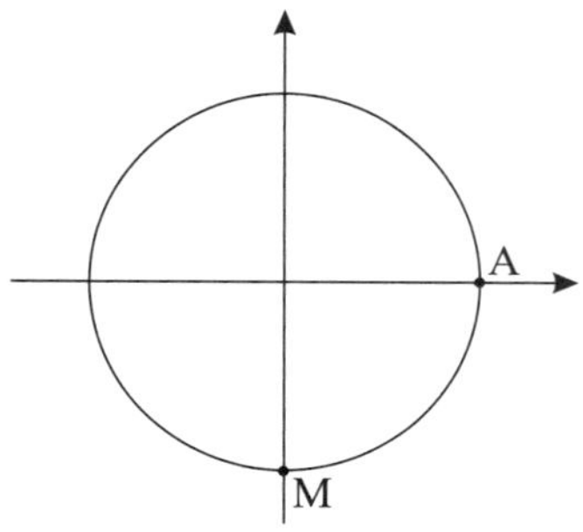

$a_{-1} = \frac{-\pi}{2} \Rightarrow a_0 =$

e)

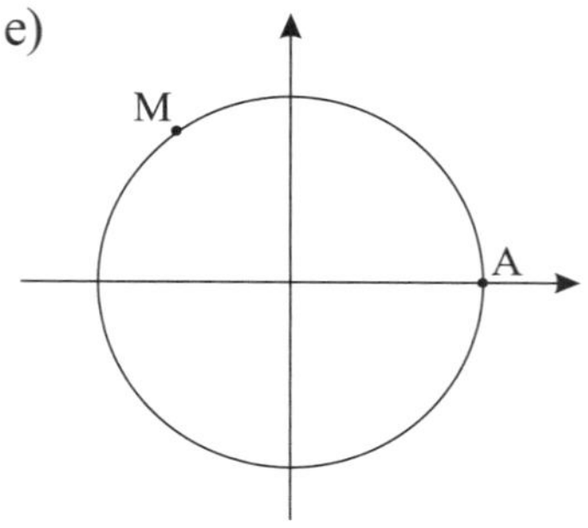

$a_{-1} = -227° \Rightarrow a_0 =$

f)

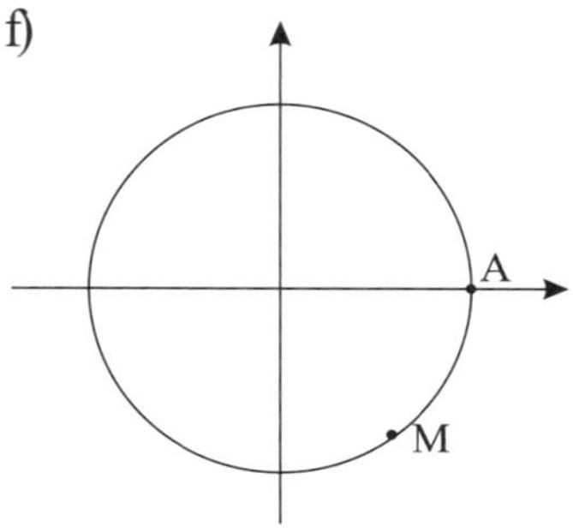

$a_{-1} = -49° \Rightarrow a_0 =$

g)

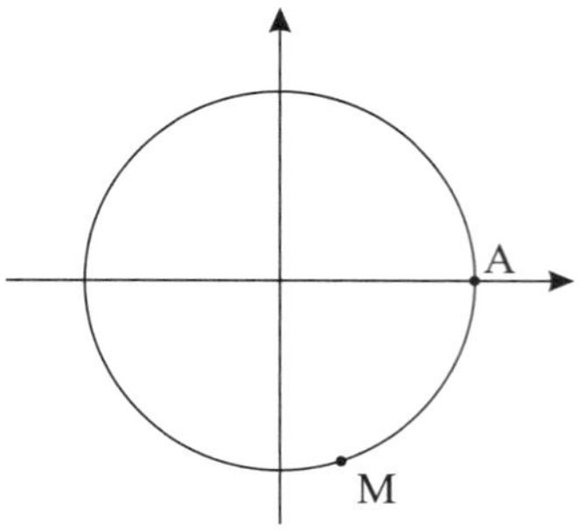

$a_{-1} = \frac{-2\pi}{5} \Rightarrow a_0 =$

h)

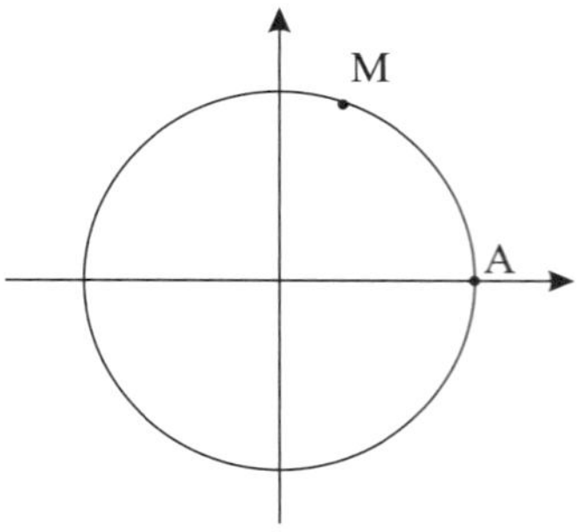

$a_{-1} = \frac{-19\pi}{12} \Rightarrow a_0 =$

i)

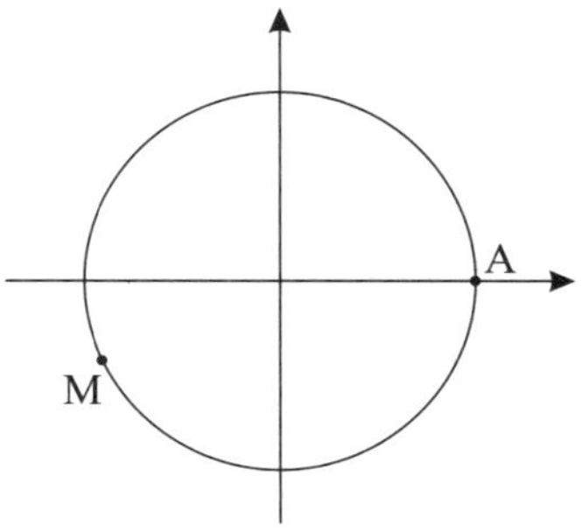

$a_{-1} = -\alpha \Rightarrow a_0 =$

$(\frac{\pi}{2} < \alpha < \pi)$

Resp: 183 a) $a_0 = 50°$ $a_{-1} = -310°$ b) $a_0 = \frac{2\pi}{3}$ $a_{-1} = -\frac{4\pi}{3}$ c) $a_0 = 0°$ $a_{-1} = -360°$

$a_1 = 410°$ $a_{-2} = -670$ $a_1 = \frac{8\pi}{3}$ $a_{-2} = -\frac{10\pi}{3}$ $a_1 = 360°$ $a_{-2} = -720°$

$a_2 = 770°$ $a_{-3} = -1030°$ $a_2 = \frac{14\pi}{3}$ $a_{-3} = -\frac{16\pi}{3}$ $a_2 = 720°$ $a_{-3} = -1080°$

d) $a_0 = \pi$ $a_{-1} = -\pi$ e) $a_0 = \frac{\pi}{2}$ $a_{-1} = -\frac{3\pi}{2}$

$a_1 = 3\pi$ $a_{-2} = -3\pi$ $a_1 = \frac{5\pi}{2}$ $a_{-2} = -\frac{7\pi}{2}$

$a_2 = 5\pi$ $a_{-3} = -5\pi$ $a_2 = \frac{9\pi}{2}$ $a_{-3} = -\frac{11\pi}{2}$

Resp: 170

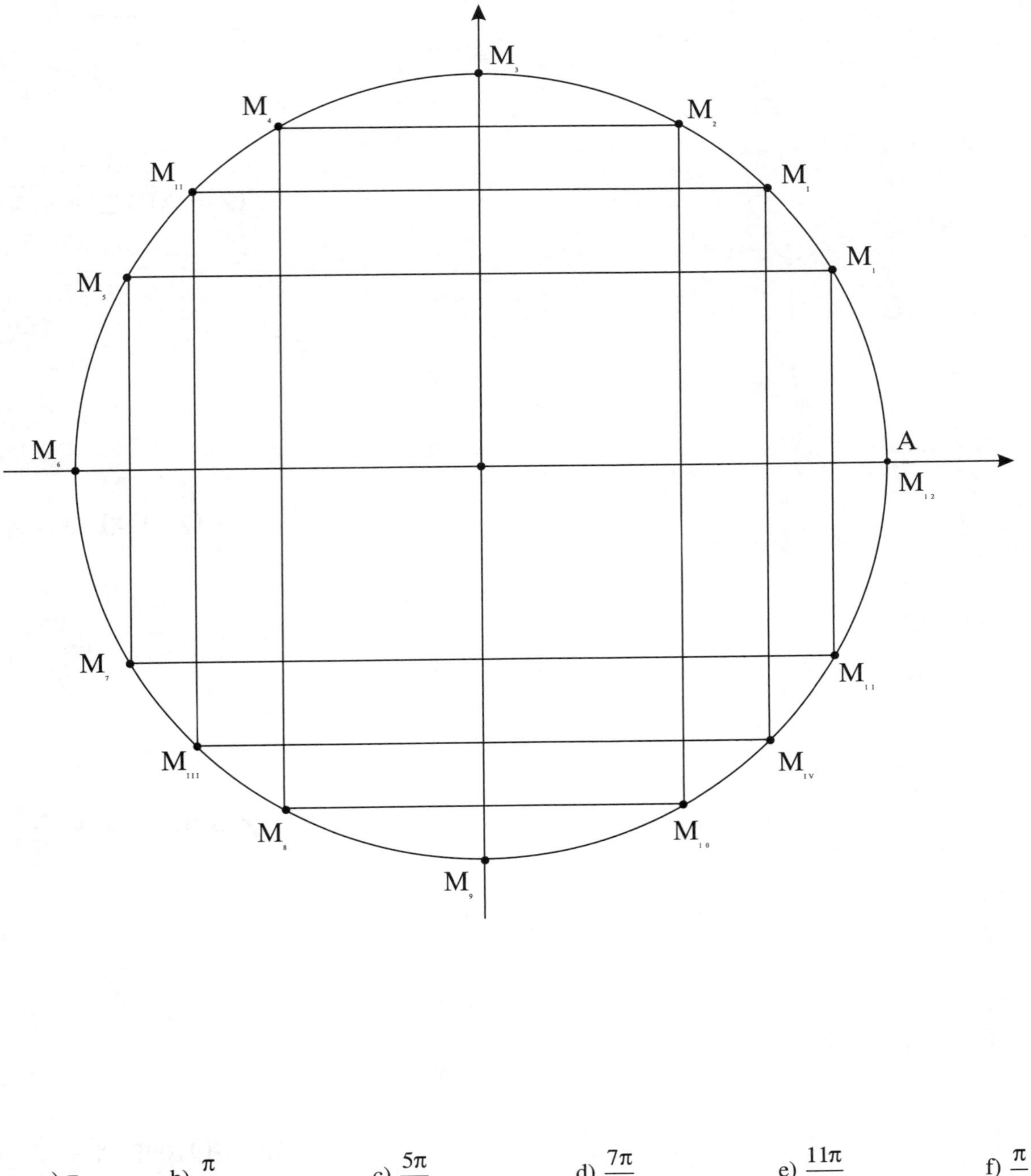

a) π	b) $\frac{\pi}{6}$	c) $\frac{5\pi}{6}$	d) $\frac{7\pi}{6}$	e) $\frac{11\pi}{6}$	f) $\frac{\pi}{2}$	
g) $\frac{\pi}{4}$	h) $\frac{3\pi}{4}$	i) $\frac{5\pi}{4}$	j) $\frac{7\pi}{4}$	k) π	l) $\frac{\pi}{3}$	
m) $\frac{2\pi}{3}$	n) $\frac{4\pi}{3}$	o) $\frac{5\pi}{3}$	p) π	q) $\frac{\pi}{2}$	r) $\frac{3\pi}{2}$	s) 2π

EXERCÍCIOS:

183 Escreva as 3 primeiras determinações positivas e as 3 primeiras determinações negativas dos seguintes arcos trigonométricos a_k (responda na mesma unidade em que for dado a_k):

a) $a_k = 50^\circ + k \cdot 360^\circ \ (k \in Z)$

$a_0 =$ $\qquad$ $a_{-1} =$

$a_1 =$ $\qquad$ $a_{-2} =$

$a_2 =$ $\qquad$ $a_{-3} =$

b) $a_k = \dfrac{2\pi}{3} + k \cdot 2\pi \ (k \in Z)$

$a_0 =$ $\qquad$ $a_{-1} =$

$a_1 =$ $\qquad$ $a_{-2} =$

$a_2 =$ $\qquad$ $a_{-3} =$

c) $a_k = k \cdot 360^\circ \ (k \in Z)$

$a_0 =$ $\qquad$ $a_{-1} =$

$a_1 =$ $\qquad$ $a_{-2} =$

$a_2 =$ $\qquad$ $a_{-3} =$

d) $a_k = \pi + k \cdot 2\pi \ (k \in Z)$

$a_0 =$ $\qquad$ $a_{-1} =$

$a_1 =$ $\qquad$ $a_{-2} =$

$a_2 =$ $\qquad$ $a_{-3} =$

e) $a_k = \dfrac{\pi}{2} + k \cdot 2\pi \ (k \in Z)$

$a_0 =$ $\qquad$ $a_{-1} =$

$a_1 =$ $\qquad$ $a_{-2} =$

$a_2 =$ $\qquad$ $a_{-3} =$

V CICLO TRIGONOMÉTRICO

Vamos definir uma circunferência λ com centro em O (origem do plano cartesiano ortogonal O x y) e raio igual a uma unidade desse sistema (R = 1). Seja **A** o ponto de interseção dessa circunferência com a parte positiva do eixo das abscissas (Ox) : **A** será a origem de todos os arcos medidos sobre essa circunferência (ver figura abaixo), seja em graus, seja em radianos.

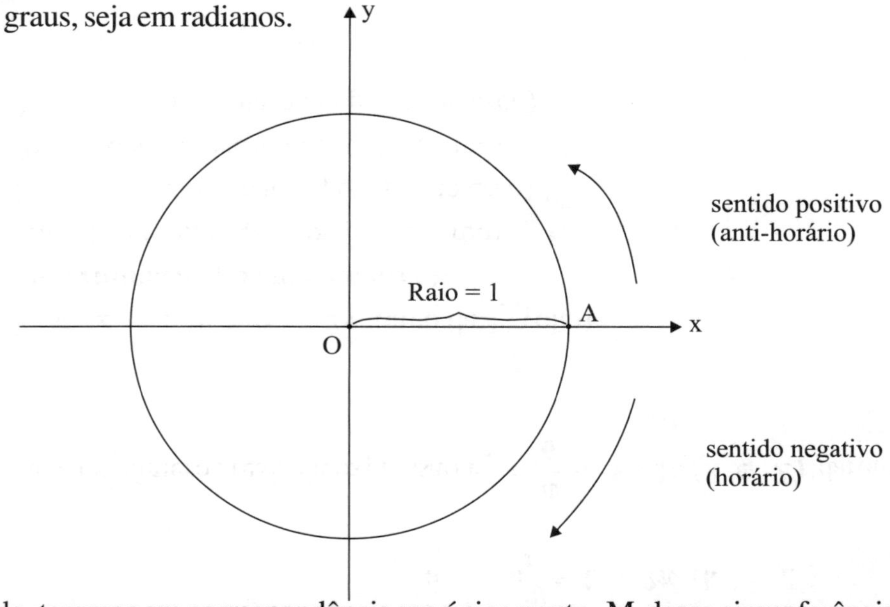

Para cada número real **a** dado, teremos em correspondência um único ponto M dessa circunferência que é a extremidade do arco $\overset{\frown}{AM}$ cuja medida é **a (med ($\overset{\frown}{AM}$) = a, em graus ou radianos** . Esse ponto M será chamado de **imagem trigonométrica de a** ($a \in R$) e será localizado de acordo com a seguinte convenção:

(I) $\mathbf{a \in R \mid a > 0}$ (arco positivo) $\rightarrow$ o arco $\overset{\frown}{AM}$ será percorrido no sentido **anti-horário**.(na unidade adotada).

(II) $\mathbf{a \in R \mid a < 0}$ (arco negativo) $\rightarrow$ o arco $\overset{\frown}{AM}$ será percorrido no sentido **horário**.(na unidade adotada).

(III) **a = 0** (arco nulo) $\rightarrow$ o ponto M (imagem de a) coincide com A (origem de todos os arcos)

A essa circunferência assim definida, daremos o nome de **ciclo trigonométrico**.(ou circunferência trigonométrica)

Observações:

1ª) O comprimento dessa circunferência é 2π pois R = 1 ($C = 2\pi R = 2\pi \cdot 1 = 2\pi$).

2ª) O ponto A tem coordenadas (1, 0).

3ª) As extremidades dos arcos $\overset{\frown}{AM_1} \mid \overset{\frown}{AM_1} = 90^\circ$, $\overset{\frown}{AM_2} \mid \overset{\frown}{AM_2} = 180^\circ$ e $\overset{\frown}{AM_3} \mid \overset{\frown}{AM_3} = 270^\circ$ são os pontos de coordenadas: $M_1 = (0, 1)$, $M_2 = (-1, 0)$ e $M_3 = (0, -1)$.

4ª) É muito importante notar-se que a aplicação de R (números reais) em λ (circunferência) **não é injetora** pois se para **cada a $\in$ R dado existe uma única imagem M $\in \lambda$** , para **cada M $\in \lambda$ dado existem infinitos números reais a** em correspondência: o ponto $M_1 = (0, 1)$, por exemplo, é imagem dos números reais 90° , $450^\circ = 90^\circ + 360^\circ$, $810^\circ = 90^\circ + 2 \cdot 360^\circ$, etc.

5º) Fica convencionado neste livro que quando não vier expressamente definida a unidade de medida do arco $\overset{\frown}{AM}$, essa unidade será o radiano.

6ª) 1ª volta positiva $\leftrightarrow$ $0^\circ \leq x < 360^\circ$ ou $0 \leq x < 2\pi$
2ª volta positiva $\leftrightarrow$ $360^\circ \leq x < 720^\circ$ ou $2\pi \leq x < 4\pi$
3ª volta positiva $\leftrightarrow$ $720^\circ \leq x < 1080^\circ$ ou $4\pi \leq x < 6\pi$
1ª volta negativa $\leftrightarrow$ $-360^\circ \leq x < 0^\circ$ ou $-2\pi \leq x < 0$, etc.

7ª) Lembre-se: $2\pi = \dfrac{6\pi}{3} = \dfrac{8\pi}{4} = \dfrac{4\pi}{2} = \dfrac{12\pi}{6} = \cdots$ (1 volta)

$4\pi = \dfrac{8\pi}{2} = \dfrac{12\pi}{3} = \dfrac{16\pi}{4} = \dfrac{24\pi}{6} = \cdots$ (2 voltas) , etc.

VI ARCOS COM MESMA IMAGEM (ARCOS CÔNGRUOS)

Como já vimos, existem infinitos arcos $\overset{\frown}{AM}$ com mesma imagem no ciclo trigonométrico.
Os arcos com medidas

→ $30^\circ \;,\; 30^\circ + 360^\circ = 390^\circ \;,\; 30^\circ + 2\,.\,360^\circ = 750^\circ \;,\; \ldots$

→ $30^\circ - 360^\circ = -330^\circ \;,\; 30^\circ - 2\,.\,360^\circ = -690^\circ \;,\; \ldots.$

→ $\frac{\pi}{6} \;,\; \frac{\pi}{6} + 2\pi = \frac{13\pi}{6} \;,\; \frac{\pi}{6} + 2\,.\,2\pi = \frac{25\pi}{6} \;,\; \ldots$

→ $\frac{\pi}{6} - 2\pi = -\frac{11\pi}{6} \;,\; \frac{\pi}{6} - 2\,.\,2\pi = -\frac{23\pi}{6} \;,\; \ldots$

são, todos eles, arcos com imagem (extremidade) em M (ver figura abaixo):

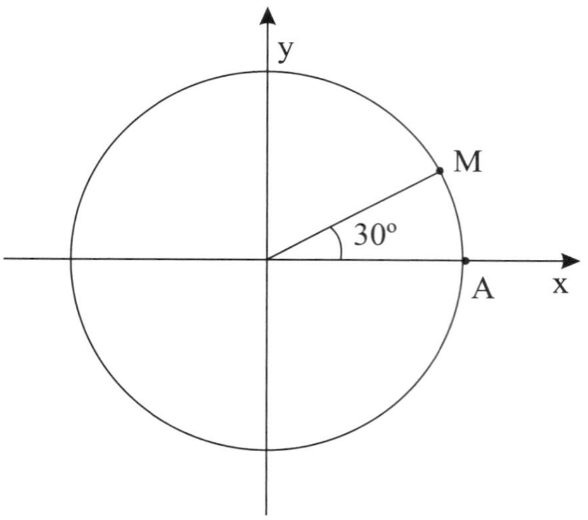

Eles podem ser representados genericamente pela expressão:

$$\mathbf{a_k = \frac{\pi}{6} + k\,.\,2\pi \quad , \quad k \in Z}$$

ou, em graus, por:

$$\mathbf{a_k = 30^\circ + k\,.\,360^\circ \;,\; k \in Z}$$

Os arcos 30° , 390° , 750° , ... , são chamados de arcos côngruos (todos têm mesma extremidades M ou **arcos côngruos módulo 2π** pois a diferença entre dois elementos quaisquer desse conjunto é sempre igual a um número inteiro ($k \in Z$) multiplicada por 2π

$$\mathbf{a_i - a_j = k\,.\,2\pi \;(k \in Z)}$$

Ao conjunto formado por todos os números reais da expressão $\mathbf{a_k = \frac{\pi}{6} + k\,.\,2\pi\,(k \in Z)}$ daremos o nome de **arco trigonométrico a_k**

De uma maneira geral, teremos

$\mathbf{a_k = \alpha + k\,.\,2\pi}$, com $k \in Z$ e $0 \leq \alpha < 2\pi$ (arco da 1ª volta)

se $k = 0 \Rightarrow a_0 = \alpha$ (1ª determinação positiva do arco)

se $k = 1 \Rightarrow a_1 = \alpha + 2\pi$ (2ª determinação positiva do arco)

se $k = 2 \Rightarrow a_2 = \alpha + 2\,.\,2\pi$ (3ª determinação positiva do arco)

se $k = -1 \Rightarrow a_{-1} = \alpha - 2\pi$ (1ª determinação negativa do arco)

se $k = -2 \Rightarrow a_{-2} = \alpha - 2\,.\,2\pi$ (2ª determinação negativa do arco)

e assim por diante

Observações:

1ª) Obviamente, de todos os arcos do conjunto $\mathbf{a_k = \alpha + k\,.\,2\pi}$, o simples e portanto, o mais importante é o arco da 1ª volta $\mathbf{a_0 = \alpha}$, $0 \leq \alpha < 2\pi$ ($0 \leq \alpha < 360^\circ$), chamado de 1ª determinação positiva do arco.

2ª) Quando A e M coincidem (arco nulo) o arco trigonométrico é dado pela expressão $\mathbf{a_k = 0 + k\,.\,2\pi = k\,.\,2\pi}$ ($k \in Z$). Neste caso $\mathbf{a_0 = 0}$ será chamado de **1ª determinação positiva do arco trigonométrico a_k** embora o número 0 (Zero) seja não positivo e não negativo.

EXERCÍCIOS:

171 No ciclo trigonométrico desenhado abaixo, temos:
$\widehat{AM}_1 = 30^\circ$, $\widehat{AM}_2 = 60^\circ$, $\widehat{AM}_3 = 90^\circ$, ..., $\widehat{AM}_{12} = 360^\circ$. Nessas condições, diga em cada caso qual é o ponto correspondente (imagem) dos seguintes números reais **a**:

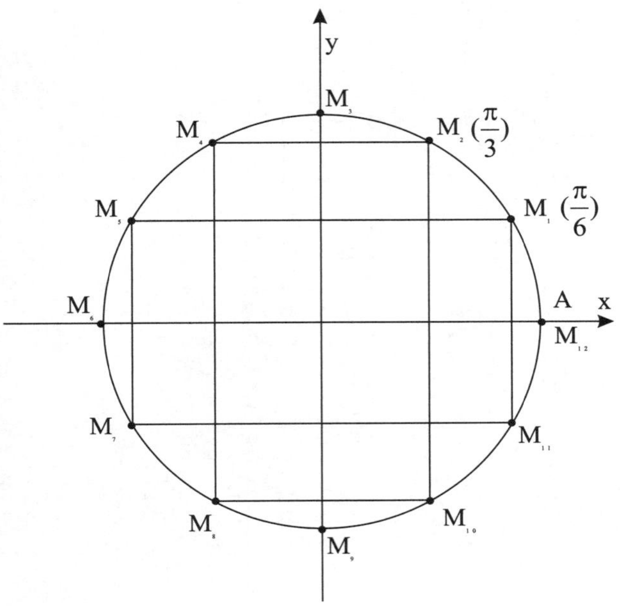

a) $a_1 = 60^\circ$ ( )
b) $a_2 = -30^\circ$ ( )
c) $a_3 = 120^\circ$ ( )
d) $a_4 = -240^\circ$ ( )
e) $a_5 = -150^\circ$ ( )
f) $a_6 = 210^\circ$ ( )
g) $a_7 = -270^\circ$ ( )
h) $a_8 = \frac{\pi}{6}$ ( )
i) $a_9 = \frac{5\pi}{6}$ ( )
j) $a_{10} = -\frac{7\pi}{6}$ ( )
k) $a_{11} = -\frac{11\pi}{6}$ ( )
l) $a_{12} = -\pi$ ( )
m) $a_{13} = \frac{\pi}{2}$ ( )
n) $a_{14} = \frac{\pi}{3}$ ( )
o) $a_{15} = -\frac{\pi}{3}$ ( )
p) $a_{16} = \frac{4\pi}{3}$ ( )
q) $a_{17} = -\frac{5\pi}{3}$ ( )
r) $a_{18} = \frac{2\pi}{3}$ ( )
s) $a_{19} = -\frac{2\pi}{3}$ ( )
t) $a_{20} = 450^\circ$ ( )
u) $a_{21} = -390^\circ$ ( )
v) $a_{22} = 660^\circ$ ( )
w) $a_{23} = 840^\circ$ ( )
x) $a_{24} = -570^\circ$ ( )
y) $a_{25} = -690^\circ$ ( )
z) $a_{26} = -930^\circ$ ( )

Propriedade importante (um modo mais simples para localizar a imagem de um arco com medida negativa)

Dados dois números reais simétricos **a** e **– a** de imagens $\mathbf{M_1}$ e $\mathbf{M_2}$, respectivamente, no ciclo trigonométrico, os pontos $\mathbf{M_1}$ e $\mathbf{M_2}$ serão, sempre, simétricos em relação ao eixo das abscissas (observe a figura) e, assim sendo, para simplificar podemos adotar o seguinte procedimento ao procurar a imagem do número real $a = -930^\circ$, por exemplo:

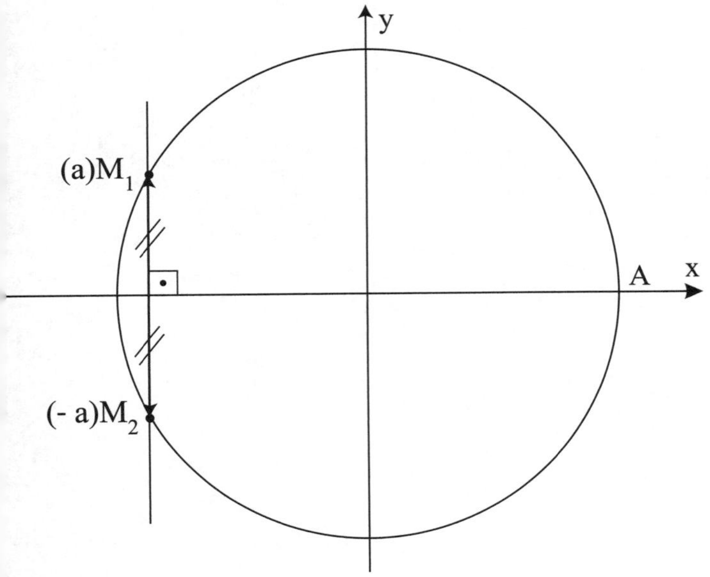

1º) "Esquecemos" o sinal, de "menos".

2º) Localizamos a imagem de 930°
$930^\circ = 360^\circ + 360^\circ + 210^\circ$ que é o ponto M_7 na figura acima.

3º) A imagem procurada é o ponto M_5 simétrico de M_7 em relação ao eixo das abscissas (horizontal).

4º) $a = -930^\circ \xleftrightarrow{\text{imagem}} M_5$.

Resp: 181 $a_k = \frac{\pi}{6} + k \cdot \frac{\pi}{4} \ (k \in Z)$, $\widehat{AM}_1 = \frac{\pi}{6}$, $\widehat{AM}_2 = \frac{5\pi}{12}$, $\widehat{AM}_3 = \frac{2\pi}{3}$, $\widehat{AM}_4 = \frac{11\pi}{12}$, $\widehat{AM}_5 = \frac{7\pi}{6}$,

$\widehat{AM}_6 = \frac{17\pi}{12}$, $\widehat{AM}_7 = \frac{5\pi}{3}$, $\widehat{AM}_8 = \frac{23\pi}{12}$

182 $a_k = \frac{5\pi}{4} + k \cdot \frac{2\pi}{7} \ (k \in Z)$, $\widehat{AM}_1 = \frac{5\pi}{4}$, $\widehat{AM}_2 = \frac{43\pi}{28}$, $\widehat{AM}_3 = \frac{51\pi}{28}$, $\widehat{AM}_4 = \frac{3\pi}{28}$, $\widehat{AM}_5 = \frac{11\pi}{28}$,

$\widehat{AM}_6 = \frac{19\pi}{28}$, $\widehat{AM}_7 = \frac{27\pi}{28}$

172 No ciclo trigonométrico desenhado abaixo, determine as imagens trigonométricasde cada número real dado sabendo que $\widehat{AM}_1 = 45°$, $\widehat{AM}_2 = 90°$, $\widehat{AM}_3 = 135°$, ... , $\widehat{AM}_8 = 360°$. (Se julgar interessante, utilize a propriedade da página anterior para "arcos negativos").

Lembre-se

$\frac{\pi}{2} \leftrightarrow 90°$

$\frac{\pi}{4} \leftrightarrow 45°$

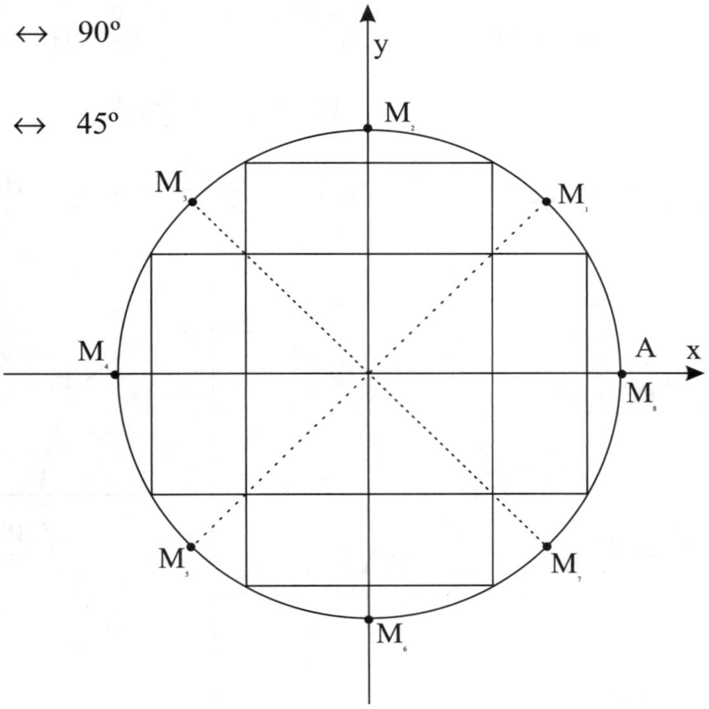

a) $a_1 = 45°$ ( ) b) $a_2 = -45°$ ( )

c) $a_3 = -135°$ ( ) d) $a_4 = -315°$ ( )

e) $a_5 = -225$ ( ) f) $a_6 = \frac{\pi}{4}$ ( )

g) $a_7 = \frac{2\pi}{4}$ ( ) h) $a_8 = \frac{3\pi}{4}$ ( )

i) $a_9 = \frac{4\pi}{4}$ ( ) j) $a_{10} = \frac{5\pi}{4}$ ( )

k) $a_{11} = \frac{6\pi}{4}$ ( ) l) $a_{12} = -\frac{7\pi}{4}$ ( )

m) $a_{13} = -405°$ ( ) n) $a_{14} = \frac{11\pi}{4}$ ( )

o) $a_{15} = -\frac{15\pi}{4}$ ( ) p) $a_{16} = -\frac{17\pi}{4}$ ( )

q) $a_{17} = -\frac{21\pi}{4}$ ( ) r) $a_{18} = -585°$ ( ) s) $a_{19} = 855°$ ( ) t) $a_{20} = -1395°$ ( )

Observação: note que as medidas dos arcos $\widehat{AM}_1$, $\widehat{AM}_2$, etc. formam a progressão aritmética PA = (45°, 90°, 135°, ... , 360°) de razão r = 45°.

173 Assinale no ciclo trigonométrico abaixo (com a ajuda de um compasso) as imagens de todos os arcos cujas medidas em graus são dadas pela expressão: $\mathbf{a_k = 30° + k \,.\, 60°}$, **k ∈ Z**.

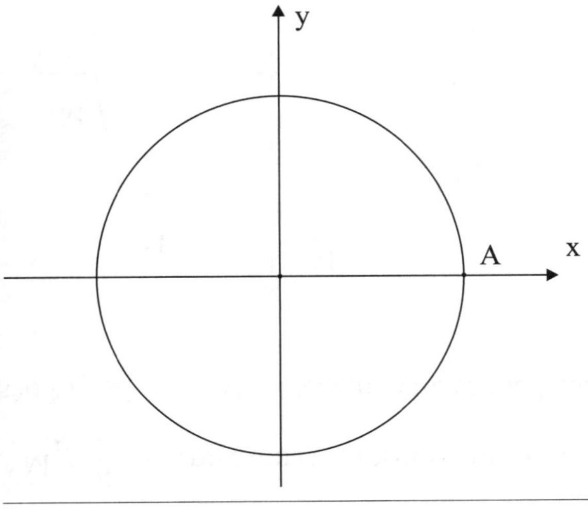

$k = 0 \rightarrow a_0 = 30° + 0 \,.\, 60° = 30°$

$k = 1 \rightarrow a_1 = 30° + 1 \,.\, 60° = 90°$

$k = 2 \rightarrow a_2 =$

$k = 3 \rightarrow a_3 =$

$k = 4 \rightarrow a_4 =$

$k = 5 \rightarrow a_5 =$

$k = 6 \rightarrow a_6 =$

$k = -1 \rightarrow a_{-1} = 30° + (-1) \,.\, 60° = -30°$

Resp: 171 a) M_2 b) M_{11} c) M_4 d) M_4 e) M_7 f) M_7 g) M_3 h) M_1 i) M_5 j) M_5 k) M_1 l) M_6 m) M_3 n) M_2 o) M_{10} p) M_8 q) M_2 r) M_4 s) M_8 t) M_3 u) M_{11} v) M_{10} w) M_4 x) M_5 y) M_1 z) M_5

181 Sabe-se que $M_1, M_2, ..., M_8$ dividem o ciclo trigonométrico em 8 partes iguais (octógono regular) e que $\widehat{AM}_1 = \frac{\pi}{6}$. Escreva uma expressão geral que determine as medidas (em radianos) de todos os arcos cujas imagens são $M_1, M_2, ..., M_8$. Dê, também, as medidas de arcos pedidas abaixo ($0 \leq \alpha < 2\pi$):

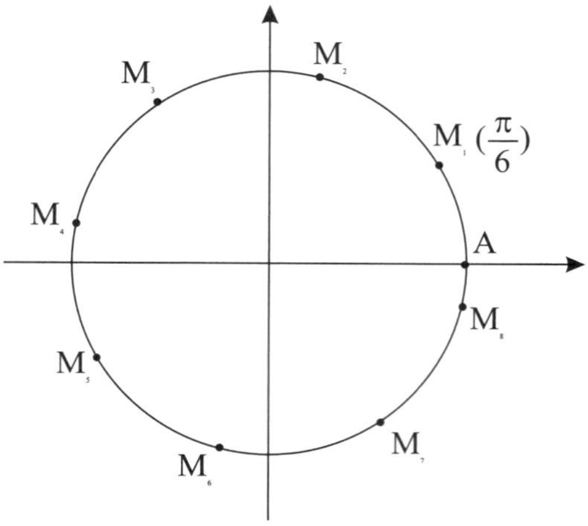

ak =

(k ∈ Z)

$\widehat{AM}_1 =$ $\widehat{AM}_2 =$ $\widehat{AM}_3 =$ $\widehat{AM}_4 =$

$\widehat{AM}_5 =$ $\widehat{AM}_6 =$ $\widehat{AM}_7 =$ $\widehat{AM}_8 =$

182 O ponto M_1 do ciclo é imagem do arco $\widehat{AM}_1 = \frac{5\pi}{4}$ e $M_1, M_2, ..., M_7$ determinam um heptágono regular nesse mesmo ciclo. Calcule as medidas α dos arcos da 1ª volta ($0 \leq \alpha < 2\pi$) que têm $M_2, M_3, ..., M_7$ como imagens trigonométricas:

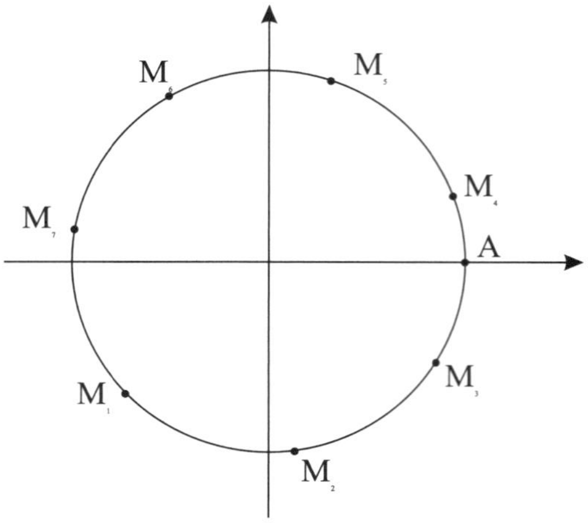

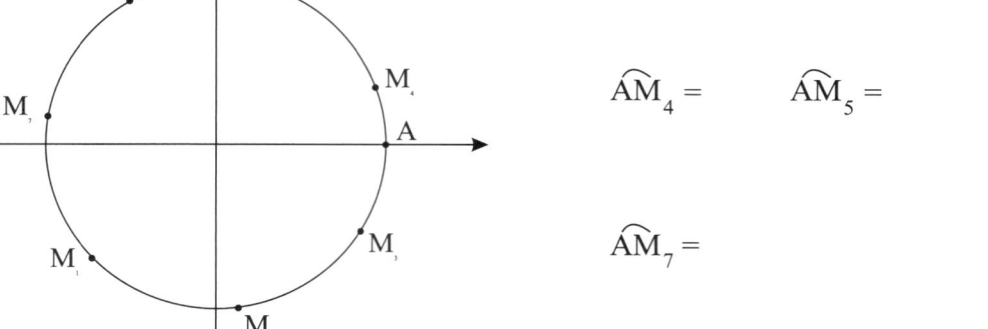

$\widehat{AM}_1 =$ $\widehat{AM}_2 =$ $\widehat{AM}_3 =$

$\widehat{AM}_4 =$ $\widehat{AM}_5 =$ $\widehat{AM}_6 =$

$\widehat{AM}_7 =$

Resp: **178** $\widehat{AB} = \frac{\pi}{3}$, $\widehat{BC} = \frac{\pi}{2}$, $\widehat{AC} = \frac{5\pi}{6}$, $\widehat{AD} = \frac{4\pi}{3}$, $\widehat{AE} = \frac{11\pi}{6}$

$a_k = \frac{\pi}{3} + k \cdot \frac{\pi}{2}$ (k ∈ Z)

179 $\widehat{AB} = 30°$, $\widehat{BC} = 60°$, $\widehat{AC} = 90°$, $\widehat{AD} = 150°$, $\widehat{AE} = 210°$, $\widehat{AF} = 270°$, $\widehat{AG} = 330°$
ak = 30° + k . 60° (k ∈ Z)

180 Em radianos: $\widehat{AM}_1 = \frac{\pi}{5}$, $\widehat{M_1M_2} = \frac{2\pi}{5}$, $\widehat{AM}_2 = \frac{3\pi}{5}$, $\widehat{AM}_3 = \pi$, $\widehat{AM}_4 = \frac{7\pi}{5}$, $\widehat{AM}_5 = \frac{9\pi}{5}$

$a_k = \frac{\pi}{5} + k \cdot \frac{2\pi}{5}$ (k ∈ Z)

Em graus: $\widehat{AM}_1 = 36°$, $\widehat{M_1M_2} = 72°$, $\widehat{AM}_2 = 108°$, $\widehat{AM}_3 = 180°$, $\widehat{AM}_4 = 252°$, $\widehat{AM}_5 = 324°$
$a_k = 36° + k \cdot 72°$ (k ∈ Z)

174 Represente, em cada caso, as imagens dos números reais dados em cada expressão (utilize um compasso para localizar essas imagens).

a) $a_k = \frac{3\pi}{2} + k \cdot \frac{\pi}{2}\ (k \in Z)$

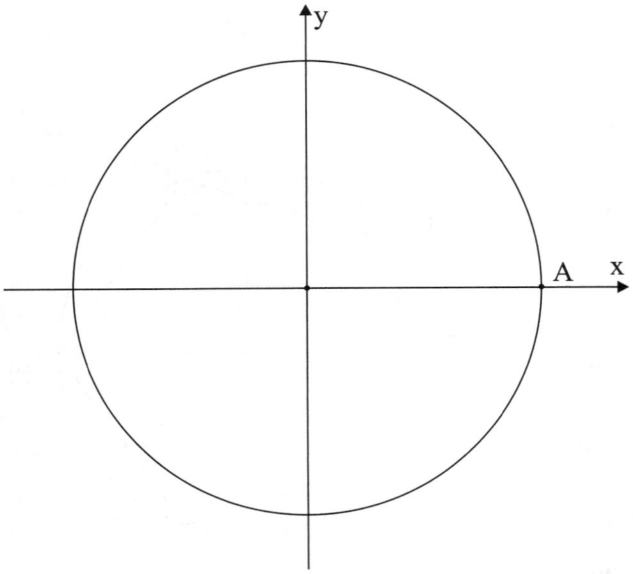

$k = 0 \rightarrow a_0 = \frac{3\pi}{2} + 0 . \frac{\pi}{2} = \frac{3\pi}{2}$

$k = 1 \rightarrow a_1 =$

$k = -1 \rightarrow a_{-1} =$

$k = -2 \rightarrow a_{-2} =$

$k = -3 \rightarrow a_{-3} =$

$k = -4 \rightarrow a_{-4} =$

Observação: não usamos k = 2 pois o valor obtido seria $a_2 = \frac{3\pi}{2} + \pi = \frac{5\pi}{2}$, maior que uma volta e portanto menos conveniente.

b) $b_k = \frac{\pi}{2} + k \cdot \frac{\pi}{4}\ (k \in Z)$

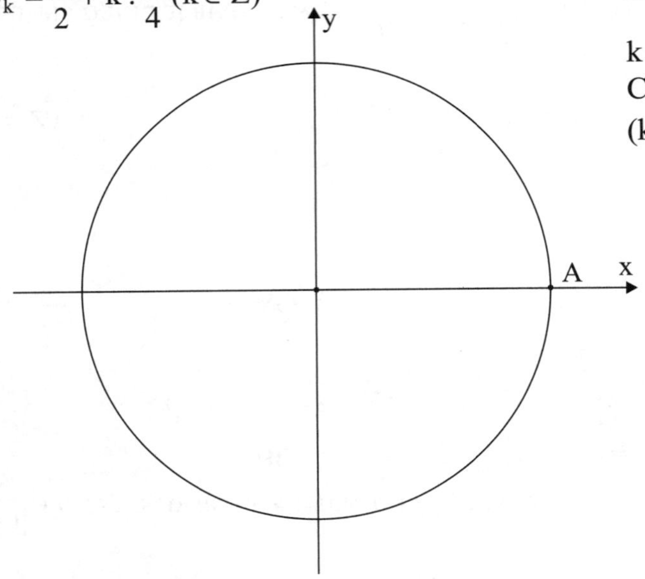

$k = 0 \rightarrow b_0 = \frac{\pi}{2} + 0 . \frac{\pi}{4} = \frac{\pi}{2}$

$k = 1 \rightarrow$

Complete, atribuindo valores convenientes para **k** $(k \in Z)$ de modo que $0 \leq a_k < 2\pi$ (1ª volta) .

Resp: 172 a) M_1 b) M_7 c) M_5 d) M_1 e) M_3 f) M_1 g) M_2 h) M_3 i) M_4 j) M_5 k) M_6 l) M_1 m) M_7 n) M_3 o) M_1 p) M_7 q) M_3 r) M_3 s) M_3 t) M_1

173 $a_0 = 30°\ (M_1)$ $a_4 = 270°\ (M_5)$

$a_1 = 90°\ (M_2)$ $a_5 = 330°\ (M_6)$

$a_2 = 150°\ (M_3)$ $a_6 = 390°\ (M_1)$

$a_3 = 210°\ (M_4)$ $a_{-1} = -30°\ (M_6)$

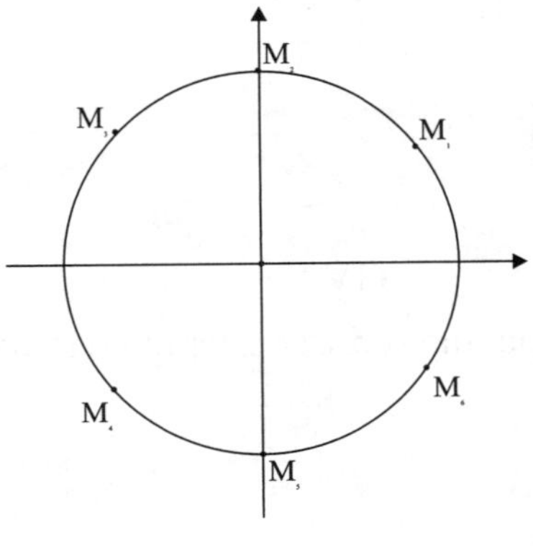

178 Responda às perguntas do exercício 176 mas com as medidas dos arcos em radianos:

$\widehat{AB} =$ $\widehat{BC} =$ $\widehat{AC} =$ $\widehat{AD} =$ $\widehat{AE} =$

$a_k =$

$(k \in Z)$

179 Dê as respostas do exercício 177 em graus:

$\widehat{AB} =$ $\widehat{BC} =$ $\widehat{AC} =$ $\widehat{AD} =$ $\widehat{AE} =$

$\widehat{AF} =$ $\widehat{AG} =$

$a_k =$

$(k \in Z)$

180 Na figura abaixo $\widehat{AM}_1 = \frac{\pi}{5}$ e M_1, M_2, M_3, M_4, M_5 dividem o ciclo em 5 partes iguais (pentágono regular). Determine em radianos e depois em graus as medidas dos arcos pedidos e a expressão geral $a_k (k \in Z)$ de todos os arcos que têm esses pontos como imagens trigonométricas:

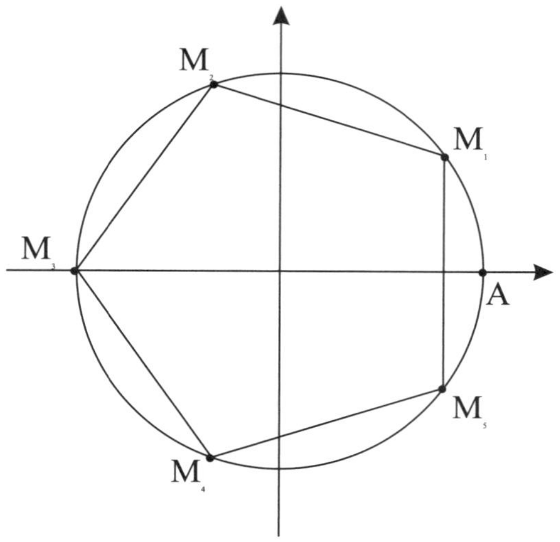

Em radianos:

$\widehat{AM}_1 =$ $\widehat{M_1M_2} =$ $\widehat{AM}_2 =$

$\widehat{AM}_3 =$ $\widehat{AM}_4 =$ $\widehat{AM}_5 =$

ak =
$(k \in Z)$

Em graus:

$\widehat{AM}_1 =$ $\widehat{M_1M_2} =$ $\widehat{AM}_2 =$

$\widehat{AM}_3 =$ $\widehat{AM}_4 =$ $\widehat{AM}_5 =$

$a_k =$
$(k \in Z)$

Resp: 176 $\widehat{AB} = 60°$ $\widehat{BC} = 90°$ $\widehat{AC} = 150°$ $\widehat{AD} = 240°$ $\widehat{AE} = 330°$
$a_k = 60° + k \cdot 90° (k \in Z)$

177 $\widehat{AB} = \frac{\pi}{6}$ $\widehat{BC} = \frac{\pi}{3}$ $\widehat{AC} = \frac{\pi}{2}$ $\widehat{AD} = \frac{5\pi}{6}$ $\widehat{AE} = \frac{7\pi}{6}$ $\widehat{AF} = \frac{3\pi}{2}$ $\widehat{AG} = \frac{11\pi}{6}$

$a_k = \frac{\pi}{6} + k \cdot \frac{\pi}{3} (k \in Z)$

175 Represente graficamente as imagens trigonométricas dos arcos dados pelas expressões:

a) $a_k = \pi + k \, . \, \dfrac{2\pi}{3} \; (k \in Z)$

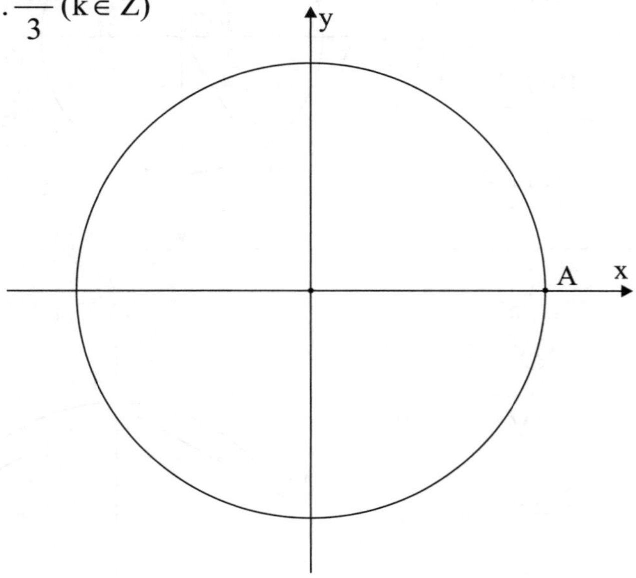

b) $b_k = \dfrac{5\pi}{6} + k \, . \, \pi \; (k \in Z)$

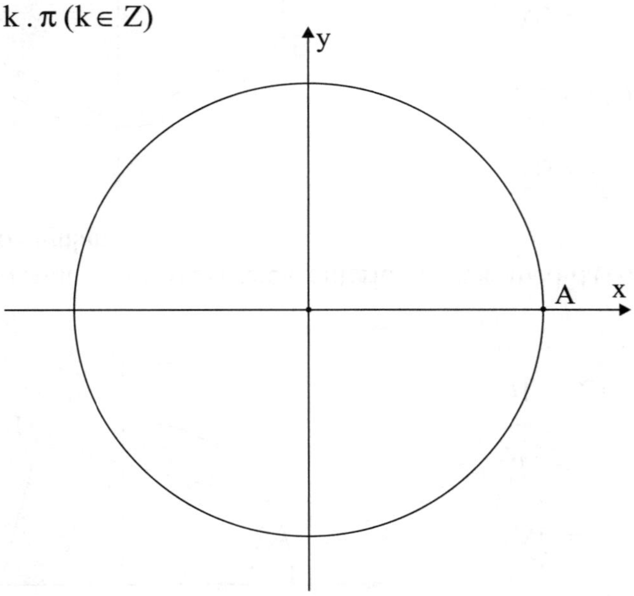

Resp: 174 a) $a_0 = \dfrac{3\pi}{2} (M_1)$ $\quad a_{-3} = 0 \, (M_2)$

$a_1 = 2\pi \, (M_2)$ $\quad a - 4 = -\dfrac{\pi}{2} \, (M_1)$

$a_{-1} = \pi \, (M_3)$

$a_{-2} = \dfrac{\pi}{2} (M_4)$

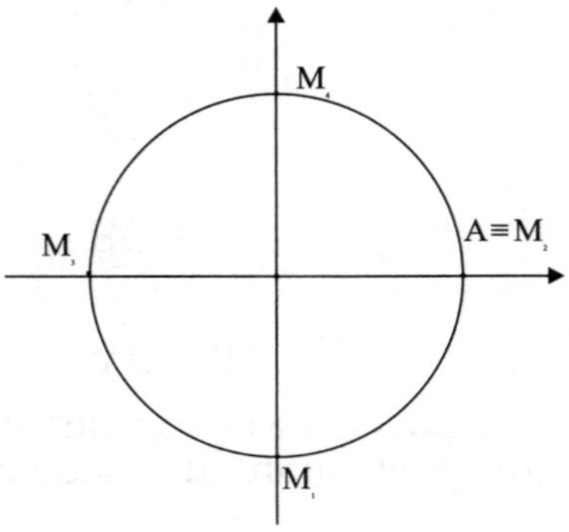

b) $b_0 = \dfrac{\pi}{2} \, (M_1)$ $\quad b_4 = \dfrac{3\pi}{2} \, (M_5)$

$b_1 = \dfrac{3\pi}{4} \, (M_2)$ $\quad b_5 = \dfrac{7\pi}{4} \, (M_6)$

$b_2 = \pi \, (M_3)$ $\quad b_6 = 2\pi \, (M_7)$

$b_3 = \dfrac{5\pi}{4} \, (M_4)$ $\quad b_{-1} = \dfrac{\pi}{4} \, (M_8)$ $\quad b_{-2} = 0 \, (M_7)$

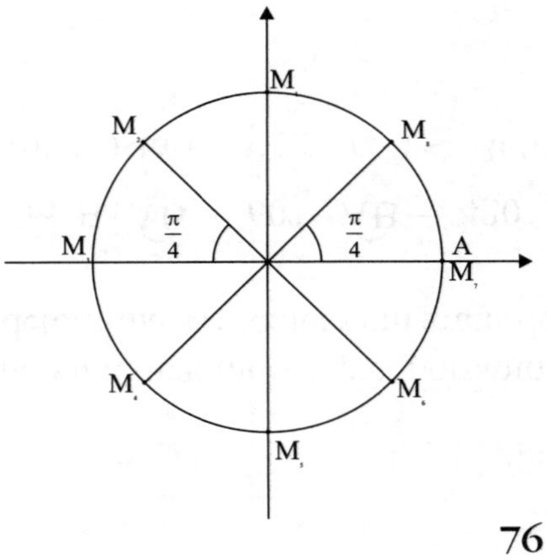

176 Na figura abaixo estão representados 4 pontos B, C, D, E formando um quadrado e que, portanto, dividem o ciclo trigonométrico em 4 partes iguais. Crie uma expressão que determina as medidas em graus de todos os arcos cujas imagens são os vértices desse polígono regular.

Observação:embora, como já vimos, existam infinitos arcos com imagens em B ($\widehat{AB} = 60^\circ$, $\widehat{AB} = 420^\circ$, $\widehat{AB} = -300^\circ$, etc.) procuraremos trabalhar sempre com arcos da 1ª volta, isto é, $0^\circ \leq \alpha < 360^\circ$ ($0 \leq \alpha < 2\pi$), a não ser ser que o enunciado diga alguma coisa em contrário.

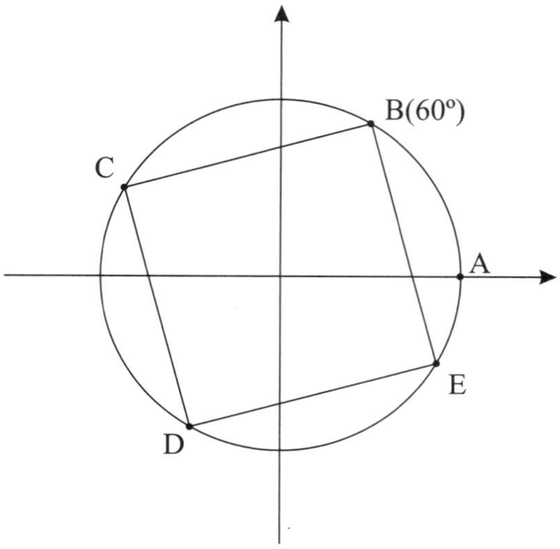

$\widehat{AB} = 60^\circ$

$\widehat{BC} =$

$\widehat{AC} =$

$\widehat{AD} =$

$\widehat{AE} =$

$a_k =$

$(k \in Z)$

177 Mesmo enunciado do exercício anterior, com as medidas dos arcos em radianos e sabendo que BCDEFG é um hexágono regular.

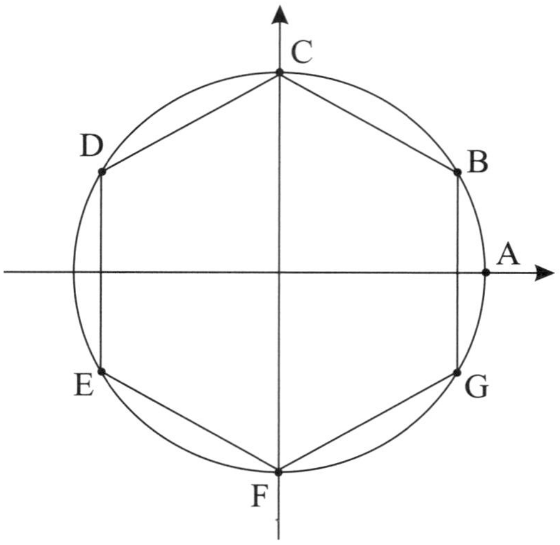

$\widehat{AB} = \frac{\pi}{6}$

$\widehat{BC} = \widehat{CD} = \widehat{DE} = \widehat{EF} = \widehat{FG} = \widehat{GB} =$

$\widehat{AC} =$

$\widehat{AD} =$

$\widehat{AE} =$

$\widehat{AF} =$

$\widehat{AG} =$

$a_k =$

Resp: **175** a)

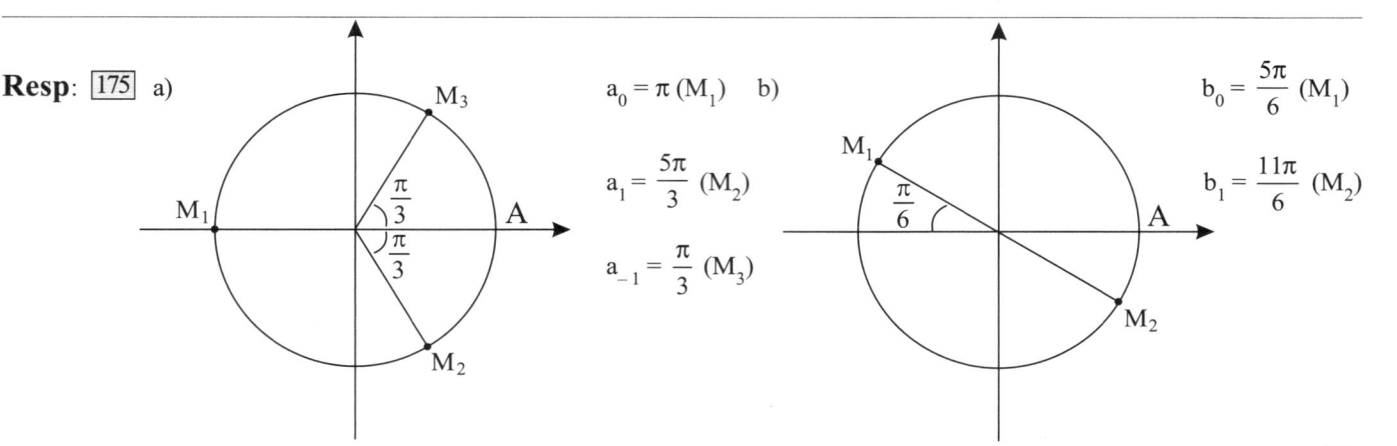

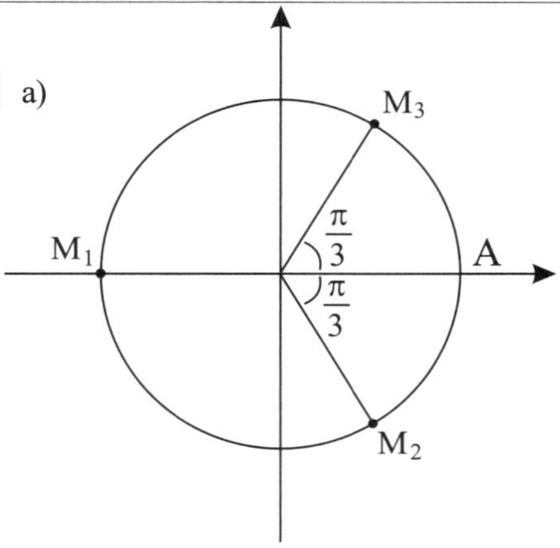

$a_0 = \pi\ (M_1)$

$a_1 = \frac{5\pi}{3}\ (M_2)$

$a_{-1} = \frac{\pi}{3}\ (M_3)$

b)

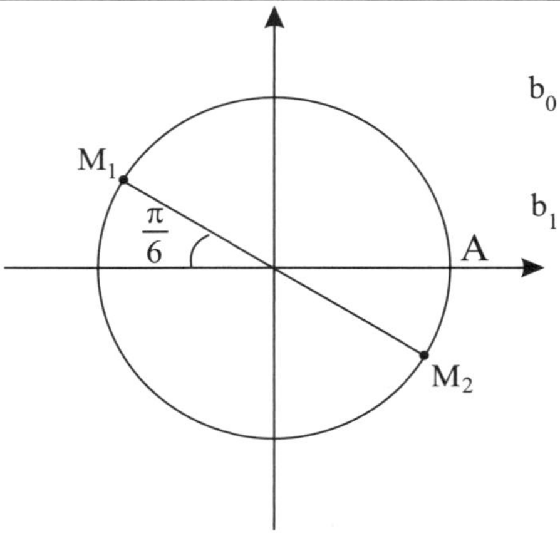

$b_0 = \frac{5\pi}{6}\ (M_1)$

$b_1 = \frac{11\pi}{6}\ (M_2)$